能源奇迹：
阻止全球变暖的替代计划

ENERGY MIRACLES:
The Global Warming
Backup Plan

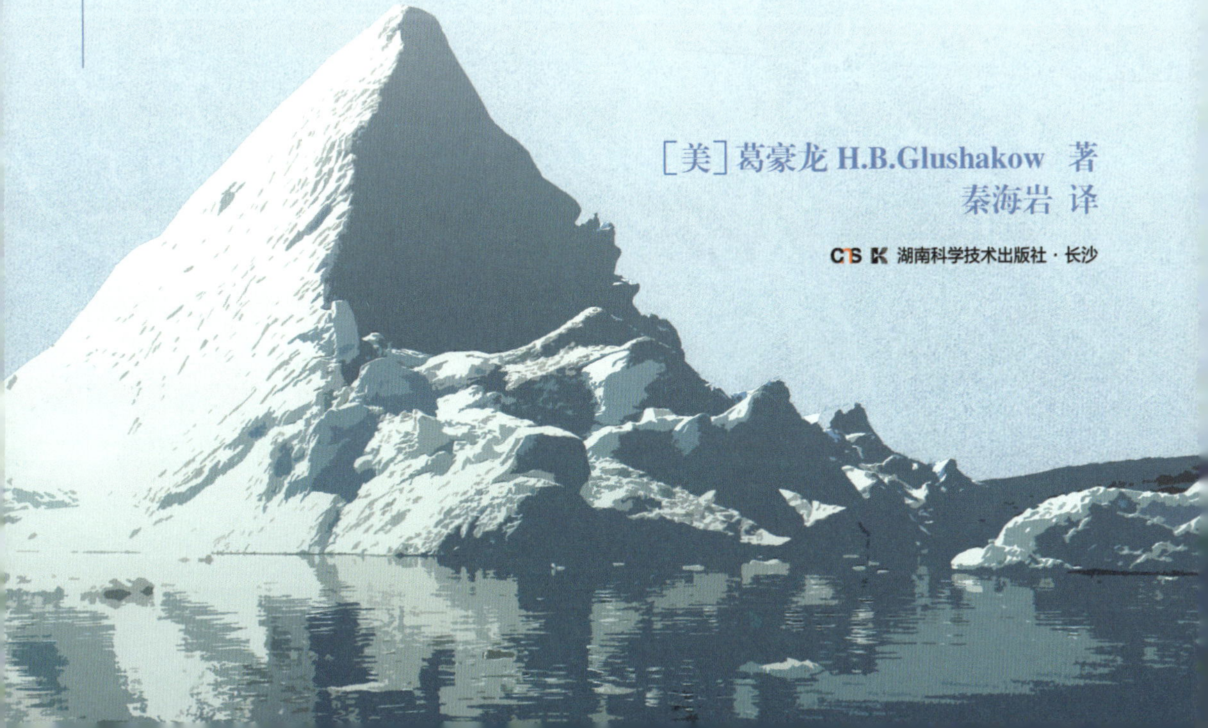

[美]葛豪龙 H.B.Glushakow 著

秦海岩 译

CSK 湖南科学技术出版社·长沙

这本书献给我的妻子莎伦，没有她的爱和大力支持，我不可能完成这项任务。有几次我想停下来，是她明智的建议让我回到通往能源奇迹的道路上。

我还要感谢马丁·路德·金，他教会我，一个人不需要成为一个完美的人，就能拥有伟大的梦想，并把这些梦想变成现实。此外，我还要感谢罗恩·哈伯德，他对能量和分子现象的理解激发了我的兴趣。

译者的话

葛豪龙（H. B. Glushakov），本书的作者，曾经在中国生活工作了三十年的美国人，我的一位结识了三十多年的老朋友，我习惯叫他葛先生。葛先生有着丰富多彩的人生，他曾经是一名出色的调查记者，写过很多极具深度的新闻报道。他还是一名出色的电气工程师，是防雷技术领域的技术专家，曾经以一己之力，修正了国际电工委员会（IEC）有关防雷标准中的一个历史性错误。他还有不少专利，其中一项与之相关的，是关于风电机组防雷的。葛先生对中国文化和中国有着深厚的感情。已经步入八十岁高龄，他目前最大的心愿和目标，就是完成一本让美国人更了解中国的书，通过了解，让中美两国人民友谊长存。

我有幸作为《能源奇迹：阻止全球变暖的替代计划》的首批读者，并将其翻译成中文，是希望能使更多人受益于书中的大胆畅想所带来的启发。

《能源奇迹：阻止全球变暖的替代计划》不仅是一本书籍，它是葛先生数十年智慧与激情的结晶，是对未来世代的深切呼唤。在这位电能与替代能源领域先驱者的笔触下，我们得以窥见人类与自然和谐共生的愿景，那是对绿色革命的渴望，对可持续未来的追求。与此同时，本书还基于知识及其发现，赋予我们探索能源奇迹的利器，帮助我们踏上发现之旅。

当极端天气如同不速之客频繁造访，肆虐于世界各地，经济体系与自然环境承受着前所未有的压力，人类社会被推至一个十字路口。每一个烟囱吐出的烟雾，每一次引擎的轰鸣，每一次化石燃料的燃烧，都在无形中累积成未来世代的沉重负债。然而，在这看似无尽的阴霾中，一缕希望的曙光正悄悄破晓。

面对全球变暖的严峻挑战，国际社会展现出了前所未有的团结与决心。各国政府、企业乃至个人，无不意识到减缓气候变化的紧迫性，纷纷立下雄心勃勃的目标，誓要扭转这一危机。在这场全球性的绿色革命中，中国以其负责任的大国形象，走在了世界的前列。2030 年前实现碳达峰，

2060 年前达成碳中和——这些承诺不仅彰显了中国对环境保护的坚定承诺，更为全球气候治理注入了强大动力。

中国正在用实际行动诠释大国担当，从推动清洁能源转型到倡导绿色生活方式，从加强碳市场建设到促进国际合作，每一步都旨在构建一个可持续发展的未来。中国的故事，不仅是对碳中和目标的追求，更是一次深刻的经济社会变革，昭示着零碳社会的到来不再是遥不可及的梦想，而是触手可及的现实。

在这一过程中，科技创新扮演着至关重要的角色。无论是太阳能光伏板在荒漠中的铺展，还是风力发电机组在海陆屹立，亦或是电动汽车在城市街道的穿梭，它们都是人类智慧与自然和谐共存的见证。而这一切，正是人类向清洁、安全、高效能源体系转型的缩影。

能源，这生命之源，文明之基，正经历着前所未有的转型。《能源奇迹：阻止全球变暖的替代计划》带领我们穿越历史长河，见证电能的辉煌与曲折，探索可再生能源的无限可能。从量子的神秘，到闪电的奥秘，再到可再生能源的澎湃浪潮，葛豪龙先生以生动的语言，为我们描绘了一幅幅宏伟蓝图。让我们跟随他的指引，一同踏上这场追寻能源奇迹的旅程，用我们的行动，让地球母亲绽放出更加绚烂的笑容。

在这片蔚蓝星球的怀抱中，人类文明如同繁星般璀璨，但亦如流星般短暂。随着全球气候的剧变，大自然以无声却有力的方式，警示着我们——是时候唤醒沉睡的心灵，直面挑战，共筑能源奇迹。而这奇迹，始于每一次微小的改变，汇聚成磅礴的力量。当我们携手并进，用心感受每一次风的呼吸，每一缕光的温暖，一个清洁、美丽、充满生机的世界，便不再遥远。

秦海岩

中国可再生能源学会风能专业委员会秘书长

世界风能协会副主席

北京鉴衡认证中心主任

序言 FORWORD

《能源奇迹：阻止全球变暖的替代计划》是一部令人耳目一新的、非政治性的、新颖的作品。这本书意在确定世界上的气候和能源问题，并提供可以扭转和处理相关困境的方法。

本书残酷而有效地打破了我们日常生活中经常面对的所有非科学的喧嚣，并向我们展示了有关我们目前受污染的水、空气和大气的状况的事实，还展示了发电厂燃烧化石燃料排放的实际影响（比如海平面上升），而这些化石燃料是我们多年来所依赖的。

我不是爱因斯坦，但幸运的是，即使是普通人也能理解这本书的内容。作者很好地汇集了至今的科学史/电学史的横截面，包括世界上最伟大的科学家、研究人员和发明家的辉煌历史，以及一些误入歧途之人的道路，然后，他提出了一种创新的方法，并带领世界在科学道路上战胜了目前发电方式所带来的问题。我有30年的电气工程师职业生涯，可以说，这本书中所包含的电气事实和历史的奇妙传递准确地指出了电气发现世界中出错的原因。书上说得对。我们在大学里根本没学过发电的知识，我们只被教导一旦拥有它就该怎么做。发电的实际操作一直被认为是理所当然的——只需要一个插座，然后把接头插进去就行了。我认为，如今大多数试图解决气候变化的人没有想到"插座"之外的东西。

葛豪龙让我深受启发，因为他不仅强调了能源的历史，而且把聚光灯对准了通往尚未发现的道路。大家应该保持警惕，因为《能源奇迹：阻止全球变暖的替代计划》中所提到的内容是不可避免的，地球自身也在不断变化。

通常情况下，答案就在我们面前。这本书应该让很多人大开眼界。尽管它是为普通读者编写的，但它应该成为所有物理专业学生和电气工程师的必读书目。

——戴恩·内里（Dion Neri）

高级电气工程师

MCG Electronics

于美国纽约市

前言

INTRODUCTION

我写这本书是因为，尽管我们在风能和太阳能上投入了 10 年的巨大努力和数万亿美元的投资，但碳排放仍在继续增加，地球仍在继续变暖，海平面仍在继续上升。全球变暖已经引起了地球上大多数人的注意。许多人害怕并在寻找答案，但与此同时，他们不相信只依靠回收垃圾、减少洗澡时间、不再吃牛肉、驾驶电动汽车、制造更多太阳能电池板或等待英国石油公司（BP）提供支持就会一切都好起来的解决方案。

风能和太阳能发电是《巴黎协定》支持的主要技术，由于它们是清洁能源，在减少碳排放的同时还可以创造新的就业机会，因此支持这些技术非常重要。从 2010 年至 2020 年，风电和太阳能光伏行业快速发展。每项技术都获得了超过 1 万亿美元的投资基金，使其全球发电量翻了两番。尽管这个成绩看起来不错，但它们的总发电量仍然只占全球年耗电量的 3%。

比尔·盖茨（Bill Gates）可能是第一个警告需要更全面的解决方案的人。2010 年，他在 TED（技术、环境、设计年度大会，由行业领袖和有影响力的人参加）上提出了"能源奇迹"一词，表示 21 世纪的新能源能够满足地球的能源需求，而不会产生燃烧化石燃料造成的破坏性影响。

直到现在，比尔·盖茨依然相信，需要创新来支持风能和太阳能行业，因为仅靠其自身无法提供地球迫切需要的大量清洁能源。在过去的 10 年里，比尔·盖茨受到了很多反对者的批评，他们出于各种原因不欣赏他的言论，但正如本书所述，比尔·盖茨的远见卓识已经得到了证明。我们可能失去了 10 年，即刻创新仍然是当务之急。

当我第一次听到比尔·盖茨说世界需要一个能源奇迹时，我意识到我已经解开了迄今为止阻碍能源奇迹实现的主要谜团。

我是电气与电子工程师协会（IEEE）的高级会员，几年来我一直在研究电学方面的重大发现。在研究过程中，我发现了几个惊人的事实：其中之一就是发生在 1938 年，也是至今最近一次与电有关的重大发现。就好像有人在那一刻关闭了电力发现开关，从那以后，我们一直在使用与 100 年前相同的 19 世纪电源。为什么会这样？通过仔细研究，我发现了 5 个关键的科学基础，它们几乎为历史上最重要的 42 个电学发现提供了信息和支持。这导致了第二件令人惊讶的事情：

这五个基本原则在20世纪30年代中期就全部被抛弃了。这些问题包括能量本身的定义，是什么给了能量原动力，能量产生所需的结构，能量通过介质传播的要求，以及能量通过介质传播的机制。对这些问题的探讨一下子被抛弃了，取而代之的是量子力学理论。从那时起，在电能生产方面没有任何新的进展。本书是对这种情况敲响警钟的首部作品。

是的，我说的是量子力学。但是先别惊讶，每一本关于全球变暖的书都带有某种程度的复杂性和相关技术术语的引用。在发现量子力学在多大程度上直接关系到能源奇迹的发现后，我被迫阐述了量子力学的一些方面，使用简单明了的语句描述，没有诉诸数学，我相信普通读者也能明白其中最复杂的原理。

正如你将在本书的第一部分中看到，如果没有21世纪的能源奇迹，我们就无法有效地应对全球变暖的影响。对这种新能源的探索将为目前正在采取的应对气候变化的所有行动提供支持。一种双管齐下的方法被提出：一边是科学，另一边是政治。

比尔·盖茨在其著作《如何避免气候灾难：我们拥有的解决方案和我们需要的突破》（2021）中采取了类似的方法。不过，他不知道，也无法预测这样的能源奇迹能在哪里找到。你现在读的这本书正是针对这一追求。如果你的计划是发现一个能源奇迹，你应该专注于能源。有了这些书中所包含的知识，面对消灭气候变化的这条"巨龙"，人们会信心大增。

在这本书中，你将第一次了解到，我们是如何止步19世纪的能源技术，还将了解到我们可以为此做些什么。本书详细介绍了上述5个能源奇迹的关键，并提出了它们在12个发展最快的能源研究领域的应用，包括热电学、超导学、尼古拉·特斯拉（Nikola Tesla）的自由能、核裂变和核聚变等。

在政治方面，《巴黎协定》是2015年起草的一份协议，随后有近200个国家签署。如此多的国家能聚集在一起，就任何事情达成一致都是令人震惊的，这种势头不应被浪费。所有现有或计划中的减缓全球变暖项目都应得到大力支持，甚至还要加强。但这些倡议都不是为了直接创造能源奇迹而设计的，因此本书的第七章介绍了能源奇迹挑战，这是一个为《巴黎协定》带来新火花的"国际游戏"。这是一个每个国家都能参与的游戏，任何公司都能参与，甚至是有动力的个人都能参与。它为那些进入的人提供了难以置信的激励，但最大的激励是由此产生的能源奇迹将免费提供给地球上所有的人。

应对全球变暖迫在眉睫，如何减轻其后果是本书的主要目标。如今，全球有八分之一的人口居住在低洼的沿海地区。当海平面开始上升时，这10亿人将面临什么？全球变暖是否是人类活动的结果并不重要。重要的是，全球变暖的解决方案只能是人类行为的结果。

新能源（能源奇迹）还有另一个好处，除了减缓或扭转全球变暖及其在全球范围内的影响外，这些新能源还将解决许多其他困扰地球的问题，包括空气污染、饥饿和淡水短缺。

能源创新需要科学家，而科学要成功应对全球变暖的挑战，就需要回归更合乎逻辑的方法来解决问题。它将依赖于亲身实践的实验。就像本杰明·富兰克林（Benjamin Franklin）用他的风筝所做的那样。这样的实验帮助古代科学家看清事物的本质，然后研究这些事物是如何工作的。

拿气候来说。在富兰克林之前，全世界都在困惑，为什么船只从欧洲到美洲的航程要比返程长几个星期。富兰克林在他频繁的跨大西洋旅行中注意到了这一点。通过实验和对事实的细心积累，他发现并绘制了墨西哥湾流的地图。这一发现使人们能够了解洋流和天气模式的成因，并使欧洲船长能够绘制出更好的航线，为他们的船员提供足够的食物，供他们返回南安普敦或马赛。

科学要有任何用处，就必须是可以理解的，必须能够为了人类的利益而克服宇宙的混乱带来的影响。恕我直言，现代科学在很大程度上已经放弃了这条道路。正常现象已经变成了各种愚蠢的理论的混合物，以至于科学家们吹嘘说，这个星球上没有人能够理解它们（包括科学家自己）。目前，科学告诉我们，所有真实的东西都在量子世界里，我们既看不见也看不懂，而发现任何有价值的东西的最有可能的方法就是让别人为你建造一个价值50亿美元的粒子加速器。这些都不是真的，事实证明，它们并没有让我们更接近解决人类文明面临的主要挑战：全球气候变暖。可以肯定的是，量子力学将继续占有一席之地。只不过，该领域涉及的空间确实非常小。

比尔·盖茨对我们在气候灾难中幸存下来的机会持乐观态度，这并没有错。有些事情是可以做到的，但要有效地进行，就必须以开放思维进行。在过去，几乎每一个知识的先驱都曾被认为是江湖郎中，甚至更糟。伽利略在他生命的最后9年里被软禁在家中，因为他提出了地球围绕太阳运行的观点。蒸汽能、电、蒸馏和天文学的最初发现者都被认为无足轻重，被他们的同行贬低；马丁·路德·金一生中被认为是一名危险分子；罗恩·哈伯德被认为无足轻重；而尼古拉·特斯拉被视为一个古怪的疯子。

在全球经历了新型冠状病毒疫情的今天，回顾伊格纳兹·塞麦尔维斯（Ignaz Semmelweis）博士的工作很有意义。这位匈牙利医生和科学家在19世纪40

年代发现，医生或助产士通过简单的洗手动作，就可以将死于分娩的妇女人数从十分之一降低到不足百分之一。塞麦尔维斯在 1858 年的一本书中发表了他的研究结果，但结果遭到了拒绝，他还受到了欧洲医学界的广泛攻击，因为他竟敢暗示他们的肮脏之手导致了如此多的死亡。此后几十年，成千上万的妇女不必要地死去，直到他的建议最终被广泛推广。至于全球变暖，地球可能没有那几十年的奢侈等待时间。

1997 年，《科学美国人》（*Scientific American*）杂志的资深科学编辑约翰·霍根（John Horgan）在采访了众多顶尖科学家后忧心忡忡地写了一本书：《科学的终结》。"如果一个人相信科学，他就必须接受这样一种可能性，即伟大的科学发现时代已经结束。"他在书中写道。

你现在读的这本书将表明，这种宿命论远非事实。一个科学发现的新时代才刚刚开始。至少，我们相信最好是这样。

发现能源奇迹将改变一切。

——葛豪龙（H. B. Glushakov）
电气与电子工程师协会高级会员

给科学家们的提示：虽然不能仅靠打一个响指就把重大问题解决，但进步总是会有的。这本书将揭示困扰人类进步的诸多疑问，剩下的就看你们了。

目　录
C O N T E N T S

第二部分

附　录

什么是能源奇迹？

"如果有一个精灵给我一个愿望，让我在推动气候变化的一项活动中取得突破，我会选择发电[1]"。（图1）

——比尔·盖茨

图1　比尔·盖茨最热切的愿望

气候正在变化，比尔·盖茨创造了"能源奇迹"这个词，并准确地定义了它的条件，希望世界能够在这种变化发生负面影响之前进行创新。他是第一个让人们注意到这样一个现实的人：为了控制全球变暖的后果，需要新的发明，而新的电力来源是他愿望清单上的首要目标。当比尔·盖茨先生谈到对能源奇迹的需求时，指的并非那些遥不可及的事情。他指出，在自己的职业生涯中，已经看到了许多这样的奇迹，这是研究和开发以及人类天生的创新能力的结果。像个人电脑、互联网和小儿麻痹症疫苗这样的奇迹并不是偶然发生的——它们是致力于目标和努力工作的结果。

比尔·盖茨的21世纪能源奇迹必须满足三个条件：

---

〔1〕　比尔·盖茨，《如何避免气候灾难：我们拥有的解决方案和我们需要的突破》，克诺夫出版社，2021。引用经许可使用。

1. 它肯定比现在的碳氢化合物能源便宜；

2. 它必须是二氧化碳零排放；

3. 它必须像如今的整体能源系统一样可靠。

当把所有这些要求放在一起时，人们除了惊叹还能说什么呢？我们需要能源奇迹[2]，但同时风险也很大，而且时间紧迫，气候变化的后果每天都在恶化。

---

〔2〕 比尔·盖茨，盖茨笔记。版权所有©The Gates Notes LLC，并根据创作共用许可使用。

第一部分　引言

在本书的第一部分中，我们将介绍气候变化观点的根源，以及在有文献记载但往往没有得到重视的情况下，燃烧化石燃料（煤、石油和天然气）所产生的现实影响。

我们还将客观地对尝试取代这些燃料的结果进行审视——到目前为止所取得（或缺乏）的进展。

由此，我们将进入电能的主题。如果想知道是什么在困扰着我们找到新能源，那么以能源本身作为切入点或许是个好办法。这包括对历史上最伟大的电能发现的调查，以及究竟发生了什么使电气工程学科脱离原来的发展轨道。

最后，我们将提出能源奇迹的五个关键项。这些基本原理为电能领域的每一项重大发现提供了信息和支撑，但在 20 世纪早期就被彻底抛弃了。随着这五个关键项被重新提起，保证了通往新的能源奇迹的道路是可行的。

有了这样的路径，接下来的问题是，世界如何才能让最优秀的人才和有限的资源都朝着同一个方向前进，以解决气候变化问题？

本书的第一部分以一种机制的提出作为结尾，旨在回答这个问题，同时为《巴黎协定》带来新的火花和希望。

第1章 　　气候变化〔3〕

什么是气候?

　　难怪气候变化这个话题变得如此令人讨厌，甚至连两卷本的《天气和气候百科全书》都不敢对这个词作出明确的定义，而是建议其只能被正当地理解为"根据气候最重要的特征对其进行排列，以便为每种类型提供一个简短、明确的名称，并使人们容易了解"。这种方式有点像试图将"猴子"定义为"许多不同类型的猴子中的任何一种"。

　　气候确实可以被定义。它来自希腊语"klimat"，意思是向某个方向倾斜。该词的第一个科学用途是在地理领域，它指定了地球表面的一个特定部分，由一条条与赤道平行的线分开，其中一个区间上最长的一天正好比下一个区间上最长的一天短半小时（图2）。这个概念使科学家能够讨论在特定"气候"中存在的不同条件：冷热、潮湿、风量、空气质量、风向等。

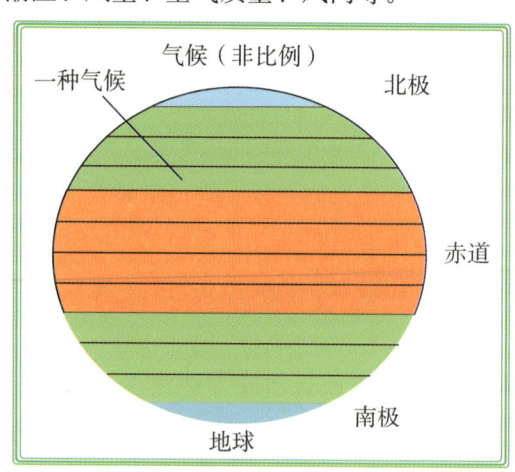

图 2　气候的原始含义

　　〔3〕 H. B. 格鲁沙科夫 著，《能源奇迹：阻止全球变暖的替代计划》，Jenny Stanford Publishing PTE Ltd. 出版，版权归出版方所有（© 2022），ISBN 978−981−4968−18−8（精装），978−1−003−28442−0（电子书）。出版社网址：www. jennystanford. com。

但那是很久以前的事了。18 世纪末，科学家们已经废除了"一天的长度"的要求，这个术语演变成一种更流行的用法，指的是在空气温度、季节或特殊特性[4]方面与其他地方不同的任何一块土地、地区或国家。由此，我们可以谈论温暖或寒冷的气候，干燥的气候，山腰的气候，或有毒的气候。这个词进一步演变为"一个地区普遍存在的天气条件[5]"。最后，气象学家开始将其定义为"一个地方普遍存在的环境条件"。

气候是一个大问题，想要处理好就需要从更大的角度考虑。"一个地方普遍存在的环境条件"仍然是对气候的最佳定义，因为它使我们能够纳入需要处理和解决的气候固有的许多关键因素。就像你需要了解狮子才能驯服它们一样，你也必须了解气候才能"驯服"它（图 3）。

图 3 气候"驯服师"

气候变化不仅意味着更多的超级风暴和冰川融化，还包括水和空气的变化。水量减少和海平面上升都是气候变化的表现形式，空气质量的变化也构成了气候变化，会带来更加干旱、寒冷、稀薄抑或是充满有毒颗粒物的大气。

在 18 世纪，因为不具备精确测量技术，大气压力、相对湿度和空气质量指数没有被包括在气候的定义中。如今，这些因素加上水质和空气质量等其他因素，已经可以精确地测量。这些因素也对我们的生活产生了重大的影响，成为气候讨论中的必要依据。

---

〔4〕《诺亚·韦伯斯特词典》（1828 年版）。
〔5〕《韦氏百科全解英语词典》（未删节版）。

在气候变化的讨论中，气候最明显的方面是温度。众所周知，世界正以异常迅速的速度升温。这种变暖趋势就是我们所说的全球变暖。当温度上升到足以融化冰川时，海平面就会上升，而灾难就会从中产生。图4是美国国家航空航天局（NASA）提供的一张图表，显示了100年来气温稳步上升的趋势。

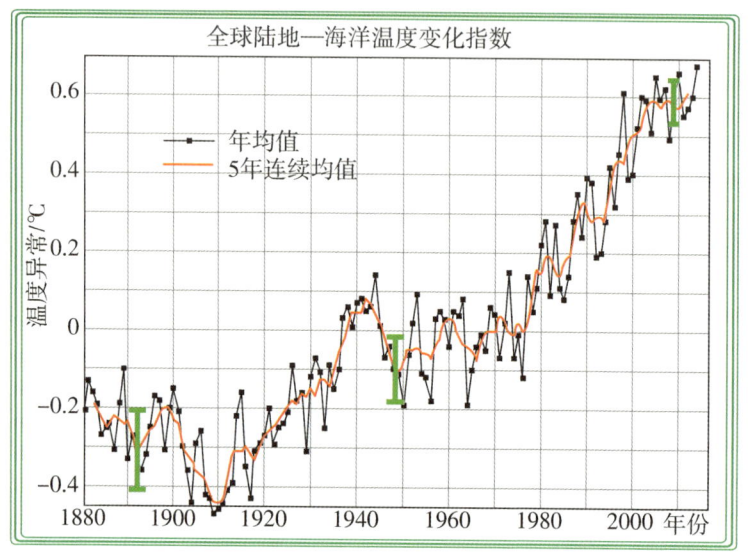

图4　全球陆地-海洋温度变化

撇开统计数据不谈，现在关于冰川融化和失去积雪覆盖的山脉的诸多照片、视频就足以结束关于这一问题的任何辩论。阿尔卑斯滑雪场的老板会告诉你，他们在2021年不得不生产五倍于2000年所需的人工雪来保持滑雪场正常营业。海拔较低的滑雪场则因气候变暖被迫关闭。即使是平常不怎么关注气候变化问题的人，在新闻中也会看到越来越多的关于超级风暴、野火、严重洪水和风暴潮的报道，这些都与气候变暖有关。这一趋势引起世界的关注并不奇怪，因为海平面上升可能威胁到像越南等国所在的整个地区的存在。不论是居住在印度加尔各答或孟买，还是在迈阿密、纽约生活的人，他们都不希望哪天早晨醒来发现自己被淹没在水里。

阿尔·戈尔：气候专家

2021年的时候，世界都知道了阿尔·戈尔（Al Gore）是地球的气候专家（图5）。作为美国前副总统，他是在提醒人们注意气候变化危险方面做得最多的人。为此，他被授予诺贝尔和平奖。戈尔认为，气候变化是当前世界面临的最致命的威胁。

图5 阿尔·戈尔：美国前副总统，知名气候专家

2006 年，我去看了戈尔的电影《难以忽视的真相》。虽然被冰川融化等视觉效果打动，但真正吸引我的是电影中展示的来自美国国家海洋和大气管理局（NOAA）的图表。图 6 中的前两幅图显示了地球 1000 年来二氧化碳浓度与温度上升的对比。事实上，温度的变化如此精确地跟随二氧化碳浓度的变化，这不太可能是巧合，我们不能忽视其中的联系。

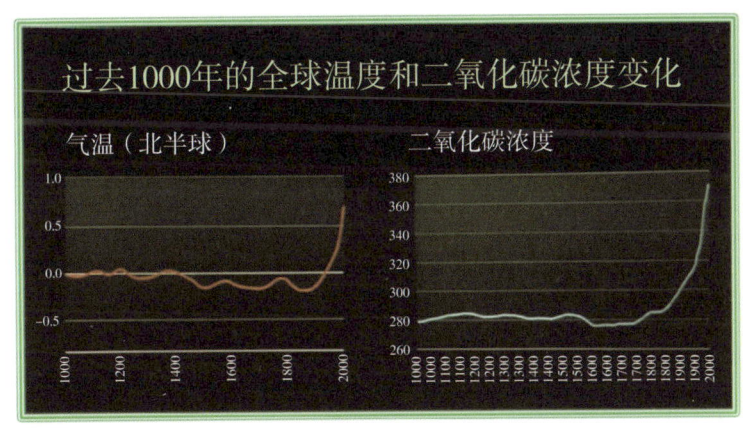

图6 过去 1000 年的全球温度和二氧化碳浓度变化

但就这个星球上的事物而言，1000 年是相当短的。那几十万年呢？图 7 显示，在过去 80 万年中，二氧化碳浓度（parts per million）的 8 个最高峰值的平均值为 $266×10^6$，只有一次（37.5 万年前）二氧化碳浓度达到 $300×10^6$。

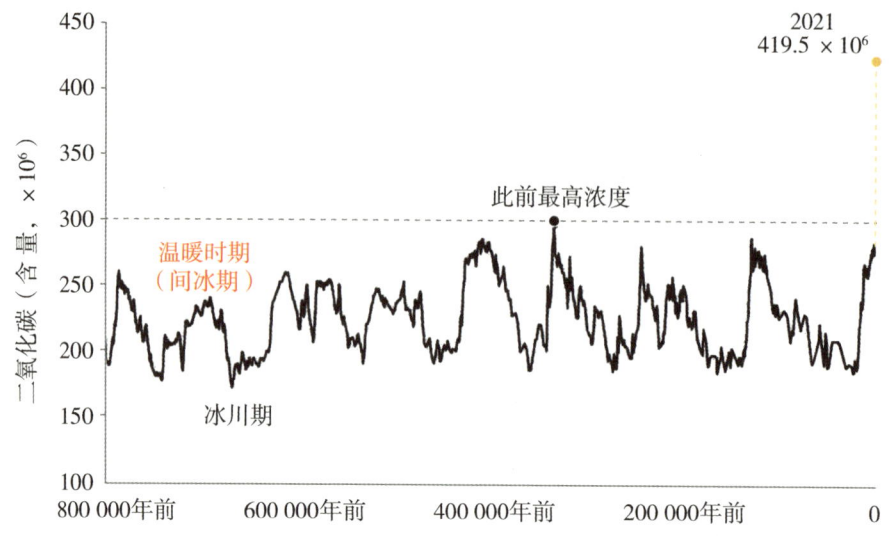

图 7　过去 80 万年的二氧化碳浓度

2006 年，这一数字是 385×10^6，戈尔预测，如果不减少化石燃料的排放，这一数字将在 50 年内超出图表显示范围。2021 年 5 月，这一数字为 419.5×10^6，在短短 15 年内增长了 9％，比工业化前的水平高出 50％。这是至少 300 万年以来地球上二氧化碳浓度最高的一次。

最后看图 8，该图显示了大气中二氧化碳浓度高的原因。这与化石燃料的碳排放量走势完全一致。

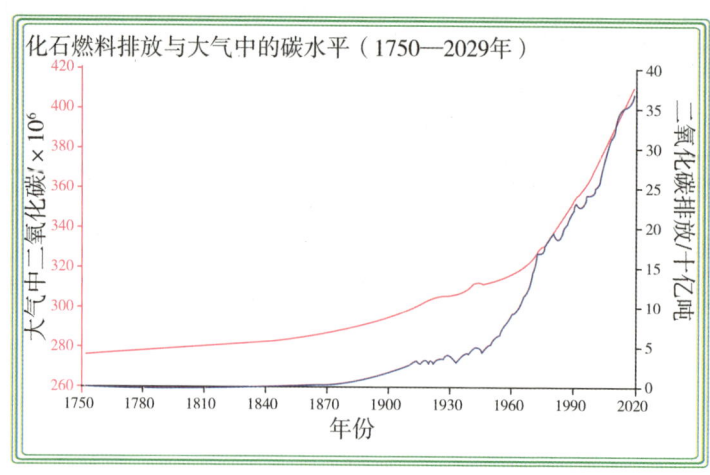

图 8　化石燃料排放与大气中的碳水平

气候变化简史

尽管戈尔在提醒全世界注意全球变暖的危险方面表现非常出色，但他并不是第一个有此想法的人。全球变暖的概念以及人类在其中扮演的角色（如果有的话）的争论从 19 世纪就开始了。当时科学家们已经从理论上指出，冰川时期和其他重大气候变化可以用大气中二氧化碳吸收从地球表面反射的红外线辐射的能力来解释。瑞典化学家 Svante Arhenius 在 1897 年计算出，如果空气中二氧化碳的含量增加一倍，地球的温度将上升 4 ℃。但直到英国工程师盖伊·斯图尔特·卡兰德（Guy Stewart Callender）的论文（1938 年至 1961 年期间）发表后，人们才清楚地认识到，人类很可能正在干预原本缓慢变化的二氧化碳循环。据他计算，早在 1938 年，我们"每分钟向空气中排放约 9000 吨二氧化碳"，而在此前的 50 年里，化石燃料燃烧产生了 1.5 亿吨二氧化碳，其中四分之三留在了大气中。他在 1939 年的论文中得出结论，"从实验室观察来看，大气中二氧化碳增加的主要结果将导致地球上较冷地区的平均温度逐渐升高[6]。"

到 20 世纪 40 年代末，"全球变暖"已经引起了公众的关注。对海平面上升、农业耕地转移、栖息地丧失、格陵兰冰冠和其他冰川融化，以及数百万人可能因气候变化而流离失所的担忧等内容，在科学和大众期刊上纷纷发表。1950 年，《周六晚邮报》（*The Saturday Evening Post*）发表了一篇题为《世界正在变暖吗？》（*Is the World Getting Warmer?*）的文章。

尽管当时和现在一样，有些人不相信气候变化有什么可怕的，认为气候变化是一个骗局，但只要看一眼戈尔的任何一部电影，就足以提醒任何有眼睛、有耳朵、能感觉到一阵风吹过脸上的人，我们的气候非常不对劲。正在发生的变化对地球上的人类来说是不祥的预兆。佛罗里达州有两个受到直接威胁的最危险的大城市：迈阿密和坦帕。戈尔的第二部电影包括迈阿密市中心街道被洪水淹没的视频片段，鱼在被淹没的汽车旁边游来游去。这部《难以忽视的真相》续集，于 2017 年 7 月 28 日上映，戈尔预测风暴将以更大的形式到来，而且会更多。不出所料，不到一个月后，超级风暴"哈维"（Harvey）肆虐得克萨斯州。

在那之后不到一周，一场连"哈维"都相形见绌的超级风暴"不便厄玛"

---

〔6〕 G. S. 卡伦德，"地质历史时期的大气成分"，载于《气象学杂志》，第 74 卷（1939年），第 38 页。

(Inconvenient Irma) 横扫佛罗里达州，造成数十亿美元的财产损失。

又是不到一周的时间，飓风"玛丽亚"（Maria）袭击了波多黎各，90％的屋顶被刮掉，电网被完全摧毁，整个国家陷入黑暗。这三场飓风的持续风速都超过了每小时 178 千米。自有记录以来，美国从未在一个季节出现过三次破坏力如此强大的风暴。令人惊讶的是，只有少数人的死亡直接归因于 2017 年夏天连续的超级风暴。依靠最新的气象技术，我们提前发出了预警，潜在的伤亡人员能够在飓风来临之前做好准备或逃离。对人们生活影响最大的是停电。第一场飓风"哈维"中断了得克萨斯州近 100 万人的电力供应，第二场飓风"艾玛"中断了包括佛罗里达州在内的美国南部 1600 万人的电力供应。

三百年来，巴布达岛（Barbuda）经历了首次全民撤离。房屋可以重建，但不能没有电力。没有电，岛上没有水，没有灯，没有互联网，没有电话服务，没有信用卡，没有医疗服务。波多黎各在 2017 年遭受飓风"玛丽亚"袭击后，电力几个月都没能恢复，成为历史上第二大停电事件。超过 34 亿小时的电力损失。但几百万人几天或几周没有电并不真正构成世界性危机。

除了超级飓风，2017 年夏天，美国加州北部还出现了破纪录的高温天气，格陵兰岛发生了野火。2020 年，美国西部经历了气候变化的严重影响。那年夏天，13 个州发生了 100 起火灾，烧毁了 2.42 万平方千米土地，相当于新泽西州的面积。在加州，超过 1.21 万平方千米土地被烧毁，造成 20 多人死亡。萨克拉门托的北部发生了该州历史上最大的火灾，加州历史上最大的 20 场火灾中有 6 场发生在 2020 年。在俄勒冈州，0.4 万平方千米土地被烧毁，50 万人被疏散。该州以前从未有过让整个城镇都消失的景象。到了 2021 年，加州野火的范围打破了前一年的纪录。

日益严重的干旱状况、干燥天气和热风意味着这不是突然出现的一次性事件，而是对未来的警告。忽视地球变暖及其不可避免的后果，这种态度仅限于美国的少数人。在大多数其他地方，人们已经意识到正在发生的严峻现实。《巴黎协定》正是基于这样一种认识，即气候对人类的威胁是真实的，其有害影响已经可见，而且将继续变得越来越可怕，这一紧急情况需要世界所有国家作出集体回应。

戈尔清楚地表达了他的失望和沮丧之情，因为在过去 15 年里，我们在减少碳排放和遏制地球温度上升方面没有取得更大的进展。他不该对自己这么苛刻。他在引起全世界对这种情况的关注方面发挥了不可思议的重要作用，可能只是把答案弄错了。

如果有一个可靠的模型，使我们能够确定地球上减少多少碳排放会降低高层大气中的二氧化碳水平，这将是非常有效的方法——但是没有。如果有办法知道达到哪种二氧化碳水平能有效放缓气温上升，或者更好的是，将全球变暖趋势逆转，这也是个好方法——但是没有。这些事情可能并不重要。我们可能永远不会知道人类活动对全球变暖趋势的确切影响程度，但我们知道的是，全球正在变暖，冰川正在融化，面对海平面上升的潜在灾难，留给人类文明的准备时间已经不多了。

仅限美国公民

本节主要针对美国公民。"世界充满了分裂和不信任"这种话，没有必要对一个美国人说。他们每天都在电视上看到方方面面的类似消息。但这并不仅仅发生在美国。每个大陆上都有斗争和压迫，分歧和对立。

更令人惊讶的是，近 200 个国家和地区（超过联合国会员国总数）能聚集在一起，签署一项共同应对气候变化和减缓全球变暖的协议[7]。这些国家的政治制度、宗教和经济模式各不相同。全球人员并肩工作，资本家和社会主义者携手合作。他们正在关注的和他们没能关注的，正是这本书的主题。但这一部分是献给我的美国兄弟姐妹，因为只有在这里才能找到相当数量的人，他们认真地争辩，气候变化要么无关紧要，或者不存在，要么即使存在，也不值得尝试解决。美国关于气候变化的辩论通常分为以下几类（表 1）。

表 1 美国气候变化辩论：赞成和反对

序号	赞成	反对
1	地球正在升温。	地球变暖无法确定。
2	不断升高的气温已经导致海平面上升，越来越多更具破坏性的洪水、野火和超级风暴。	如果世界正在变暖，这可能是一个正常的变暖周期，就像过去六次冰河时代之后发生的那样。
3	气候变暖的趋势主要是由于人类燃烧化石燃料造成。	将全球变暖与化石燃料燃烧联系起来的科学是错误的（或者至少是可疑的）。
4	转向风能和太阳能将扭转这一趋势，拯救地球。	有三个原因表明没有立即采取行动的紧迫性：是否是人类造成的还不确定；国际论坛上提出的各种补救行动代价巨大，以牺牲富人利益为代价造福穷人，因此对商业不利，并可能对世界经济造成毁灭性影响；如果真的是"上帝"或大自然的行为，那么无论如何也无能为力。

---

[7]《巴黎协定》。

在这方面，两栏的分析和结论是不充分的。一方面，把问题归咎于上帝、魔鬼或大自然母亲就像把头扎进热烤箱，以避免眼睁睁地看着家人被汹涌的大海吞没一样荒谬。另一方面，在利用风光资源的同时指责人类，这可能不是最明智或最有效的行为。

本书将彻底打消你的疑虑，表明地球确实在变暖。至于这是人为原因还是自然循环，我们不发表意见。即使它不是人为造成的，可以肯定的是，变暖的后果已经从最近的冰川融化中显现，这将是毁灭性的，只有"人为行为"才能减轻这些后果。

美国已经重新加入了《巴黎协定》，我们可以认为，地球上所有的人都同意，需要全球共同努力来应对全球变暖的挑战。

第2章　化石燃料的双重责任：暖化与毒害[8]

"让我们摆脱化石燃料"说起来容易，但不可否认的是，长久以来，人类在社会生活各方面感受到的舒适和便利，几乎都是靠燃烧煤炭、天然气和石油提供的能源所支撑。在化石燃料是唯一宝贵的自然资源的国家（如美国），遏制二氧化碳排放的努力遭到反对并不奇怪（图9）。

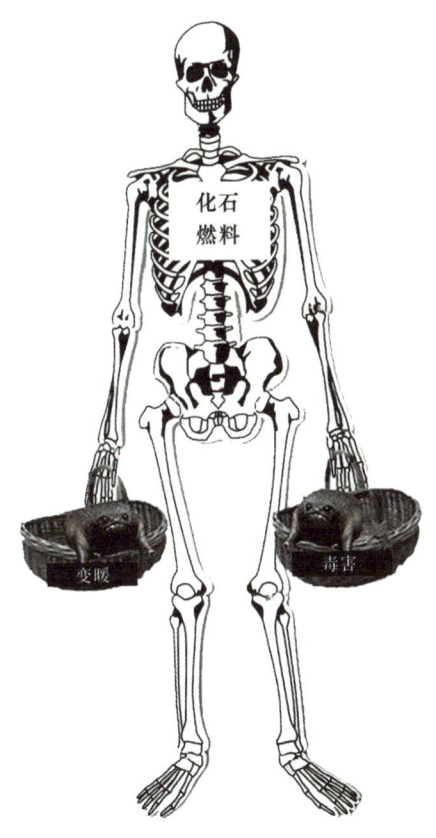

图9　化石燃料的双重影响：变暖和毒害

---

〔8〕 作者并不想使用"毒害"这样显得既严重又绝对的词，但一旦读完这一章，想必会同意其中所描述的事情是"毒害"。

化石燃料被大型公司牢牢控制着，这些公司不断寻找、开采、提炼、运输来自大地的化石资源，并将其产品广泛地销售给消费者。美国及世界其他地区的每个人都从这些企业创造的能源中不断受益。在发达经济体中，这意味着照明、供暖、交通、制造、医疗、手机充电、互联网通信和商业等领域的全天候可用性。

推动化石燃料使用量增加的另一股强大力量来自渴求越来越多能源的新兴经济体。

中国、印度、巴基斯坦和印度尼西亚（仅举几例）的数十亿人看到了廉价能源的优势，希望自己的生活也能够越来越舒适，并且这种日子来得越快越好。化石燃料似乎很容易获得，而且相对便宜。但为了保持低廉的价格，美国等各国政府为化石燃料公司提供巨额补贴和税收抵扣及减免，最可耻的是，他们忽视了造成破坏的实际成本。当10亿人因冰川融化和海平面上升而面临被赶出家园和失业时，当95%的科学家认为这种情况是由燃烧煤炭、石油和天然气产生的碳排放造成（或至少加剧）的，我们所有人都应该关注一下了。

如果一架不明飞行物降落在地球上，它的乘客想让地球能够维持生命，他们首先要注意的是寻找一种更好的燃料或其他能源，而不是燃烧化石燃料。这些燃料会冒烟，并向大气中排放烟尘和有毒气体。他们会理所应当地认为，除非拥有并正在使用更好的能源，否则尝试做任何其他事情来拯救地球都是徒劳的。为了人类社会的建设或为人口提供充足的食物和水，我们需要比目前可用的更多的燃料——而且是无污染的燃料。

要把化石燃料造成的气候变暖和污染的行为和后果分开并不是一件容易的事，其中有太多的重叠。化石燃料燃烧时不断向空气中排放致命颗粒和化学物质，除了可能导致地球变暖之外，同时还在世界各地造成许多其他极端危险和致命的情况。世界卫生组织的数据显示，地球上三分之一的人无法获得干净的饮用水，90%的人不得不呼吸劣质空气。大多数人都会同意，中毒过程已经"太过分"了，更不用说还会引发战争。

在本章中，我们将研究这些因素以及它们各自对地球的影响。

陆地和海洋变暖：多少才算过分？

至少有5项研究分析了1993年至2013年间发表的同行评议的气候科学研究。在汇总的1.2万篇论文中，92%～97%的作者得出结论，燃烧化石燃料的人类活动"很可能"在全球气温明显而危险的上升中发挥了重要作用。三种主要能源（煤、天然气和石油）燃烧时，会向空气中排放数百亿吨有害颗粒和其他化学物质，产生对人体有害的二氧化碳、二氧化硫、一氧化氮、氯氟烃、颗粒物和甲烷。几乎所有的科学家都认为，正是这些微粒导致了地球陆地和海洋温度的升高。

当来自太阳的光线照射到地球时，就会导致地球温度升高（图 10）。地球吸收了一部分热量，但又将其中很大一部分反射回大气，使其被困住。理想情况下，这一过程可以确保温度保持在人类、植物和动物能够生存的范围内。美国宇航局的图表显示，太阳照射到地球的总热量中，29％会立即反射回太空，对全球变暖没有影响；48％被地球或海洋吸收；还有 23％在大气中被大气气体、灰尘和其他颗粒物吸收。燃烧煤、石油和天然气产生的碳排放往往会使大气变厚，从而吸收更多的热量。二氧化碳则占这些化石燃料排放的绝大部分。

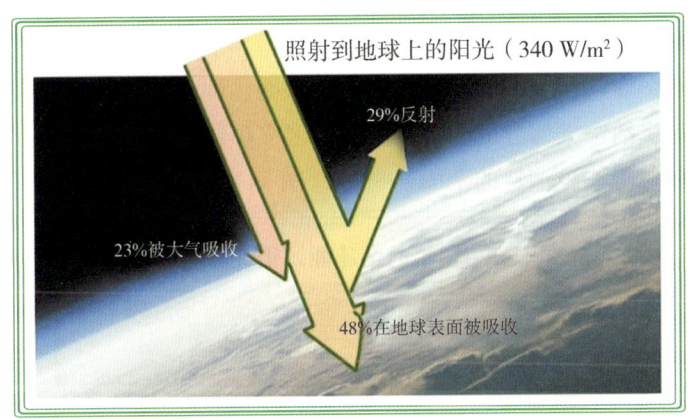

图 10　照射到地球上的阳光发生了什么

现阶段，假定我们所关心的问题来自被大气吸收的 23％热量。太多从地球返回的太阳热量被困在大气中，全球范围的加热过程促使海洋变暖，冰川融化。

不要觉得当街道的路面热得可以煎鸡蛋的时候灾难才会降临。温度只要上升 2 ℃～3 ℃就足以融化冰川。我们说的是气温的稳定上升，迟早会产生惊天动地的影响。以下是一些令人担忧的事实：

1. 有记录以来最热的 10 年都发生在 2005 年之后，包括 2014 年至 2020 年之间的每一年。

2. 根据美国宇航局戈达德研究所的数据，自 1880 年以来，全球平均气温每十年仅上升 0.07 ℃，但自 1980 年以来，升温速度增加了一倍多。

3. 因为地球表面的温度上升并不均匀，自 1980 年以来，冰川融化的速度也翻了一番。海洋温度的上升幅度大于陆地，变暖最为强烈的地方在北极，而且是在凉爽的季节里发生的。在许多地区，气温已经比 1900 年的水平高出 1.5 ℃。

4. 政府间气候变化专门委员会（IPCC）的报告显示，海平面在 20 世纪上升了 170 毫米，但现在的上升速度是这个数字的两倍（每年超过 3 毫米）。

5. 如果这种趋势继续下去，在几十年内，融化的陆地冰和冰川将向海洋注入足够的水，使海平面上升到足以淹没各大洲的主要沿海城市（以及许多岛屿，在某些情况下甚至是整个国家）。关于 1 ℃ 究竟会对海平面上升造成多大影响，研究结果各不相同，但据估计，每摄氏度海平面上升 2.3 米似乎是平均值。

当孟买、上海、迈阿密或里斯本的居民醒来发现家园被洪水淹没时，这绝对是"过分"了。

毒害水资源、空气和全球社会环境

化石燃料（石油、煤炭和天然气）引领了世界上许多创新。没有它们，就没有工业，没有交通，没有个人电脑，没有互联网。即使在今天，我们仍然依靠化石燃料来满足生活中大部分的能源需求。参考多项统计数据，煤炭、石油和天然气提供了世界每年能源消耗的 79％～89％（图 11）。

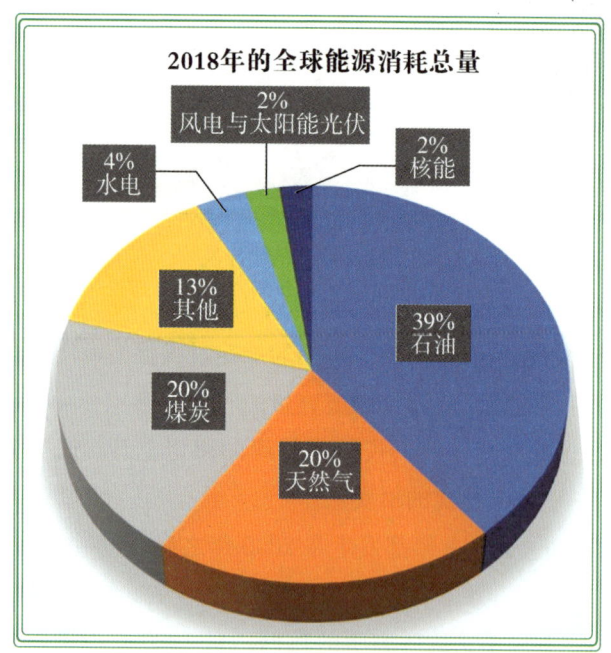

图 11　2018 年按来源划分的全球能源消耗总量
（来源：国际能源署、英国石油公司）

与此同时，世界各地正在经受几种与全球变暖没有直接关系的重大气候罪行的考验。受化石燃料的毒害，数百万人因缺乏饮用水而死亡。我们将研究这些事情是如何联系起来的，并最终追溯到其共同的成因：缺乏充足和清洁的能源。

那些不认为全球变暖是一个明确而现实的威胁的人，最喜欢给出"地球可以应对它"这样的论点。几百年前可能是这样，但在 21 世纪，地球有可能应付不过来。

地球的空气

从前，人们早晨醒来，会打开窗户深吸一口新鲜空气。如今，没有多少人愿意这样做，生活在美国的人也不会。相反，许多人选择打开智能手机查看每日空气质量指数（图 12）。

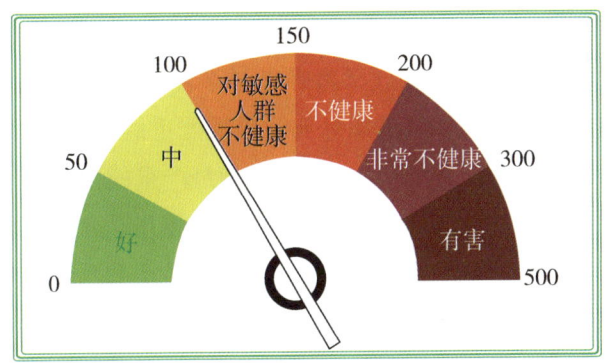

图 12　空气质量水平指数

空气污染的主要来源包括私家车、公共汽车、飞机、运输卡车和火车，还有发电厂、炼油厂、工业厂房和各种加工厂。在当今世界，化石燃料的燃烧是造成空气污染的最大原因，而罪魁祸首是机动车辆的燃料燃烧。而燃烧煤炭、石油和天然气等化石燃料所排放的二氧化硫是造成空气污染的主要原因。

20 世纪 60 年代，在纽约市会有人非常严肃地说，那些每天在街上慢跑的人，每慢跑一小时，寿命就会减少一天。是的，空气就是那么糟。然而，在半个世纪后的今天，美国肺脏协会（American Lung Association）警告说，几乎一半的美国人也就是 1.41 亿人正在吸入不安全的空气[9]，一年的增量甚至达到 720 万人，有 8 个城市报告显示，自 20 年前首次测量空气质量以来，臭氧和颗粒物污染水平飙升的天数达到了最高水平。图 13 来自美国宇航局的卫星数据，显示了美国污染最严重的地区。

---

[9]　美国肺脏协会 2020 年空气状况报告。

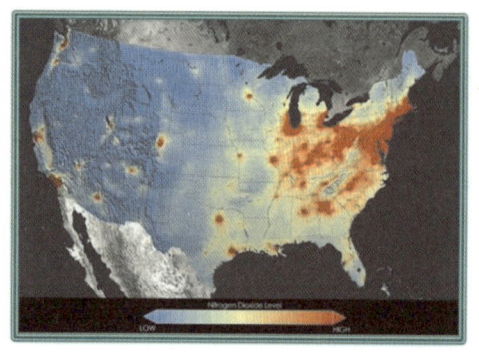

图 13 美国污染最严重的地区二氧化氮主要通过燃烧化石燃料进入空气，来自
汽车、卡车和公共汽车、发电厂和越野设备的排放

在加州对有毒空气采取措施之前的美好时光里，每次我乘飞机到洛杉矶后，要经历 24 小时的头痛和头晕才能让身体适应过来。从那时起，加州《清洁空气法》严格的排放标准使该州转变成了世界上最多使用清洁能源汽车和燃料的地方。但这还不够，洛杉矶仍然是美国臭氧污染最严重的城市[10]，其附近的贝克斯菲尔德（Bakersfield）因颗粒污染而成为污染最严重的城市。时至今日，美国空气质量最差的州包括：犹他州、佐治亚州、俄亥俄州、西弗吉尼亚州、印第安纳州、田纳西州、科罗拉多州、亚拉巴马州、马里兰州和北卡罗来纳州。

总体上来看，空气污染最严重的国家都在亚洲：阿富汗、巴基斯坦、蒙古国、孟加拉国和印度（图 14）。

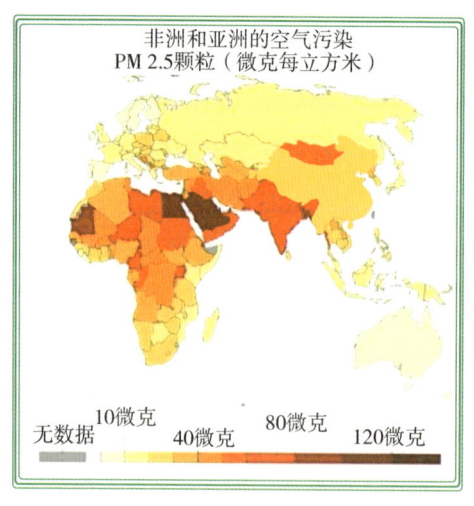

图 14 世界上污染最严重的地区

---

〔10〕 臭氧是汽车、卡车和发电厂的内燃机产生的副产品。

阿富汗是 2020 年空气污染第四严重的国家。早在美国领导的针对"9·11"袭击的入侵之前，40 多年来，这里一直是血腥的战争之地。尽管战争对这个国家造成了严重破坏，但阿富汗人死于空气污染的可能性比死于战争的可能性更大。

根据医学杂志《柳叶刀》（Lancet）的一项研究，巴基斯坦是 2020 年污染第二大的国家。该国 22% 的人口死亡是由空气污染造成。

世界上污染最严重的 30 个城市中有 22 个在印度，使其成为世界上污染最严重的第五大国家。世界上污染最严重的首都是新德里，其平均空气污染水平比美国环保署规定的安全水平高出 3 倍多。不久前我还去过那里，那里的空气非常糟糕，每天呼吸几小时就相当于抽 50 支烟。我第一次来中国是在 1992 年，当时我花了 3 周的时间走遍了中国的各个地方，太阳从未从雾霾后面出来。15 年后，北京的空气质量仍然让中国颜面尽失。如果没有处理这个问题的坚定承诺，中国很难举办 2008 年奥运会。基于中国对国际奥委会的承诺，奥运会来到了北京，雾霾消失了。这不是魔法：城市内的车辆交通受到严格管制，所有工业都被关闭（这在冬天是不可能发生的，因为北京的居民是靠燃煤和燃气供暖）。奥运会结束了，雾霾又回来了。人们开始抱怨起来。官员们因未能履行清洁空气的承诺而被免职。

后来，亚太经济合作组织（APEC）会议期间，令人惊讶的是，一整个星期里，天空再次变成了深蓝色，这促使一些批评者想出了一个新的颜色：APEC 蓝。这成为那些寻找理由批评政府领导的人最喜欢的颜色，并在中国社交媒体上疯传。

人们很少注意为净化环境而投入的巨大能源和资源投资；中国在风能和太阳能资源开发方面的投资以及替代能源的消费现在已经超过了美国；数以千万计的树木被添加到中国的绿色长城（Green Great Wall）中，仅仅用了 5 年时间，中国的森林面积增加了 20% 以上，总面积超过 200 万平方千米；北京的法规使污染严重的工业迁出城市；私家车限号出行、大力投资新能源汽车和共享单车项目。其实，在世界各地都一样，有时候国家做了很多努力，但对于不了解真实情况的人来说，他们能做的也只是说说闲话而已。

因此，在 2008 年奥运会过去十多年后，当我坐在北京一间俯瞰朝阳公园的小公寓里写这本书时，过去一周我窗外的天空是这样的（图 15）。我想看看是否有什么盛大的会议在举行，或者是否有什么重要的总统或官员来访，但并没有，只是普通的一天。这蓝色的天空是我用苹果手机拍摄的，没有经过任何后期处理[11]。提

---

[11] 一周后，雾霾卷土重来。但不像以前那么糟糕。美国大使馆的空气监测系统报告称，北京将危险的 PM2.5 颗粒水平降低了 20%～30%。

到这一点只是为了说明人类仍然可以战胜环境。

图 15　北京的蓝天

在世界各地，燃烧化石燃料产生的污染是导致哮喘、肺癌、阿尔茨海默病、帕金森病以及心脏病等健康状况的主要因素。甚至有人说，它会加重新型冠状病毒的症状。只要地球继续迷恋化石燃料，空气污染就会继续恶化。

地球的水——干旱是新常态

"水，到处都是水，没有一滴可以喝。"

——柯勒律治，《古水手咏》（1834）

地球表面的 70% 被水覆盖，乍一看，我们的星球上似乎有丰富的水。但是，我们饮用、洗涤、种植食物、饲养牲畜和为工业提供动力所需的淡水，只占地球巨大水库1%的四分之三。根据联合国的数据，至今仍有 22 亿人无法获得经过处理的饮用水。这意味着世界上三分之一的人口缺乏安全的饮用水。这些地方根本没有现成的水，或是被化学物质或粪便污染的水。

水是使用化石燃料导致的变暖效应和中毒效应最大的重叠区域。

以美国为例。作为世界上最先进、生活水平最高的国家，美国有 40%～50% 的河流和湖泊污染严重，不适合捕鱼、游泳或水生生物，随便从溪流或湖泊中饮水或洗澡已不再安全。美国 50 个州中的每个州都有消费建议，以保护人们免受食用在当地受污染水域捕获的鱼的健康风险。即使是在世界上最大、最发达的经济体中，也无法保证水是可以安全饮用的。"给一个人一条鱼吃,他可以活一天;教他钓鱼,他几年后就会死于汞中毒。"海洋中汞的最大来源是燃烧煤炭,每年仅在美国就释放 160 吨汞。美国地质调查局(U. S. Geological Survey)估计,在过去 150 年里,化石燃料的排放使大气中的汞含量增加了一倍。当这些汞被冲进河流和海洋时,鱼就会受到污染。与此同时,全球变暖使美国西南部变得更加炎热和干燥。

大多数人知道科罗拉多河是因为位于亚利桑那州和内华达州边界上著名的胡佛水坝,它为美国西部 4000 万人口提供了水和电。这条河还灌溉着 16187 平方千米的农田。600 万年以来,科罗拉多河从其源头怀俄明州、科罗拉多州和新墨西哥州开始,沿着现在的国际边界流入墨西哥,并从那里向西南流入墨西哥湾。如今,经过 20 年的干旱,这条河在流入大海之前就已经干涸。

全球变暖直接影响了科罗拉多河的水流,因为气温升高导致落基山脉的积雪减少,而落基山脉是科罗拉多河的主要水源。不断减少的水量使水位垂直下降了42.37 米,但这并不是唯一的问题。人类的过度使用和环境问题(如过度开垦)使河水的盐度超过了美国环保署(EPA)规定的饮用水 500 mg/L 的阈值。2019年 5 月,美国七个州(包括亚利桑那州和加利福尼亚州)加上墨西哥签署了科罗拉多河干旱应急计划(DCP)。该协议旨在保护科罗拉多河系统内数百座水力发电大坝的水位,以确保它们能够继续发电[12]。依照规定,在水情况恶化时实行严格的水配给。2021 年 1 月,在连续两年水位下降和对科罗拉多河状态的悲观预测之后,DCP 首次启动了限水措施。犹他州立大学科罗拉多河研究中心 2021 年的一项研究一开始就说:"我们可持续管理科罗拉多河的能力显然值得怀疑。"该报告警告说,目前使用的规划和水管理技术"不太可能应对未来的挑战"(图 16)。

如前所述,美国所有 50 个州都发布了警告和法规,以处理该国河流和溪流中的不安全水。美国的瓶装水市场是世界上最大的,2020 年售出 150 亿加仑。与此同时,美国人每年在饮用水上的开销超过 500 亿美元。在墨西哥,近四分之三的人口饮用包装水或瓶装水。在厄瓜多尔和秘鲁的亚马逊地区,像阿丘雅族(Achuar)这样的土著居民经常面临着石油泄漏到河流并污染湖泊和森林的问题。每天都有输送管道造成石油火灾、天然气和石油泄漏以及废物倾倒等污染的事件发生。这导致了高癌症发病率和无法饮用的水。海地一半的人口无法获得干净的水。

---

[12] 主河道上有 15 座大坝,支流上有数百座大坝,但超过 80% 的水力发电能力来自其中两座:胡佛大坝和格伦峡谷大坝。

图 16　胡佛大坝和科罗拉多河，由安塞尔·亚当斯（Ansel Adams）拍摄

当然，这只是美国的情况。在世界上超过一半的地方，人们早在几十年前就告别了安全地饮用河流或湖泊水的生活。几乎所有非洲和中东地区、亚洲大部分地区以及南美洲大部分地区都在经历严重的水资源短缺。

在局势尚不稳定的伊拉克，水资源短缺正威胁着当地的社会秩序。伊拉克的两条重要河流——底格里斯河与幼发拉底河的水质正在恶化。由于上游土耳其、叙利亚和伊朗的大坝减少了两河的淡水水位，导致波斯湾南部的海水回流，而伊拉克的农业与饮水主要依靠两河的资源，其影响是毁灭性的。伊拉克巴士拉市（Basra）200 多万居民的饮用水受到污染。讽刺的是，该市曾经因水源丰富，被称为东方威尼斯。现在，干旱加上水资源管理不善导致了严重的缺水和大规模的抗议活动。

在伊拉克北部的库尔德斯坦地区，库尔德人和伊拉克人之间，以及库尔德人、伊朗人和土耳其人之间，局势正围绕水资源而变得紧张起来。由于气候变化和政府的失败，约旦、黎巴嫩和也门都处于用水危机的边缘。也门正在经历联合国所说的世界上最严重的人道主义危机。持续不断的战争和权力斗争与干旱和随之而来的粮食不安全联系在一起。超过一半的人口无法获得清洁的水源。

在阿富汗，只有不到 13％的人口能获得干净的饮用水。

非洲是受用水危机影响最严重的大陆。超过四分之一的人平均要花 30 分钟到 6 小时的时间，平均步行 6.04 千米，才能收集到一天所需的水。在许多社区，妇女和儿童每天要花 60％的时间步行取水。在刚果的农村地区,只有 20％的人能用上附近的水。在苏丹,5 年的内战导致 40 万人死亡,另有 400 万人流离失所,该国 80％的人口无法获得清洁用水。

石油工业的污染影响了非洲许多国家,其中,尼日利亚可能是最严重的。尼日利亚三角洲(拥有 2000 万人口和 40 个不同的民族)占尼日利亚总陆地面积的 7.5％。石油工业使这个地区成为世界上污染最严重的地区之一。50 多年来,每年都有数不清的石油泄漏,这是由于管道和油轮事故、破坏以及陈旧和腐蚀的基础设施造成的。数百万桶石油泄漏到尼日尔三角洲,直接污染了那里的水资源,造成许多健康问题,并破坏了农作物和鱼类。在埃塞俄比亚,5000 万人无法获得饮用水。

在亚洲,由于生活和工业废物对水源的持续污染,大多数印度尼西亚人现在也对瓶装水"上瘾"。印度尼西亚是西大鲁河(Citarum River)的发源地,被世界银行列为世界上污染最严重的河流。这条 3000 多万人口所依赖的河,已经变得气味难闻,平常呈现出来的是肮脏的棕色,而当每天 300 吨有毒废物倾倒其中后,它会变成黑色、蓝色或红色,铅含量比美国饮用水最高水平高出 1000 倍。在柬埔寨,84％的人口无法获得清洁、安全的饮用水。在印度,超过 20％的传染病可以追溯到不安全的饮用水。这样的例子在世界各地越来越多。

在过去的 30 年里,瓶装水已经成为世界上增长最快的饮料市场,价值超过 2500 亿美元。水的销售量是 1980 年的 130 倍。但这些水只提供给相对富裕的人。

化石燃料如何直接夺走我们所需要的水

水是我们许多全球性问题的典型代表:水资源明明很丰富,不知何故又出现了短缺。与任何稀缺的东西一样,这里也有优先级的问题。美国最大的用水户是农业和热电工业。

火力发电的取水量占总取水量的 41％,占淡水总取水量的 34％,占所有用途的淡水地表水取水量的 48％。换句话说,热电发电每天从国家的湖泊、河流和地下水源中抽出大约 7.57 亿立方米的水。采矿业和公用事业行业及其热电厂每年需要 2.84×10^{11} 立方米的水来生产和燃烧美国每年用于发电的 10 亿吨煤[13]。

在将水转化为高压蒸汽以驱动涡轮机的过程中,发电厂本身要使用数十亿加

---

[13] 美国地质调查局。

仑（1 加仑＝0.00379 立方米）的水，然后将这些水充分冷却处理掉。在采煤过程中，从山顶移除的碎屑经常被推入溪流，进一步耗尽淡水供应。在煤矿作业中，每天都要使用大量的水来冷却和润滑采矿机械，并清洗装载到卡车和火车上的大量煤炭，以减少空气中的颗粒物，并抑制地下可能点燃的煤尘。在发达国家，冷却水是最大的取水来源（占全国取水的 50％）。在不太富裕的国家，这一比例可能下降到总取水量的 20％。但在任何一个国家，一个 500 兆瓦的燃煤电厂每年要消耗多达 75708 立方米的水来冷却设备。

当然，还有水力压裂（hydraulic fracturing）。在地球上挖一口深井后，大量混合了化学物质的水在非常高的压力下被压入井中——高到足以破裂下面的岩石，然后从页岩中释放出石油和天然气。水力压裂法使用大量的水——比传统的提取方法多 100 倍。当从井口流出的废水与当地地下水混合时，水与有毒化学物质混合的事实危及了当地的环境。

全球变暖与地球社会稳定

> "我们不仅要集中精力消除战争，而且要积极地肯定和平。"
>
> ——马丁·路德·金（Martin Luther King, Jr.）

当全球变暖导致严重的水资源短缺时，一个社会可能会严重偏离轨道，带来直接的、惊人的破坏性后果。叙利亚就是这样，造成了我们这个时代最大规模的流离失所和难民危机。在撰写本文时，这个国家已经陷入了十多年的暴力内战，这场冲突迄今已造成 50 万人伤亡（占叙利亚总人口的 3％）。有 500 万到 600 万叙利亚人逃离家园，在其他国家寻求庇护，另有 600 万人在叙利亚境内无家可归。

关于 2011 年席卷中东和北非的阿拉伯之春（Arab Spring），单纯用民主精神导致民众起义推翻独裁政权来解释，这种描述是过于简单化的说法。阿拉伯之春的主要导火索之一是 2011 年埃及和突尼斯的食品价格飙升。俄罗斯一直是这两个国家小麦进口的主要来源，但俄罗斯的干旱迫使该国有史以来第一次停止所有小麦出口。

这种影响在叙利亚更为严重，早在阿拉伯之春之前，叙利亚就已经出现了广泛的社会动荡和推翻政府的要求（图 17）。阿拉伯之春对叙利亚的主要影响是政府服务几乎完全崩溃，但政府对其本国公民的暴力行为有所升级。问题是，这件事有一个更早的开始。为什么这个国家如此不稳定，以至于它的社会结构会如此迅速和彻底地崩溃？答案是：缺水[14]（图17）。

图17　2009年阿拉伯之春之前的干旱

在内战和阿拉伯之春之前，从2006年至2010年，叙利亚经历了至少900年来最严重的干旱。干旱之前，农业占该国GDP的四分之一。干旱摧毁了所有的生产，当牲畜、小麦和大米的生产停滞时，食物不得不依赖进口。但是这些进口商品太贵了，大多数人都买不起。200万人流离失所，60％的农场和80％的牲畜消失。饥饿和疾病成为主导。这一切都发生在冲突爆发之前。水资源短缺给叙利亚社会带来的压力是随后发生阿拉伯之春和内战的主要原因。在撰写本文时，这个国家正处于可怕的混乱之中。叙利亚境内有1200万人需要人道主义援助，其中一半是儿童。但"叙利业危机"的重大影响也远远超出了其国界。

叙利亚境内的局势变得如此糟糕，以至于几乎所有能逃离的人都逃离了。

600万叙利亚人（占人口的30％）前往异国他乡寻求帮助，其中一些人获得了庇护，其他人则被派往难民营。自2010年以来，在逃往欧盟的250万难民中，叙利亚人所占比例最大。这些难民成为有关国家的人道主义和政治问题，并对欧洲联盟本身造成重大压力。希腊的5万名难民几乎是导致希腊退出欧盟的因素之一。移民问题引发的政治危机及其对欧盟的影响，使英国的脱欧公投结果产生了刚好足以导致英国退出欧盟的影响。这一切都源于缺水。

应对用水危机的解决方案通常是"节约你的资源"，但当地球上当前的基本用水需求大大超过可用的安全饮用水时，这并不是一个太好的解决方案。唯一的解决办法是提供更多的水，而这只有在拥有更清洁、更丰富的能源的情况下才可行。

现在有技术可以使海水变成可饮用的。例如，反渗透（Reverse Osmosis）

---

〔14〕　参见2015年9月30日美国国防部关于全球气候变化的报告《气候相关风险和气候变化对国家安全的影响》。

可以过滤掉海水中的所有有害物质（包括盐），并将其转化为可饮用的水。它的主要缺点是技术属于能源密集型，生产不具有经济性。解决世界饮用水危机，唯一缺少的就是廉价的电力来源。试想一下这样的场景：十亿口渴的人突然获得了干净的饮用水；十亿饥饿的人突然获得了食物，因为有了干净的水用于生产、制作；沙漠可以再次用于农业。

波斯湾奇迹

水是创造许多奇迹的一种元素。几个世纪以来，欧洲人经常去专门的水疗中心"泡水"，希望能治愈身体或精神疾病。许多文化的神话都讲述了很久以前水毁灭了整个世界的故事，诸如穿越红海等故事也可谓是著名的"水上奇迹"。

我一直认为这些事件最多只能算是第三等级的奇迹。最高等级的奇迹应该是创造出一个明亮、闪亮、有重量和质量的物体，让所有人都看得到，也让所有人都出乎意料。在我第一次去迪拜的旅行中，我目睹了这样一个真正的、现代的，并且是关于水的奇迹。

迪拜是阿拉伯联合酋长国（UAE）的第一大城市，阿联酋是一个干旱的国家，位于波斯湾西岸的阿曼和沙特阿拉伯之间。这里的淡水资源很少，但人均用水量却是世界最高。它也是世界上最现代化、最先进的城市（图18）。

图18　迪拜——世界上最现代化和最先进的城市

55年前，这里能看到的是一群骆驼牧民坐在帐篷周围，一排英国人挥舞着鞭子的场景。然后发现了石油，从那时起，迪拜迅速成为世界上最现代化的先进城市，拥有200多座摩天大楼，其中包括世界上最高的建筑（图19）。它的超现代化高效率机场是世界上最繁忙的机场，所有公民都可以免费上网。

图 19　迪拜河——1964 年和 2020 年

你可以称迪拜为明日世界。它在吉尼斯世界纪录中获得了 220 个奖项，包括：世界上最高的建筑，拥有 300 米以上建筑最多的城市，现役速度最快的警车，最高的网球场，最大的室内滑雪场，最大的艺术品，最大的金链……这样的例子不胜枚举。

在贝都因人（Bedouins）统治的时代，水是无价的，绿洲是文化和生活的中心。没有水，上述奇迹都不可能实现。那么他们是怎么做到的呢？

不低估其领导人的远见卓识和决心，但这一奇迹是由杰巴尔阿里工厂等海水淡化厂完成的（图 20）。该工厂每天生产 21.3 亿升的纯净饮用水，以满足迪拜迅速增长的人口（和高尔夫球场）的需求。

图 20　迪拜的杰巴尔阿里海水淡化厂

没有水，迪拜的奇迹就不会出现，但不是没有代价。迪拜 99％的水来自海水淡化，即从海水中生产饮用水的过程。在沙特阿拉伯之后，阿联酋拥有世界上最高的海水淡化能力。大多数海水淡化厂采用热电联产多级闪蒸（MSF）技术或多效蒸馏（MED）技术，两个工厂使用反渗透技术。所有这些技术都是能源密集型的，整个系统包括大约 30 台以柴油和天然气为燃料的涡轮发电机。这些都是迪拜二氧化碳排放量飙升的主要原因（图 21）。

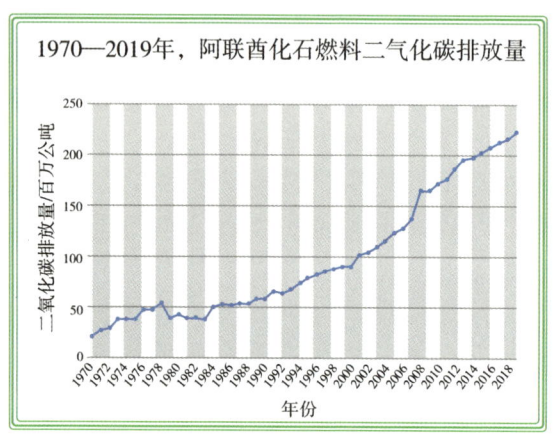

图 21　阿联酋二氧化碳排放量

这样的排放物对环境有害，而且是不可持续的。那么，如果你能提供无限量的廉价能源，不需要燃烧任何化石燃料，从而产生零排放呢？

本书接下来就会讲到。

第3章

为取代化石燃料而作出的英勇努力

2010 年至 2020 年，全球可再生能源新增装机投资超过 2.6 万亿美元，其中 1.3 万亿美元用于太阳能发电，1 万亿美元用于风电。这项投资使全球可再生能源装机容量增加了 4 倍（如果不包括水电）。在短短 10 年间，风电和太阳能光伏的装机容量从 4.14 亿千瓦增加到 16.5 亿千瓦。尽管这看起来很了不起，但在同样的 10 年里，全球电力行业的碳排放量增长了 10%。

图 22 的右上角显示了风电和太阳能光伏的全球消费量。两者联合生产占总能源的不到 2%，占电力使用量的 2%～7%（估算值存在差异）。遗憾的是，仅仅一张图表无法显示风电和光伏行业人士在全球能源市场开拓这个虽小但坚实的立足点时所付出的心血、火花和汗水。这两项技术经过了 30 年的不懈推广、数万亿美元的投资和政府持续的补贴，也是在世界经济相对强劲和扩张的时期实现的。鉴于 2019 年新型冠状病毒疫情的经济影响预计将持续多年，而世界目前可

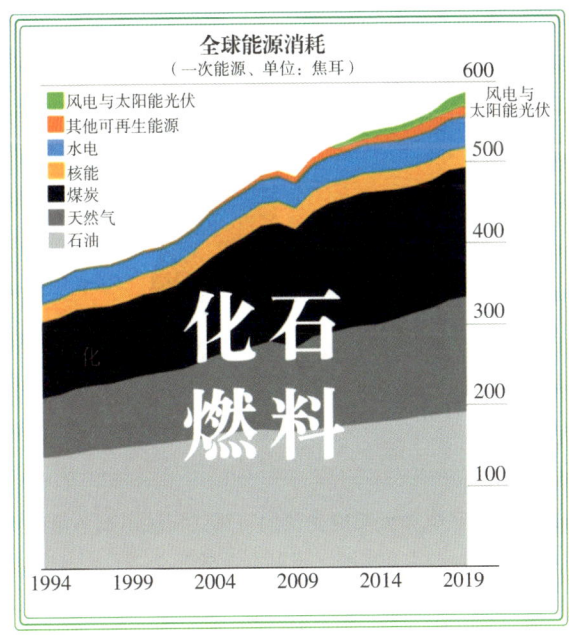

图 22　全球能源消耗来源
（数据来源：英国石油公司）

以说处于全球衰退之中，能否维持以前在替代能源领域的投资和扩张水平尚不确定。这些技术必须继续得到支持，为其提供必要的帮助，只有这样才能完全完成替代化石燃料的工作。

向可再生能源转型：一些残酷的事实

地球真的别无选择，只能逐步淘汰化石燃料，而且越快越好。问题是，它们必须被一种更便宜、同样可靠的替代能源所取代。如今的替代能源包括生物燃料（由植物制成的燃料）、风能、太阳能和水力（来自河流上的水坝），一些国家还将核电站加入其中。可再生能源占全球能源消耗的19％[15]，从表面上看不太寒酸。但是，当"可再生能源投资"在包括《巴黎协定》在内的国际会议上被提倡和讨论时，讨论主要集中在风电和太阳能光伏上，如图23所示，它们只占19％的一小部分。

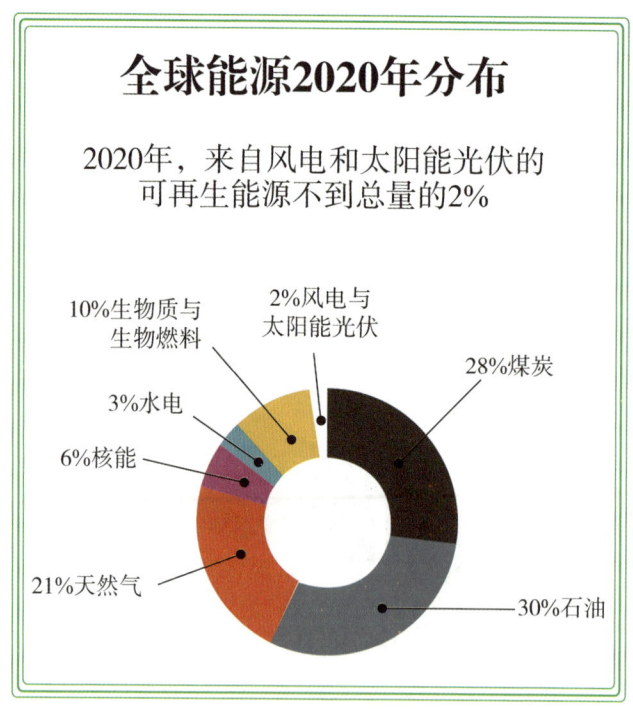

图 23　来自风电和太阳能光伏的可再生能源不到总量的 2％

（来源：国际能源署）

---

〔15〕 21 世纪可再生能源政策网络（Renewable Energy Policy Network for the 21st Century）。

我们知道，我们需要生产更多的能源来满足地球最基本的需求，而这种能源决不能导致危险的碳排放。我们知道所有形式的能量都是不一样的。风电机组可以为家用电器提供电力，但永远无法为飞机提供动力。太阳能电池板在赤道附近的气候条件下相对有效，但越靠近两极，其效率就会大大降低。任何摆脱汽车和卡车碳排放的方法都是可以接受的，但如果你用燃煤发电机的电力给电动汽车电池充电，你就向前走了三步，后退了两步。

国际能源署的《世界能源展望》（*World Energy Outlook*）报告称，尽管 25 年来人们对替代能源给予了极大的关注，政府也给予了巨额补贴，但"如今化石燃料在全球能源结构中的份额仍为 82%，与 25 年前持平"。换句话说，迄今为止，为促进替代能源所做的所有工作都没有在改善世界整体能源状况方面取得实质性进展。

图 23 证实了其他报告中关于风电和太阳能光伏迄今为止能够提供的地球能源需求的百分比。在过去的 50 年里，世界能源消费增长了两倍多。图 24 显示，这一趋势没有减弱的迹象。专家预测，到 2050 年，这一数字将再增长 50%。什么样的能源能满足这种需求？

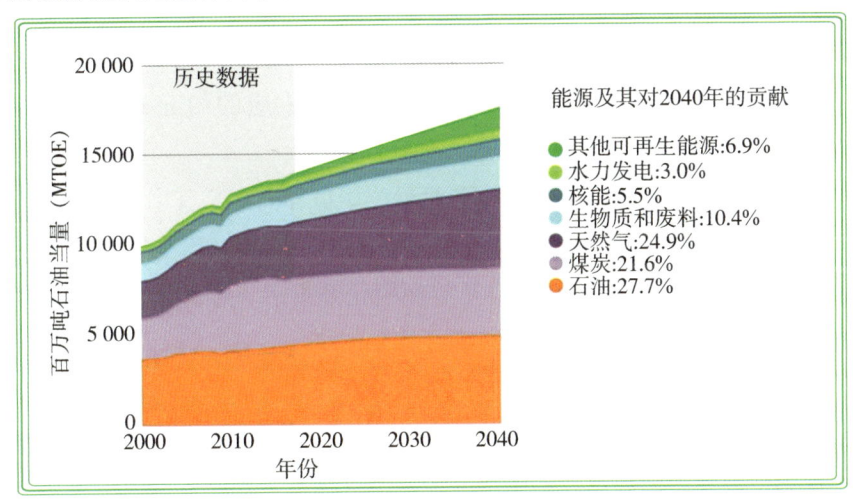

图 24　全球能源需求增加（来源：EIA）

风能的长期使命

人类利用风能由来已久，几千年来发展出风力提水灌溉、磨面、风帆、发电等多种形式。其中，风力发电是目前全球最主要的风能利用形式，也是可再生能源技术中最成熟、最具规模化开发条件和商业化发展前景的发电方式之一。

随着全球能源需求的不断增长，传统化石能源引发的环境污染问题愈发严峻，且其资源有限与分布不均等弊端日益突显，大力发展风电成为全球各国应对气候变化和实现能源安全的重要保障。大规模开发利用风能，能显著降低对化石能源的依赖，减少二氧化碳等温室气体排放，有力推动全球碳中和目标的实现。同时，风能分布广泛，能为各国提供稳定可靠的能源供给，降低对外部能源市场的依赖，提高能源自给率，增强能源供应的安全性。有研究显示，全球风能资源技术可开发量约1300亿千瓦，如果全部开发为风电，以年均发电小时数2000h测算，其发电量是2022年全球电力需求的近10倍。目前全球风电的开发利用程度不高，有着巨大的发展空间。根据全球风能理事会（GWEC）发布的《2025全球风能报告》，2024年全球风电累计装机容量达到11.36亿千瓦，不足全球风能资源可利用量的1%。

风电正成为未来新型电力系统中的主体能源，是能源转型的重要组成部分。随着风电技术不断取得显著进步，风电设备的性能不断提高，成本持续下降。这使得风电在经济上更具竞争力，为风电的大规模开发和利用提供了有力支撑。根据全球风能理事会（GWEC）统计数据，在过去的20年里，风电一直保持着增长，并在2023年实现了历史性的里程碑记录，累计装机容量突破10亿千瓦（1TW）。另据Ember发布的《全球电力报告》，2024年风电发电量占全球总发电量的8.1%，10年增长了约5个百分点。国际能源署（IEA）与国际可再生能源署（IRENA）预测，2030年风电将占全球电力供应的约五分之一；到2040年，全球风能和太阳能发电的份额将上升至45%。

中国、美国、印度和德国的风电装机量位居世界前列，其中全球的陆上风电装机有46%来自中国，海上风电有一半来自于中国。相较欧美市场，中国风电起步较晚，但自2008—2010年风电开始规模化开发后，经过十多年发展，中国已经建成了从原材料（钢铁、树脂、碳纤维）→研发（叶片设计、整机设计、风电场设计）→制造（塔筒/齿轮箱等）→建设（运输物流、吊装施工、基建）▸服务（检测认证、智慧运维），全球最完善、最具竞争力的产业体系。当前，中国已经成为全球最大的风电设备生产基地，不仅拥有全球领先的风电整机制造基地，而且还是最大的关键零部件的生产中心（图25、26）。

今天的风电已经取得了全球瞩目的成绩，但未来发展仍面临诸多挑战。包括宏观地缘政治，部分市场增加了贸易壁垒，当前经济发展前景不容乐观，使部分市场转为对低成本的资源进行开发而不是对低排放资源的开发上，政策的不稳定等因素，都将导致风电装机规模难以实现持续增长的目标。根据国际能源署（IEA）和国际可再生能源署（IRENA）的预测，为达到《巴黎协定》1.5摄氏度温升控制目标，需要将全球风电的年新增装机容量从2023年的1.2亿千瓦增加到 2030 年的不少于 3.2 亿千瓦。到 2030 年末，全球风电新增和累计装机容量需要在当前基础上增加两倍。

图 25　烟台风电母港中的塔筒管桩

图 26　叶片制造基地

　　同时，风电技术也需要不断突破创新。风神的馈赠并非均匀赐予人间，不同地理位置的风资源分布不同，这对技术创新提出了要求：风电机组不仅要在风资源丰富区域高效发电，也要在风速较低的区域发电（图 27）。海上风电则正由近海逐步向深远海发展，存在一系列的技术挑战（图 28）。根据世界银行（WB）的数据显示，全球可用的海上风能资源超过 710 亿千瓦。丰富的海上风能资源，为全球各国通过发展海上风电推动能源转型提供了重要基础。

图 27　大型陆上风电基地

图 28　三峡扒沙海上风电项目

只有消除这些障碍，才能确保风电行业健康发展，这也是减缓气候变化的关键措施。驭风之路曲折，但每扫清一道障碍，人类便向一个可与风共舞的未来更近一步。

太阳能发展潜力巨大

各国正在加强可再生能源计划，但速度远远不够。在迪拜举行的气候峰会上，世界各国政府在关键的联合国气候谈判中达成共识，到 2030 年可再生能源装机容量将是 2023 年的三倍。太阳能和风能已经成为比化石燃料更经济的能源，其在能源结构中的贡献远未达预期潜力。截至 2024 年底，全球光伏发电量占全部电源发电量比重为 6.9％。太阳能发电的潜力释放，融合发展模式（光伏与农业、防风治沙改土等，图 29）、技术革新（如钙钛矿电池产业化）、储能突破（液流电池/压缩空气储能）、智能电网升级及政策精准扶持等。

图 29　中广核新疆哈密石城子光伏电站

印度：渴望更多能源

作为世界人口第二的大国，印度几乎是一手破坏了《巴黎协定》。该国计划建设数百座大型燃煤电厂，以支持其经济增长。这个国家的工业需要它，它的民众（25％的人没有电）需要它。印度领导人对放慢国家的经济增长毫无兴趣，他们愿意接受德里有毒的空气（那里的空气质量是世界上最差的），也愿意接受随着海平面上升入侵该国沿海城市而面临流离失所风险的 4000 万人。由于这些原因，印度不打算签署《巴黎协定》。但印度每年有 300 多天的日照，是世界上太阳能发电条件最好的国家之一。阿尔·戈尔在说服他们的过程中发挥了重要作用。第一步是让该国领导人认识到，如果预测的气候变化造成的破坏发生，印度将是受影响最严重的国家之一（印度的金融之都孟买和加尔各答是世界上受海平面上升威胁最严重的两个城市）。随后，戈尔帮助促成了一项协议，将太阳能技术转让给印度，使他们能够生产自己的太阳能电池板。在《巴黎协定》框架下，更富裕的国家承诺提供财政援助，帮助印度实现能源转型，印度成为该协定的坚定支持者，并签署了该协定。该国领导人已经因未能处理糟糕的印度空气质量而面临国内批评，接受《巴黎协定》成为一个双赢的局面。

在签署了《巴黎协定》之后，在世界银行的支持下，印度开始发挥作用，目前太阳能增长速度位居世界第三。它安装了世界上最大的两个光伏电站（拉贾斯坦邦的 2245 兆瓦 Bhadia 太阳能公园和卡纳塔克邦的 2050 兆瓦 Pavagada 太阳能公园），如今在可再生能源上的投资超过了煤炭。

尽管取得了这些巨大的成就，但印度的煤炭使用量仍在以每年一定的速度增长。因此，二氧化碳排放量也在继续增长。原因在于经济增长。拥有 14 亿人口的印度是世界第三大电力消费国。作为一个国家，它使用的电力是 50 年前的 8 倍。但仍有 2.4 亿人没有合法的电力连接，随着农村和贫困地区数亿人在家中和工作场所寻求电力供应，电力需求继续增长。

印度 2022 年新增太阳能装机容量目标为 1 亿千瓦，而目前预计可以实现的不到 7000 万千瓦。2019 年（甚至在新型冠状病毒疫情前），几个政府机构和一家私营电力分销商取消了 8000 兆瓦的新项目。在印度，煤炭的发电量是太阳能的 10 倍，而且太阳能是否能够完全取代煤炭还远未确定。

爱尔兰的失望

正如我们在印度看到的那样，最完善的减少碳排放的计划并不总是成功的。爱尔兰是另一个例子。2009 年，欧盟发布了《可再生能源指令》（*Renewable Energy Directive*）。为此，爱尔兰设定了一个目标，到 2020 年，可再生能源将占其能源需求的 16％。2005 年至 2018 年，爱尔兰可再生能源的比例从 1.3％增长到 7.2％，增幅显著。到 2019 年，爱尔兰的风电装机容量比 1990 年的水平增加了 4 倍（从 1027 兆瓦增加到 4155 兆瓦），太阳能光伏装机容量从 0.4 兆瓦增加到 36 兆瓦，增长了 90 倍。尽管取得了这些成就，但在同一时期，爱尔兰的温室气体排放总量增加了 10％，达到 6070 万吨（1990 年为 5540 万吨）。爱尔兰环境保护署称，这一增长是由于经济蓬勃发展以及交通和农业活动的增加。

德国：替代能源的典范

有能力的国家肯定应该投资风电和太阳能光伏。但对于那些已经陷入经济困境的人来说，仅仅告诉他们这样做可能是不够的。可以看看风能资源开发的典型代表德国。该国被称为"世界上第一个主要的可再生能源经济体"。2020 年，德国 38％ 的电力来自风电和太阳能光伏，两者的发电量首次超过了化石燃料（图 30）。即便由于新型冠状病毒疫情导致用电量整体下降，但无论如何，这是一项了不起的成就，因此，当提出风电和太阳能光伏可以成为未来主要电力来源时，德国是最常被提及的国家[16]。不幸的是，这并不是一成不变的。

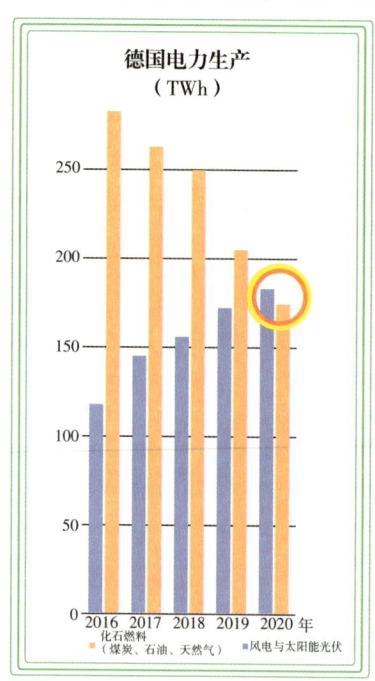

图 30　德国电力生产。2020 年，风电和太阳能光伏的发电量首次超过化石燃料

[16]　2020 年，新型冠状病毒疫情使德国的用电量减少了 15％。与此同时，由于二氧化碳排放证书价格的上涨，燃煤发电下降了 35％。这一短缺主要由天然气取代。（数据来自弗劳恩霍夫太阳能系统研究所）

首先，上述38％的数字只适用于电力。这还不包括供热部门，其中90％来自燃煤发电机驱动的热锅炉。这也不包括交通运输行业，风电和太阳能光伏仅占交通运输行业的5％。

因此，总体而言，2019年风电和太阳能光伏占德国能源消耗总量的比例不到12％（图31）。

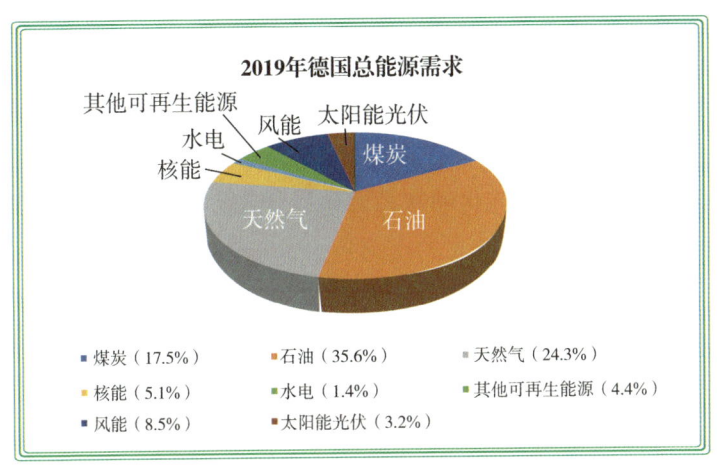

图31　2019年，风电和太阳能光伏占德国总能源需求的11.7％
（数据摘自《BP世界能源统计年鉴2020》）

直到几年前，德国水力发电厂的电力远远超过所有其他可再生能源，但现在情况已不再如此。由于干旱，水力发电的发电量下降了40％，从2000年的300亿千瓦时下降到2020年的184亿千瓦时。

好消息是，德国政府的"能源革命"已经将碳排放量减少了近40％（从1990年的12.51亿吨下降到2018年的8.58亿吨）。但该计划1万亿美元的投入是一场巨大的经济赌博。它受欢迎的部分原因在于德国人对核电站的厌恶——谁不想消除核反应堆在自家后院爆炸的可能性呢？同样，补贴西门子（风电机组制造商）等德国公司也是一项广受欢迎的举措——有利于就业，也有利于整体企业氛围。但这场"能源革命"是基于这样一种预期，即产生的能源可以很容易地出售，而这一点目前还没有定论。

中国

几十年的快速经济增长极大地扩大了中国的能源需求。2018年，中国能源消费占世界总量的四分之一。早在《巴黎协定》签署之前，中国就已经意识到对绿色能源的需求。在过去的十年里，中国已经成为风电和太阳能光伏能源的全球领导者。中国的可再生能源产量是排名第二的美国的两倍，其可再生能源部门的增长速度超过了化石燃料部门。2018 年，中国占世界风电发电量的 25％以上，占世界太阳能发电量的 66％。

除了风电和太阳能光伏项目的成功之外，大规模的基础设施投资使水力发电成为中国可再生能源生产的主要来源。三峡大坝于 2012 年建成，耗资 370 多亿美元，是世界上最大的水力发电大坝，发电能力达 22500 兆瓦。这座大坝的发电量比世界第二大水电站——巴西和巴拉圭的伊泰普大坝——高出 60％。在世界上最大的 10 座发电水电站中，中国拥有 4 座。从 2000 年至 2017 年，中国的水力发电量增加了五倍多，从 2202 亿千瓦时增加到 11455 亿千瓦时，使中国成为无可争议的世界水电领导者。

在国内，风电、太阳能光伏和水力发电合计占 2018 年中国能源消费总量的 11.9％。图 32 显示了可再生能源的比例是如何分配的。

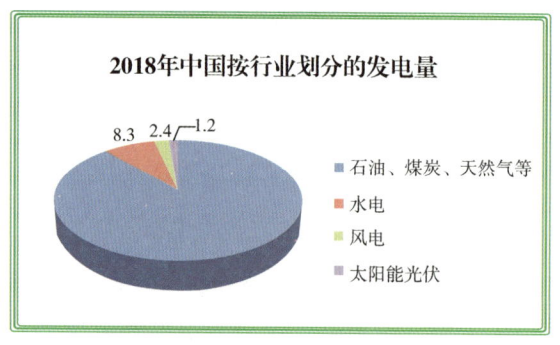

图 32　中国按行业划分的发电量

从图 33 中可以看出，中国还远远没有脱离对煤炭和石油发电的依赖，中国的煤炭消费占世界煤炭消费总量的一半以上。尽管中国在风电、太阳能光伏和水力发电方面取得了巨大的进步，但其对煤炭的依赖使中国仍是全球二氧化碳排放大国之首。

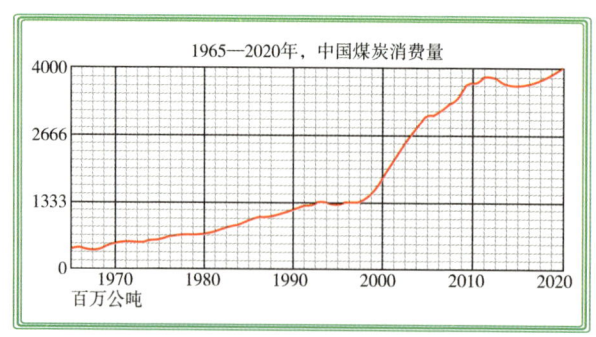

图 33　中国煤炭消费量
（数据来自《BP 世界能源统计年鉴 2020》）

需要更多的能源，而不是更少：能源短缺的一些后果

如果我们只是寻求取代化石燃料能源的现有用途，我们就走错了路。电力短缺已经对世界构成了重大威胁。电力需求增加的原因包括：

1. 人口集中的城市地区人口迅速增长；不仅是富裕的西方，全世界都是如此。

2. 发展中国家农村和贫困人口对家庭和工作场所通电的需求。

3. 沉迷于依赖先进电器的"高消费"生活方式。这已不再局限于少数发达国家。中国、印度、巴基斯坦、印度尼西亚和拉丁美洲的数十亿人已经适应了拥有汽车、微波炉和空调的生活方式。

4. 日益严重的粮食和水短缺——引发持续不断的灾难，使世界上一半的地区不稳定。

5. 由于全球变暖导致的海平面上升破坏了长期存在的文化和生活模式，因此需要应对即将到来的大规模人口流动和重建。

这五件事都不应该是新闻，但它们加在一起就证明了我们19世纪的能源是不足和不可持续的。

全球停电

前几天我收到一张500美元的支票。我买了一个"节能"热水器，电力公司给我报销了。他们为我用更少的电付钱。但当我用更多的电时，他们显然能赚更多的钱，他们为什么要这么做呢？简单的回答是，他们这样做是为了防止停电。停电（或断电）是电网故障的结果。在电力需求高峰时期，当电力供应公司无法满足需求时，电网就会过载，从而发生停电。由于需求的增加，恶劣天气频繁出现，以及脆弱的国家电网无法跟上不断飙升的能源需求，这种停电在美国变得越来越普遍。

每年，世界各地都有数以百万计的人经历大规模的停电，但比任何其他工业化国家都要忍受更多停电的国家是美国。根据联邦数据，在过去10年中，影响超过5万美国人的电力故障数量增加了一倍多。

一项旨在通过鼓励使用节能技术来减少用电量的美国政府项目，在24个州降低了电力供应商的批发电价。这些公用事业公司通过"节能"回扣（比如寄给我的支票）将省下的部分钱转给了客户。

如果政府直接做广告宣传"缩短淋浴时间，关掉空调（空调占家庭能源消耗

的 30% 以上，占商业能源消耗的 13%），把衣服晾在外面而不是用电动烘干机，冬天不要让家里过于温暖，不在房间的时候把灯关掉"，这样做会更便宜、更直接，可能也更有效。但大多数政客都不敢说这些话。

一些人提出控制人口是解决全球变暖的办法。控制需求而不是增加供应的想法很有吸引力，因为它成本更低，潜在的挑战也更小。但实际上，它解决不了什么问题，我们需要的是一种新的环保能源。

化石燃料无法满足地球的最低能源需求

自有历史记载以来，一个民族最基本的需求一直包括食物、水和住所。2021年，电力对这三项都至关重要。

到目前为止，非洲的能源贫困状况最为严重。在南苏丹、乍得、布隆迪、马拉维、利比里亚、中非共和国、布基纳法索、塞拉利昂这八个非洲国家，面积超过 300 万平方千米，总计拥有 1 亿多人口的区域内，只能为 5%～15% 的公民提供电力。在其他非洲国家，还有 5 亿人用不上电。无法获得现代能源服务严重影响了人民的生活，剥夺了他们的基本需求，如取暖、烹饪和照明，以及饮用水、制冷、通信、教育和保健服务。这种短缺并不是非洲独有的。在欧盟，西班牙有数百万人生活在能源匮乏的状况下。全世界有 10 亿人无法获得可靠的电力。这也是他们迫切需要的。

粮食短缺是从水开始的恶性循环的结果。粮食生产直接依赖于水的供应。农业是水密集型产业，全球变暖导致越来越多的干旱土地缺乏必要的水资源来支持足够的农产品和牲畜的增长。结果就是人们挨饿。

在世界各地，每天每九个人中就有一人面临饥饿。非洲正面临 75 年来最严重的粮食危机，干旱是主要原因。今晚，非洲超过 2.5 亿人将饿着肚子上床睡觉。

在西半球，海地的"饥饿程度"最高，那里 25% 的人口不知道下一顿饭从哪里来。请注意，饥饿并不局限于非洲，超过 10% 的美国公民（包括 18% 的美国儿童）也面临饥饿。美国补充营养援助计划（SNAP）在 2019 年花费了 600 亿美元，为 3800 多万美国人提供免费食物。新型冠状病毒疫情期间，美国各地的食物银行发现，为家人寻找食物的绝望人群增加了 40%～50%。世界上最富有的经济体无法为自己的人民提供足够的、负担得起的食物。不管怎样，这都可以追溯到缺乏一种廉价、清洁和高效的能源。

尽管地球被海水环绕，但仍有 10 亿人无法获得饮用水，这只是因为从海水中提取饮用水的技术需要更多的能源。化石燃料发电已显示出无法满足这一需求。到目前为止，风电和太阳能光伏产业还无法填补这一空缺。

总而言之，我们"嫁"给了一种 19 世纪的能源（化石燃料），它是导致地球变暖的主要原因。与此同时，它的排放物正在毒害地球。最重要的是，它的峰值容量远远低于提供所需的电力、水和食物所需的容量，没有这些，地球就会处于压力和不稳定状态。

能源成本使其难以生存

能源的使用是个人问题。我们的许多日常决定在某种程度上取决于能源和能源价格——我们如何旅行，我们吃什么，我们房间中需要多少温度，以及我们从事什么工作。负担得起的能源使我们的生活更美好，因为它促进了所有其他经济活动。

在过去的 25 年里，美国平均每年在能源上花费 1.25 万亿美元[17]，相当于每年 GDP 的 11%~15%。在工业化程度较低的国家，这一比例略低，但在所有情况下都在迅速攀升。美国住宅用户的电费是工业用户的两倍。支付电费已成为许多家庭的难题，15% 的老年人为了维持电力供应而挨饿。电力成本会影响到经济的每一个部门。

负担得起的能源将有助于治愈病态的经济，因为负担得起的能源将促进经济增长。能源占国内生产总值（GDP）的比重是衡量能源在整体经济中相对重要性的一个指标。一种可负担得起的清洁可再生能源的新来源将使供暖、制造和运输成本大幅下降。事实上，几乎所有的成本都会大幅下降。

英国石油公司是全球变暖的答案吗？

随着全球持续变暖，世界排名前 50 位的石油公司继续做着他们一直在做的事情：勘探、开采、提炼、运输和燃烧石油和天然气。这些公司一般不参与全球变暖的讨论，除非它们在游说反对对化石燃料行业施加限制。他们警告称，目前对化石燃料的投资不足将导致能源供应短缺。或许有例外。英国石油公司作为世界上最大的石油和天然气公司之一，拥有超过 282 万亿美元的资产[18]，它正试图重塑自己。

---

[17] EIA.
[18] 标普全球普氏：《2019 年排名》。

英国石油公司不再是 2010 年墨西哥湾深水地平线漏油事件（又称英国石油公司漏油事件）的肇事者，也不再是那个承认 11 项过失杀人罪、2 项轻罪和 1 项向国会撒谎以掩盖其在石油工业历史上最大的海洋石油泄漏事件中的共谋罪的石油公司。9 年后的今天，英国石油公司的首席执行官说："是时候用不同的方式讲述我们的故事了。"

正如他所说的，在过去的两年里，英国石油公司已经花费了 5000 万美元来进行自英国石油公司漏油事件以来的第一次全球广告宣传活动。该活动通过在美国、英国和德国的广告牌、报纸和主要电视网络上投放广告，展示了该公司为拥抱清洁能源所做的努力，传播其信息，即英国石油公司正在努力"使各种形式的能源更清洁、更美好"。该公司在 2020 年 6 月的报告中更进一步宣布："在英国石油公司，我们致力于（在减少全球碳排放方面）发挥自己的作用。我们确定了一个新目标——为人类和地球重新构想能源，到 2050 年或更早成为一家净零（碳）的公司，帮助世界实现净零（碳）。"

世界上最大的石油/天然气公司之一实现零碳排放？一个大大的赞！

如果英国石油公司把钱投到油井以外的地方，它将成为替代能源团队中受欢迎的一员。2018 年，在我们能找到的 6 个石油/天然气项目中，BP 投资了 130 多亿美元[19]，2019 年，我们能找到的 5 个石油/天然气项目中，英国石油公司投资了 200 多亿美元[20]。英国石油公司的首席执行官吹嘘说，在过去两年中，公司已经在"低碳技术"上投资了 5 亿美元。我们不应该完全贬低这样的投资，因为 5 亿美元比美国政府在奥巴马和拜登政府之间的 4 年里在替代能源上的投资还要多。但这 5 亿美元只是英国石油公司 11 个新油井项目投资的 1%。这可不是一家参与全球变暖解决方案并竞相发展可再生能源的公司拿得出手的成果。

英国石油公司正在建设怎样的未来？该公司超过 96% 的年度资本支出用于石油和天然气。它以 30 比 1 的投票结果，选择投资于高碳排放的化石燃料。恕我直言，这不会让英国石油公司成为一家净零碳排放公司，更不用说帮助世界应对全球变暖了。如果英国石油公司真的想加入 21 世纪的能源革命，它需要立即开始逐步淘汰新的石油和天然气项目，并将其在替代能源方面的投资从每年 5 亿美元增加到 5000 亿美元。它的技术部门可以立即着手创造真正的能源奇迹。

---

〔19〕 主要项目包括：克莱尔里奇（北海）、西翼 B 区、雷马西北扩建项目、沙赫丹尼兹第二阶段、塔斯－尤里亚赫扩建项目、阿托尔一期项目。

〔20〕 其他项目包括：阿尔金（北海）、安杰林（特立尼达）、星座（美国墨西哥湾）、卡尔齐安（北海）、西尼罗河三角洲-吉萨/法尤姆项目。

海平面正在上升，行动起来！

你不需要拥有科学博士学位就能注意到我们的气候可能出了问题。你可以观察到夏天越来越热；热带风暴越来越频繁，每年都有更多的"超级风暴"发生。图 34（从上到下）显示了北大西洋热带风暴的增加、海洋温度的上升和全球海平面的上升水平。

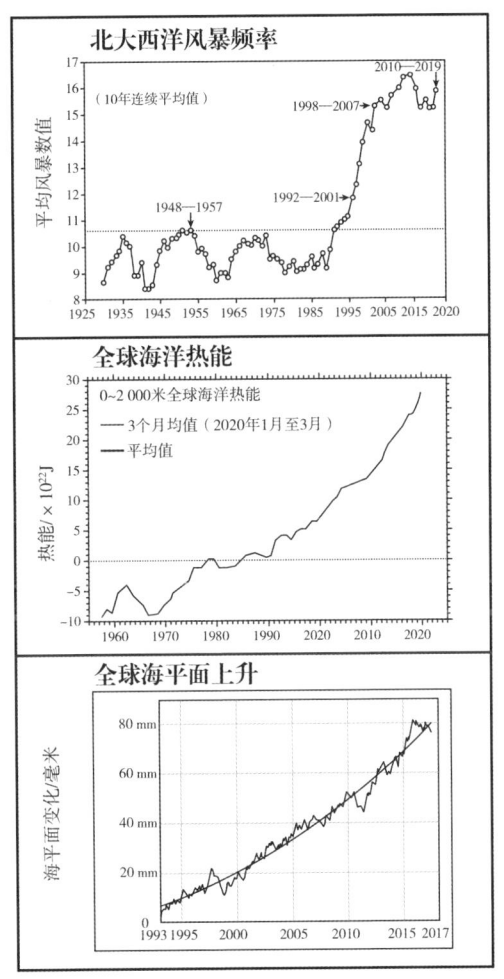

图 34　风暴/海洋热能/海平面上升比较，根据 NOAA 数据编译

海平面正在上升。潮水正在一点点升高（图 34）。涨潮洪水变得越来越频繁，并向内陆更远的地方蔓延。如果你住在海边，你可以看到潮水越冲越远。虽然所有沿海城市都将受到海平面上升的影响，但有些城市受到的打击要严重得多。亚洲城市将受到特别严重的影响。到 2050 年，受海平面上升影响的人口中，每 5 人中就有 4 人将生活在东亚或东南亚。美国城市，尤其是东海岸和墨西哥湾沿岸的城市，也同样脆弱。超过 90 个美国沿海城市已经经历了洪水侵袭，预计到 2030 年这一数字将翻一番。与此同时，大约四分之三的欧洲城市将受到海平面上升的影响，尤其是荷兰、西班牙和意大利的城市。

美国最易受洪水影响的城市包括：

路易斯安那州的新奥尔良已经在下沉。2005 年，卡特里娜飓风造成 1600 多人死亡，80％的城市被淹没。

佛罗里达州迈阿密的海平面上升速度已经快到足以破坏房屋和道路。忧思科学家联盟（Union of Concerned Scientists）2018 年的一份报告显示，在未来 25 年内，迈阿密海滩的 1.2 万户家庭面临长期洪水的危险。这使得价值 64 亿美元的财产处于危险之中。其他预测显示，如果全球气温上升 2 ℃，佛罗里达州底部三分之一的地区，例如奥基乔比湖以南的地区将被淹没，那里居住着 700 万人。

新泽西州大西洋城对沿海洪水并不陌生。2012 年的飓风桑迪让这里 75％的区域被淹没在水下。在一些地区水深达 244 米。

纽约市长期以来一直担心海平面上升的影响。根据预测，在未来 25 年里，37％的曼哈顿下城将面临风暴潮的威胁。

其他受到海平面上升严重威胁的城市包括：

上海除了是中国的金融之都，还是世界上最大的港口之一，也是最脆弱的沿海城市之一。这个曾经的渔村，北与长江接壤，黄浦江将其从中心分开，包括几个岛屿，两条长长的海岸线，以及数千米的运河、河流和水道。如果气温再上升 2 ℃～3 ℃，城市的绝大多数区域将被淹没，包括市中心和两个机场的大部分地区。1750 万人将流离失所。

印度尼西亚的雅加达以每年 25.4 厘米的速度下沉，是世界上下沉最快的城市。这种下沉很大程度上是由于挖井获取地下水，也是因为其建筑的重量。随着海平面上升，雅加达正日益受到威胁。

泰国的曼谷也面临着类似的问题，摩天大楼挤压着缺水的土壤。市政府在 2015 年发布的一项研究预测，它可能在 15 年内被淹没。政府正在将水抽回地下，这减缓了下沉的速度，但这不足以拯救这座城市免受海平面上升的影响。

新加坡大部分地区海拔不到 15 米，近年来填海造陆的土地占到 25％的国土面积，海拔要低得多。每年，这个拥有 580 万人口的国家都会经历强降雨后的山洪暴发，而且这种情况的发生次数在不断增加。这个国家的领导人都非常清楚，

"洪水模型"是靠不住的，也不能保证他们的行动能赶在海平面上升之前。为此，该国建立了一项 750 亿美元的基金，用于维持海拔至少 3 米的关键基础设施，其中最关键的部分，如机场保持在海拔 5 米的高度。

日本大阪已经面临着全球变暖洪水带来的威胁。如果气温再上升 2 ℃~3 ℃，大阪就会被海水淹没，600 多万人将受到威胁。

在气温上升幅度更低的情况下，埃及的亚历山大港也可能大部分被水淹没，这座历史名城的 300 万人将受到影响。

全球气温只要上升几摄氏度，巴西里约热内卢就会有大片地区被淹没。洪水将影响 180 万人。

印度的加尔各答和孟买是受到海平面上升严重威胁的两个城市，此外还有印度沿海城市苏拉特和金奈。据预测，在 25 年内将有 4000 万印度人受到洪水的影响。

海洋温度上升是海平面上升的主要原因。除上述城市外，中国广州、越南、缅甸、泰国和孟加拉国的大量城市人口也面临风险；在许多欧洲国家也是如此。几十个岛屿和一些国家可能会消失。

如果我们忽视这些变暖的迹象，后果将由人类自行承担。保守的科学共识是，全球气温上升 1.5 ℃将导致全球海平面上升 0.518~0.975 米。即使我们设法使全球气温上升不超过 2 ℃，到 2050 年，至少 570 个城市将面临海平面上升和风暴潮。面临风险的是大约 8 亿人，他们的房地产和基础设施包括：公路、铁路、港口、水下互联网电缆、农田、卫生和饮用水管道和水库，甚至公共交通系统。一些沿海城市和国家将会消失。

世界经济论坛《2019 年全球风险报告》[21] 显示，约 90% 的沿海地区将受到不同程度的影响。一些城市的海平面将比全球平均水平高出 30%。更糟糕的是，大城市在新建筑的重压下正在下沉，再加上居民大量抽取地下水导致地面强度下降。例如，在拥有 1000 万人口的雅加达，部分地区的地面在过去 10 年里下沉了 2.5 米。中国的有些城市也受到了类似的影响。

海平面正在上升。这是全球变暖的主要后果，不容忽视。

那么我们该怎么做呢？

---

〔21〕 世界经济论坛《2019 年全球风险报告》可从世界经济论坛网站下载。

第4章　　能源革命的障碍

现有的全球能源

以下是世界上排名前 18 位的能源，按照它们目前对世界能源生产的贡献和未来前景的顺序列出[22]。

(1) 石油

(2) 煤炭

(3) 天然气

(4) 水力

(5) 核能

(6) 生物质能

(7) 风能

(8) 太阳能光伏（PV）

(9) 主动（聚光）太阳能光热

(10) 被动式太阳能

(11) 地热能

(12) 废物转化能源

(13) 乙醇

(14) 生物柴油

(15) 含油砂

(16) 油页岩

(17) 潮汐能

(18) 波浪能

煤炭、原油、天然气和可燃可再生能源占总量的 91％；核能占 5％；水电占

---

[22]　理查德·海英伯格，《寻找奇迹：净能源限制与工业社会的命运》，全球化与后碳研究所国际论坛，《错误的解决方案》系列第 4 期，2009 年 9 月。

2％；而其他所有能源（包括风能和太阳能）只占当前能源产量的 2％。理查德·海因伯格（Richard Heinberg）在对这些能源进行了 30 年的研究之后，对这些能源满足日益增长的全球能源需求的能力作出了相当严峻的评估。更可怕的是，他的分析显示，在排名最后 14 位的能源中，没有任何一种能在短期内取代前三大化石燃料来源中的任何一种。他把这归因于前三种能源（石油、煤炭和天然气）相对便宜的成本和相对较高的能量密度，这意味着化石燃料是更有效的发电方式。但这并不能说明什么。当这些化石燃料驱动蒸汽涡轮机时，它们在一开始就损失了 65％的主要能量[23]。这还不包括建造和运行这些大型发电厂所消耗的能源，也不包括寻找、提取和提炼所使用的燃料所消耗的能源。我们可以做得更好。我们一直被这些技术困住的真正原因是，科学家们一直在寻找一个错误的答案。我们需要更深入地挖掘我们的能源储备，找到真正的 21 世纪能源奇迹。

答案是节约吗？

从上面给出的数据可以清楚地看出，尽管经过了 30 年的营销和推广，加上政府的大量投资和价格保证，世界上可再生能源的发电量仍不足以满足任何地方的最低需求，对每个国家都是如此。在这种背景下，我们仍然可以通过一种通常被认为在处理稀缺性时合乎逻辑的方法来减少化石燃料的排放。假设你的口袋里只剩下十块钱，再过三天能拿到下一份工资。想必今天的晚餐，你和你的伴侣会吃一些剩菜，并将啤酒的数量限制在每人一罐。这就是所谓的"节约"，总有可能找到减少个人和企业能源消耗的方法。

询问任何一个离网可再生能源系统的设计师，他都会告诉你，当考虑从当地电力公司转向可再生能源时，首先要面对的是节约能源使用的需要。当一个人决定断开电网，只靠风电和太阳能光伏给自家供电时，首先要考虑家里的哪些电器可以放弃使用，又要如何限制那些必用电器的用电量。比如：以前要用五个灯泡照明，现在只用一个；没有中央空调；只给一个常用房间供暖，而不是整个房子；用十分之一的热水，把淋浴时间限制在一到两分钟内，就像海军那样；用一台小屏幕的电视；只配备一辆私家车，尽可能使用拼车和自行车。

这些解决方案听起来不太诱人，许多富裕的西方国家可能不愿意接受这些方案。大多数美国人会认为被限制在一辆车里或淋浴两分钟是对他们人权的侵犯。

---

〔23〕 电子百科：能源效率。https：//www.mpoweruk.com/energy_efficiency.htm.

记住，特朗普对《巴黎协定》的主要分歧在于，它"用繁重的能源限制惩罚了美国人"。英国、法国、德国和中国的中产阶级基本上同意这一点。政客们很少敢提起这个话题。

在较早的时候，这被称为资源保护理论或"节约"。如今，它在"可再生能源"的讨论中基本上消失了。就好像认为人们浪费尽可能多的能源是完全可以的（同时期望政府继续补贴能源价格）。你会看到人们在冬天穿着内衣在房子里跑来跑去，因为供暖系统使房子过热，同样的人在夏天裹着毯子，因为空调使房子变得寒冷。

在过去的几十年里，能源效率一直是工业领域的一个热门词汇。节能产品本应大受欢迎。例如无级变速器（VSD）、变频器（VFD）。40％的电能用于工业，其中三分之二用于电动机。变速驱动器可以调节电机的速度，使电机运行更平稳，在许多情况下可以将电机的能耗降低高达50％。然而，只有不到20％的电机配备了这项技术。

作为一个社会，我们经常忽视各种形式的浪费。公民和社区负责人有能力引起人们对这个问题的关注，每个公民都可以进一步对保护周围的环境作出努力。但是，撇开浪费的问题不谈，这是一个不可能靠节约致富的时代。无论我们如何减少能源使用，这一行动都无法解决世界能源问题；它也不能解决全球变暖问题。这是因为需要太多的能源，而这个问题不会消失。30年后，世界消耗的能源将比现在至少多60％（图35）。

图35　2050年世界能源消费量，数据摘自 Statistica

2020年全球可再生能源展望与倡议

国际可再生能源署（IRENA）在新型冠状病毒疫情期间发布了《2020年全球可再生能源展望》。报告认为，要实现100％的可再生能源，就需要政府"刺激和复苏计划加速向可持续、脱碳和节能型经济的转变"。同一份报告指出，要实现这一目标，需要高达 1 万亿美元的新投资，但同时也承认，不仅没有实现这一目标，而且可再生能源补贴实际上正在下降。

IRENA 有一系列将碳排放减少到零的计划（有些很快，有些则慢一些）。这些计划促进广泛采用和可持续利用各种形式的可再生能源，包括生物能源、地热、水力、海洋、太阳能和风能资源。但 IRENA 的计划最依赖的三种能源是风电、太阳能光伏和水电。风电和太阳能光伏的问题已经在上面列举了。至于水电，环境保护基金（EDF）的一份报告[24]指出了一些鲜为人知的事实，这些事实可能会导致旨在减少温室气体排放的项目无意中增加温室气体排放。该组织 2019 年对世界各地 1500 座水电站的研究发现，一些水电站对环境的变暖的影响比化石燃料更大。当然，并不是所有情况都是如此，这里只为说明一个事实，即使是水力发电也可能不像我们通常认为的那样无碳。不仅如此，欧洲、美国和中国的大多数水电站的主要选址已经被占用。你不能在美国的科罗拉多河上或中国的长江上再建一座大坝。IRENA、EDF、阿尔·戈尔和比尔·盖茨（仅举几例）都同意这样的说法："虽然每个国家必须使用不同的资源组合，但他们都需要一个 21 世纪的能源系统。"

冗余——21 世纪能源创新，支持风电和太阳能光伏发电

冗余是一个完全令人反感的词，因为它的常用用法要么意味着某人不再有用，即将被解雇，要么意味着一个没有用处或功能的系统的一部分。冗余实际上来自两个拉丁语单词，意思是再次升起的波浪。这也是它在工程中的含义：当系统的一部分出现故障时，它可以介入并运行。这不是没用的东西。相反，它是一种备份，可以在故障后立即恢复系统的全部功能。

几乎每一个安保或安全系统都采用冗余，每一座现代桥梁、每一个飞机系统、电梯和海上导航系统也是如此。如果一个泵的故障会毁掉你的整个工厂，那么谨慎的做法是安装两个泵，在第一个泵发生故障或损坏时，第二个泵会自动启动。如果一个关键数据系统在没有电源的情况下崩溃，内置冗余将包括第二个电源。配备液压制动系统的汽车也将配备机械制动系统，以防液压系统失灵。

---

〔24〕 Ocko，I. B. & Hamburg，S. P.，《水电对气候的影响：不同设施和时间的巨大差异》，EDF 报告，发表于《环境科学与技术》，2019，53，23，14070-14082。

因此，我们开始寻找替代能源。世界基本上已经接受了三种替代能源（风能/太阳能/水能资源）来取代化石燃料，尽管人们承认，要足够快、足够广泛地部署其中任何一种能源来应对当前的挑战都存在问题。在全球变暖的后果如此严重的情况下，我们能承担得起把我们对未来的所有希望放在一个篮子里吗？（图 36）

图 36　我们能把所有的鸡蛋放在一个篮子里吗？

我们需要充足的电力来支持工业、文化和生活方式。150 年来，我们一直从大型燃气和燃煤发电厂获得电力，这些发电厂在使地球变暖的同时也在毒害地球。此外，全球变暖的后果加上世界人口的增长，需要产生比化石燃料发电机可能产生的多得多的电力。

2019 年，全球煤炭消费量下降，但仍是最大的单一发电来源，占全球电力的 36% 以上。2018—2019 年，碳排放量的年平均增长率高于 10 年平均水平。

这就是冗余发挥作用的地方——支持现有的替代能源。在尽一切可能协助、扩大和推进风能、太阳能和水力发电能力的同时，我们需要第二个计划，一个后备计划，一个 B 计划，以确保无论如何都能应对全球变暖的挑战。

如果全球变暖的后果像人们所认为的那样可怕，那么我们能仅仅依靠风电、太阳能光伏和水电来应对全球变暖的挑战吗？我们需要的是一场 21 世纪的能源革命。

为什么我们如此沉迷于 19 世纪的能源？是什么阻碍了真正的创新？

这就是本书要讲的。它与能源的主题有关。

第5章　能源时代从现在开始

我们强烈支持左边的人（图37）。但结果并非不可避免。本书提出的主要问题是，为什么21世纪能源游戏的每个参与者都是19世纪的遗物？

有一门学科叫作"电学"，有一个专业叫作"电气工程师"，几十年前就应该为这个问题提供创新的解决方案。为什么没有发现、开发或发明新的能源？

图37　19世纪的能源对峙

本章开始，我们先从"电"这一主题开始做解释，然后转到电气工程师，最后考察历史上最伟大的电气发现。

电：如何获得电以及如何利用电

通常情况下，我们一般认为电是由发电机产生的。水和电之间有一些有用的类比，但不是通常在学校里学到的那种。电对于现代社会的运转至关重要，就像水对于人的生存一样。虽然有些人在没有食物的情况下能存活一个月或更长时间，但水是另一回事。只要三到四天不喝水，人的身体就会很快停止运转。如果没有电，火车和地铁在不到半秒的时间内就会失灵，灯光会熄灭，电视和互联网会变得异常安静。

水和电还有另一个相似之处。"你是怎么得到它的？"然后是"一旦你得到了它，你会怎么做？"

纵观历史，如何获得水源是选择居住地的主要考虑因素。在中东，聪明人会在绿洲旁搭帐篷。在任何国家，任何时代，在盖房子之前，人们都会考虑这块土地是否有湖泊、池塘或天然泉水；是否靠近河流或小溪；是否可以挖一口井从地下取水。

一旦有了水，第二个因素就开始起作用了：用它做什么。最基本的日常琐事包括从小溪里提桶水到用来做饭、泡茶或冲咖啡，用来洗澡。水是种植庄稼和饲养动物所必需的，也可以通过水运来运输产出的粮食、物品到市场。在蒸馏啤酒和威士忌的过程中，优质的水是至关重要的成分。后来，人们开始通过重力或使用水泵将水直接输送到房子里。更花哨的是，人们给房子安装水管，这样水就能直接流到厨房区域，然后是卫生间；再升级到有多个出水口，冷热两用。屋外的水管则可以给庄稼或草坪浇水。灌溉系统可以自动调节水量和喷雾类型，并根据规定的时间表或土壤的干燥程度设置开关。当家里的空气变得太潮湿或太干燥时，可以调节空气中的水密度。

所有这些现在都可以通过智能手机操作。即便需要复杂的操作，但都属于以下两类："是怎么得到的"和"一旦到手，该怎么处理"。这两个步骤同样适用于电。

我们得到的最基本的东西叫作"电"。你用它做的东西被称为"电子产品"。如今，超过99%的电气和电子工程师都参与了"一旦到手，该怎么处理"的领域。他们忙于设计、开发、测试和制造用于燃煤或燃气发电厂、电动机、广播和电信系统、导航系统、智能手机、计算机、自动化设备等的新型或先进设备。他们中只有不到1%的人曾经考虑过新的发电方式。那么，电气工程行业是否很有活力？根据美国劳工统计局的数据，即使在新型冠状病毒疫情之前，电气和电子工程师的职业已经停滞不前，预计零增长。

大家都很熟悉自然电，我们把这种天空中巨大的闪光称之为闪电。每时每刻，全世界都有 2000 个活跃的雷暴，每秒产生 100 次闪电。所有的闪电都是单一方向的直流电。在 18 世纪，本杰明·富兰克林（Benjamin Franklin）发现，高势能（电荷）可以在云层中积聚起来，并寻找去处。而在地球的地面上，几乎完全没有这种电位（零电荷），因此可以吸引云中的电荷来填补。富兰克林称这种二分法的两面为正电荷和负电荷。当云层中的电荷变得足够大时，它会在地面上寻找它的对立面，然后"砰"的一声，闪电出现了（图 38）。

图 38　当地球上的零电势吸引云层中的高能电势时，闪电就发生了

自然界中电的其他例子包括静电和电鳗。两者都是直流电（DC），工作原理与闪电相同。第一次商业生产的电力就是模仿这种模式。与人类文明的发展历史相比，人工制造的电力是最近才出现的。1831 年，科学家迈克尔·法拉第（Michael Faraday）发现，当磁铁相对于线圈移动时，电流就会在线圈中流动。40 年后，詹姆斯·克拉克·麦克斯韦（James Clerk Maxwell）发现，磁和电只是同一现象的不同表述，它们都是由同一种力产生的。他发现，不仅磁铁相对铜线的移动会导致电流通过铜线，而且电流通过铜线也会产生磁场。

令人惊讶的是，这几乎就是关于发电的全部知识，直到 150 年后的今天依旧如此。为了让所有的火车和冰箱运行，让所有的智能手机和 iPad 充电，让互联网和航空公司正常运作，我们所需要做的就是通过各种方法让铜线或铁芯在磁铁内旋转，仅此而已。在发电机的铜线圈内旋转磁铁，效果也一样好，大多数大型发电厂都是这样做的。自19世纪以来，该机制仍然只有四个基本组成部分（图39）。

（1）磁铁；

（2）转动的导线；

（3）使导线转动的机构；

（4）区分两极的基础至关重要，但在教科书中却被忽略[25]。

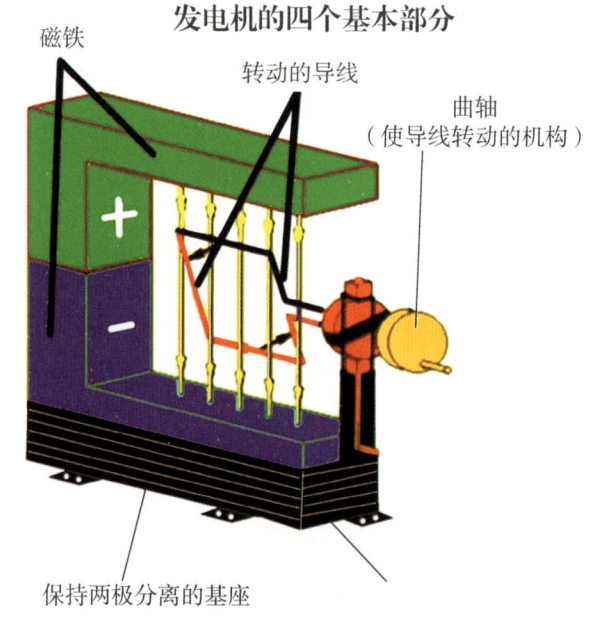

发电机的四个基本部分

磁铁

转动的导线

曲轴
（使导线转动的机构）

＋

－

保持两极分离的基座

图39　发电机的四个基本部分

转动曲轴：地球对19世纪发电形式的痴迷

当今全球90％的电力生产的本质，以及与之相关的问题和限制，都体现在图39中的曲轴。电的现象可能是奇妙的，但是当它依赖于由一个部分在另一个部分内旋转组成的机械装置时，曲轴必不可少。换句话说，你需要一种方法让这些导线在磁场中旋转。手摇曲柄可不行。在大型发电机中，如图40所示的通用电气蒸汽动力公司的发电机，旋转部件可以重达1000吨。

---

[25]　将在后面的章节中更多地讨论这一点。

图 40　通用电气制造的阿拉贝尔电热蒸汽机的旋转元件重达 1215 吨
（图片版权归 GE 蒸汽动力公司所有）

自 19 世纪蒸汽机车问市以来，今天广泛使用的解决方案一直没有改变（图 41）。

图 41　19 世纪蒸汽机车

在这些美丽的"铁马"中，用煤将水加热，产生加压蒸汽。这样产生的能量转变为蒸汽机中的机械动力，蒸汽能量直接带动火车的轮子。当今世界上 90％以上的电力都是利用这一原理产生的。

1. 水通过燃烧石油、煤炭、天然气或"生物"材料加热。

2. 产生的蒸汽压力转动曲轴（图 39）。在发电厂，曲轴被称为涡轮机。

3. "核能"听起来很新奇，也是迄今为止最有效的将水加热的方法，但它的工作原理完全相同。

水力发电不需要热量或蒸汽，流动河流的力量直接转动曲轴。风电机组也是如此，风力提供了转动曲轴的力量。

太阳能光伏发电则不同。光伏利用一种化学反应直接从太阳的热量中产生电流。传统的太阳能电池由硅制成，是将沙子经过复杂净化过程的结果。硅之所以被使用，是因为它能吸收大量的太阳光，导电性好，而且很容易加工成非常薄的硅晶片，也就是光伏电池的核心。照射在太阳能电池上的阳光分成正电荷和负电荷，产生了电子流，也就是电。

但是，为什么在 21 世纪，我们还在依赖 19 世纪的发电方式呢？

在如今的网络上，或许能找到大型石化公司是如何为了自己的私利而收购或恐吓替代能源的发明者的视频。我不怀疑这类情况发生的真实性，但是把我们目前的状况归咎于"石油大亨"老约翰·洛克菲勒的幽灵或埃克森美孚并不能解决我们的问题。

我们真的需要继续依赖 19 世纪的曲轴吗？

我们仍然被"绑"在曲轴上的原因，以及"解绑"的途径，将在接下来的几章中揭晓。但首先，我们将回顾电气工程师的角色，并回顾有史以来最伟大的电气发现。

电气工程师：缺少"电"的工程师

电气工程师的英文是"Electrical Engineer"，EE 则是其缩写。自 1884 年以来，这一直是一门有价值的学科，当时电气工程领域的一些最杰出的成员（包括尼古拉·特斯拉和托马斯·爱迪生）成立了美国电气工程师协会（AIEE），目的是"促进与电力生产和利用有关的艺术和科学"。1891 年，亚历山大·格雷厄姆·贝尔（Alexander Graham Bell）辞去 AIEE 主席的职务，由其主持的一个委员会采纳了该组织的标志（图 42）。

图 42 美国电气工程师协会标志

为了使电气工程师的使命更加清晰，所选的标志展示了一个磁罗盘、欧姆定律（位于指南针下面的公式，用时间符号表示）和本杰明·富兰克林的风筝（证明闪电是电的实验），以纪念电气知识核心的重大发现以及它们被发现的过程。

19 世纪末，当 AIEE 在纽约市成立时，可谓是电学领域发现和创新的超新星般的存在。在 1860 年麦克斯韦著名的磁电统一定律发布后的 25 年里，发电从理论走向了现实，先是直流发电厂，然后是交流发电厂，水力发电厂先后在英国和美国上线。纽约市率先大规模推出了住宅和工业用电，但很快就扩展到美国其他地区。

电力和电气化并不是突然出现的，而是一系列研究、创新和辩论的结果。直流电公司的人与交流电公司的人进行了一场疯狂的竞赛，以证明各自的概念并将其产品推向市场。这场战争被称为"电流之战"，业界在这场比赛中投入了大量资金。各个大学都在研究它，理工科毕业生被许多寻求扩大其发展的公司招募。

那是一个喧闹而丰富多彩的时代。一方面，托马斯·爱迪生正在广泛推广他的直流电系统，另一方面，乔治·威斯汀豪斯（George Westinghouse）和尼古拉·特斯拉（Nicola Tesla）正在推广他们的交流电系统。特斯拉是一位杰出的发明家，因为指出使用直流电的缺点而被爱迪生解雇。

爱迪生尽他最大的努力来诋毁交流电技术，他举办了一些公共活动，用特斯拉的交流电机器杀死了狗和马（为此，爱迪生以每只 25 美分的价格从新泽西州奥兰治市的市民那里购买了流浪狗）。

爱迪生还生动地展示了交流电"电椅"是如何在万分之一秒内杀死一个被判死刑的人的，他安排纽约奥本监狱的罪犯威廉·凯姆勒（William Kemmler）在第一把电椅上被处决（爱迪生确保这把电椅是由特斯拉的一台交流电机供电）。

1903 年，在纽约康尼岛的一个舞台上，爱迪生公司的电工们用"西屋交流电源"杀死了舞台上的一头活大象。爱迪生电影公司将此景记录了下来（图43）。它传达的信息很明确："这是你在家里应该用的那种电吗？"

尽管爱迪生才华横溢，但他最终还是失败了，因为交流电解决了爱迪生直流电机器的许多限制。但交流系统更为复杂，19 世纪 80 年代和 90 年代电力工业的快速增长对训练有素的电气工程师产生了前所未有的需求。大学物理系为了应对大量涌入的学生，增加了人员和设施[26]。

---

〔26〕 罗伯特·罗森伯格，"美国物理学和电气工程的起源"，《今日物理学》，36（1983年 10 月），48-54。

图 43   爱迪生电刑大象"托普西"的影像

电气电子工程师学会

在 20 世纪 30 年代末的某个时候，电气工程这门学科迷失了方向。不到 25 年后的 1963 年，美国电气工程师学会在其名称中加上了另一个单词（Electronic），使其成为电气电子工程师学会。从那时起，该组织的重点逐渐从电力转向电子。

《光谱》（*Spectrum*）是 IEEE 的月刊，它的版面和插图都很漂亮，但对寻找新的能源或电力来源几乎没有兴趣。在对过去 4 年里刊登的近 400 篇文章的调查中，只有 4 篇涉及新能源的研究。精神病学家、神经外科医生和会计师写的关于电的文章比电气工程师写的要多得多。

在过去的 18 个月里，该杂志发表了 178 篇文章，主题包括飞行汽车销售、医疗植入物、电子玩具、量子计算、无人机输送血液、人工智能、机器人、月球栖息地，以及动物是否可以（或应该）使用互联网。有一篇文章是关于核聚变能源的，但这篇文章的影响力几乎被另一篇文章所抵消，后者概述了华盛顿州核电站产生的副产品核废料储存的公共风险和问题。到目前为止，生锈老化的核废料容器已经泄漏了 400 万升放射性污泥到哥伦比亚河。在 18 个月的时间里，只有一篇文章是关于寻找更好的能源的，作者是退休的美国宇航局工程师杰伊·施米克（Jay Schmuecker），他买下了祖父的农场，并试图把它变成一个无碳的农场。当然，农场需要一台拖拉机，而这辆拖拉机必须经过改装才能运行他的太阳能-氢系统。该系统本身需要发电机来产生纯氢和纯氮，一个将两者结合成氨的反应器，储存所有气体的储罐，以及 360 块太阳能电池板。这变成了一项不可能完成的任务。他最终花了 200 万美元用于建造系统，但这个系统只能产生拖拉机运行所需的 10% 的氢和氨。即便如此，他的话却鼓舞人心："人类需要开发可再生的、无碳排放的系统，就像我们所展示的那样。如果我们不利用其他能源来应对气候变化并取代化石燃料，未来的农民将发现越来越难以养活所有人。我们正在变暖的世界将成为一个每天都发生饥荒的世界。"

2021 年，IEEE 愿景、创新和挑战峰会暨颁奖典礼表彰了过去 12 个月对科学作出贡献的 50 多位科学家。他们对人类和技术作出了许多杰出的贡献，但没有一个人推动了寻找新的电能来源。

拉奇的观察

备受尊敬的 IEEE 会员、美国国家工程院院士罗伯特·拉奇（Robert Lucky）博士在《光谱》杂志的一篇文章中回忆起 1963 年 IEEE 将"电子"一词并入该组织时的自我反省。拉奇表达了他对教育和专业机构的后续演变的担忧，这些机构支持工程师和潜在学生目前对电气工程的看法。

他提出很多尖锐的问题：

所有电气工程师都应该知道哪些事情？

培训和经验的共同点是什么，将电气工程师作为一个职业结合在一起？

如何将电气工程师与其他工程分支区分开来？

让"电"回到电气工程中

拉奇博士的问题在本章末尾得到了回答，但他的观察是正确的。如今，要获得电气工程学位，通常是在电气与计算机工程系学习。这些电气和计算机工程系的课程主要面向计算机方面。这并不是批评——计算机工程显然对我们的文化至关重要——但忽视电气方面是一个严重的疏忽，并直接影响我们寻找替代能源的能力。

这并不是说"电气工程"这个术语已经完全消失了，仍然有授予该学位的学校。但他们中的大多数人对这个词语的理解和特莱恩大学（Trine University）一样（图 44）。

图 44　伊利诺伊大学厄巴纳-尚佩恩分校电气与计算机工程大楼前的标志

美国印第安纳州安哥拉的特莱恩大学是众多拥有真正校园的学院和大学之一，提供真正的电气工程学位，提供的课程说明如下：作为电气工程学士学位的学生，你将学习电能的实际应用。电气工程课程基础广泛，涵盖发电和输送电力、通信和控制、数字设计、仪表装置等方面。

许多开设类似课程、提供"电气工程"学位的学校正在培养能够运行今天的发电厂和测量各种有趣事物的技术人员。然而，他们却没有在电力技术上取得进展。对于这些学校来说，扩展他们的课程，培养有兴趣为 21 世纪发现新能源的电气工程师，将会更有成效。

一项对美国排名前六的工程学院课程的调查发现，它们都存在类似的情况。

伊利诺伊大学厄巴纳－尚佩恩分校

该校对电气工程专业的介绍是：电气工程核心课程侧重于基础电气工程知识，包括电路、系统、电磁学、半导体器件、计算机工程和设计。学生还可以选修生物工程、声学、磁共振工程；电路与信号处理；通信和控制；计算机工程；电磁学、光学和遥感学；微电子学和量子电子学；电力和能源系统等七个领域中的丰富课程。电气工程是一门多方面的学科，在过去的一个世纪里，它产生了惊人的技术创新进步，几乎塑造了现代生活的方方面面。在接受了系统性的学习后，电气工程师可以为现代能源、通信、传感、计算、医疗、安全和国防基础设施提供基础的设备和系统。这样的陈述并不能把学生的注意力集中在能源的基础知识或发电的新方法上。

卡内基梅隆大学

卡内基梅隆大学是一所全球研究型大学，也是世界顶尖的工程学院之一。电气工程在该校的电气和计算机工程系内，涉及设备科学和纳米制造、信号和系统、电路、硬件系统和软件系统等五个研究领域。电子工程课程包括焊接导论、电路板布局与制作、计算机系统、半导体器件、微电子电路、计算机与网络安全、神经刺激与传感技术，以及机器学习的硬件算法。

但对能源的理解和寻找新方法来制造地球迫切需要的电力只字未提。

哈佛大学

哈佛大学是美国历史最悠久的高等学府，它将其电气工程项目描述为"涵盖广泛的主题，从新材料和设备的物理学，到由这些设备制成的电路和下一代计算平台，再到在这些平台上运行的算法"，范围包括电力系统、微电子学、控制系统、信号处理、电信和计算机系统。学生学习如何分析、设计和建造用于计算、通信和信息传递的设备和系统。

用哈佛自己的话说，工程学院的电子工程专业研究的是能感知、分析和与世界互动的系统。

缺了什么？缺少对基础能源进行研究，以便开发出新的、清洁的、丰富的电力和能源，养活饥饿的数十亿人。

麻省理工学院

麻省理工学院是世界排名第一的工程学院。1882年，麻省理工学院在物理系开设了世界上第一个电气工程专业，其课程主要面向电力工程。当时，电力工程是电气工程的一个先锋，包括迈克尔·法拉第电磁感应的发现，新型直流和交流发电站、发电机和变压器的设计和建造。如今，该校的电气工程课程在其电气工程和计算机科学系中，涉及机器人技术、通信网络、医疗技术和互联网嵌入式系统等方面的内容，具体包括电路与电子学、信号、系统与推理、纳米电子学与计算系统、电磁学与应用、电磁场、力与运动、细胞神经生理学与计算。

学生们将学习大量的计算机和电子产品以及相应的电子应用，但最近在麻省理工学院的电子电气专业中，实际的电气知识很少。

斯坦福大学

斯坦福大学有一个授予电气工程学位的工程系。用该大学自己的话来说："电气工程包括以物理科学、数学和计算机为基础，电子、信息系统和数字系统为核心课程，并培养系统分析和设计方面的特定技能。"学生将把大部分时间花在集成电路、生物医学应用和电力电子学上，但也提供物理技术和科学专业。根据斯坦福大学的说法，提供更广泛的课程结构的原因是"在宏观层面上，全球电力需求的快速增长和全球气候变化的威胁推动了能源研究，在微观层面上，移动设备和传感器数量的爆炸式增长，这些设备和传感器的性能和寿命受到能源的限制"。

这种解释还算合理。我们缺少的是一个结构化的课程，以激发人们对新能源技术的兴趣和开发，进而从数量和质量上，让这些新能源技术创造出拯救地球所需的电力。

加州大学伯克利分校

在加州大学伯克利分校，电气的相关研究属于电气工程和计算机科学系。其中，电气工程和计算机科学学士学位不会让你在寻找更好的电力来源的道路上走得很远，但能源工程理学学士学位更有意义。该学位"将古典和现代物理、化学和数学的基础知识与能源工程应用相结合"。该专业最大的优点是其灵活性，在物理和数学的坚实基础上，增加了工程课程的选择，使学生能够解决社会面临的复杂的能源相关问题，其中就有"新设备和能源"。虽然没有特别关注新能源，但有了这样的尝试，也就有了更大的希望。

能源工程

能源工程是最近在大学中出现的工程学科之一。这一新的发展促使上述一些学院设立了能源工程系。但这些主要集中在风能和太阳能、电力分配、新型电池以及与能源相关的公共政策上。所有这些都很重要，但更重要的是需要协调一致地研究来发现新的发电方法。在学生们能做到这一点之前，他们需要更好地理解和掌握能源这门学科。

最后一个事实，如果你觉得上面对相关课程的描述过于夸张，我在上述六所大学中找到了700名拥有电气工程学位的现任教职员工。大多数人都有自己的社交账号，他们也把感兴趣的领域公开写在了上面，包括人工智能、计算机工程、数据和通信系统、自动化和机器人。在这700人中，除了加州大学伯克利分校的一群勇敢的人（占总数的3%）之外，再也找不出明确表示对能源奇迹的研究有兴趣的人了。

总结这一切的艺术作品

位于伊利诺伊大学电气与计算机工程大楼旁的艺术作品（图45）展示出了

"被遗忘"的概念。这个由约翰·阿杜西（John Adduci）设计的雕塑有力地说明了电学学科的二等地位。

图 45 伊利诺伊大学电气与计算机工程大楼后门被人批评的作品

不仅因为它被安置在了该大学最先进的设施的后门外。具有讽刺意味的是，这个两层楼高、描绘了三个电气接口的金属物体作品被命名为"断线"（Diss-Connections[27]）。相关负责人在批准该项目时，不知是否考虑过"电气工程"在多大程度上被贬低了呢？

环境与电气工程国际会议

第 18 届环境与电气工程国际会议于 2018 年 6 月举行，该展会是欧洲规模最大、持续时间最长的专业技术展览会之一。18 年来，它为设计师、制造商、能源公用事业人员和大学研究人员提供了一个平台，讨论与能源系统和环境有关的各种问题。涉及的方面足够广泛了吧？答案是肯定的，但还能更好。

由美国电气与电子工程师学会、机电设备监控系统学会（EMCS）、工业应用学会（IAS）和电力与能源学会（PES）共同主办的会议上，预定讨论的 60 个技术领域中，10%直接涉及现有的替代能源技术（风能、太阳能、生物质能、水力）。剩下的 90%仅限于现有替代能源技术的应用、控制和测量。没有一个类别的目标是寻找一种新的、更好的或功能更强的能源。

---

〔27〕 "Diss"的定义：以不尊重或蔑视的态度对待。

* * * * *

以上绝不是对 IEEE 或上述任何优秀学校的贬低。我自己就是 IEEE 的高级会员，我的一个儿子在上面提到的电子和计算机工程系接受了极好的教育。他以优异的成绩提前毕业，很快就被一家科技巨头挖走，担任计算机工程领域的核心工作。这一节的重点是，在这个时候，电气工程学科似乎已经迷失了方向。我们需要它回到正轨，以迎接全球变暖的挑战。

最伟大的电学发现

就其对人类的益处而言，电力生产超过了使用轮子或控制火的影响。人类发现和使用电的过程中出现了许多具有里程碑意义的事件。因为更大规模的电力生产（同时减少有害的副作用）是解决当今许多挑战的核心，所以我们简要地回顾一下电力的发现与发展。

表 2 是世界上最重要的电气技术进步的汇总，按日期顺序列出。在历史的进程中，我们的星球上出现了一些了不起的电气工程师。不过，就像一个英国人可能更喜欢本国人，而一个德国人也可能更喜欢他们国家的人一样，没有两个人会完全同意谁的发现值得列入这个"最好中的最好"名单。尽管如此，我们还是尝试列一下：

表 2 电能的伟大发现

序号	日期/年	发明者	成就
1	公元前 600	米利都的泰勒斯	用毛皮摩擦琥珀发现了静电。
2	1600	威廉·吉尔伯特	从希腊语 "electron"（琥珀的希腊语单词）创造了 "electricity"（电）这个词。
3	1705	弗朗西斯·豪克斯比	发现了霓虹灯。
4	1720	斯蒂芬·格雷	最早区分哪些是导电的物体，哪些是绝缘的物体。
5	1745	彼得·凡·穆森布罗克	发明了莱顿罐——一种储存电荷的方法，可以控制放电。
6	1752	本杰明·富兰克林	发现了电的两极特性以及闪电就是电。
7	1783	查利·奥古斯丁·库仑	证明两个带电粒子之间的吸引力取决于电荷和粒子之间的距离。

表2（续表）

序号	日期/年	发明者	成就
8	1786	路易吉·伽伐尼	发现电流在不同的金属之间流动。
9	1796	阿莱桑德罗·沃尔特	发明了一种能产生连续电流的电池。
10	1820	汉斯·奥斯特	发现电流会产生磁场。
11	1820	安德烈·玛丽·安培	被英国物理学家、数学家麦克斯韦称为"电学的牛顿"，他观察到电流会相互排斥或吸引，这取决于其流动方向。发展了第一个预测电和磁之间关系的数学，并假定电子的存在是这两个学科的基本组成部分。
12	1821	托马斯·约翰·塞贝克	发现电压（和电流）在两种不同金属之间流动与它们的温差成正比。
13	1821	迈克尔·法拉第	根据他对电磁旋转和感应的发现，制造了第一台发电机。他进一步发现，电磁感应是通过一种中间振动介质（以太）发生的，而不是通过某种难以理解的"远距离作用"发生的。
14	1823	威廉·斯特金	制造出电磁铁。
15	1826	乔治·欧姆	精确定义了功率、电压、电流和电阻之间的关系。
16	1832	波利特·皮克西（与安德烈·玛丽·安培）	研制了第一台直流换向器式连续电流发电机。
17	1833	塞缪尔·亨特·克里斯蒂	发明惠斯通电桥用于测量电阻。
18	1834	托马斯·达文波特	发明了第一台电池驱动的电动机。
19	1835	约瑟夫·亨利	发现了自感电磁现象并发明了继电器。
20	1839	爱德蒙·贝克勒尔	发现了今天用于太阳能电池板的光伏效应。
21	1857	威廉·汤姆森（开尔文勋爵）	被认为是英国最伟大的电气工程师，发明了当时所有电量的测量装置，并主持了一个国际委员会，为我们今天所知的安培、伏特、欧姆等命名。他的家是世界上首个用电灯照明的屋子，提出了第一个支持法拉第的概念的数学运算，即电感应是通过中间介质发生的。

表 2（续表）

序号	日期/年	发明者	成就
22	1860	詹姆斯·克拉克·麦克斯韦	他的方程式统一了磁、电和光，成为历史上第二重要的科学家，仅次于艾萨克·牛顿。
23	1878	乔治·阿姆斯特朗	英格兰第一座水力发电厂建成。
24	1879	托马斯·爱迪生	制造了第一个可用的灯泡。
25	1882	托马斯·爱迪生	在纽约建造了第一座直流发电站。
26	1883	尼古拉·特斯拉	发明了"特斯拉线圈"，使远距离输电成为可能。
27	1884	尼古拉·特斯拉	发明了三相交流电。全世界的电力都是基于这一原理。
28	1886	雅各布·斯科尔科普夫	第一个商业水力发电系统在纽约尼亚加拉瀑布启用。
29	1888	查尔斯·布拉什	发明了一种风力发电机。
30	1888	尼古拉·特斯拉	发明了旋转磁场。
31	1888	尼古拉·特斯拉	建立了第一个升压和降压变压器。
32	1888	尼古拉·特斯拉	设计、获得专利并制造了第一台交流感应电动机。
33	1889	尼古拉·特斯拉	设计并建造了一个系统，为 42.28 千米外的电灯无线供电。
34	1897	约瑟夫·约翰·汤姆逊	发现了电子。
35	1904	约翰·安布罗斯·弗莱明	发明了热电子真空管（二极管）。
36	1911	威利斯·开利	现代空调系统的发明者。
37	1911	海克·卡末林·昂内斯	发现超导。
38	1925	尤利乌斯·埃德加·利林费尔德	发明并制造了一种利用电场控制其功能的固态晶体管，并获得了专利。
39	1926	保罗·爱斯勒	发明了印刷电路板。
40	1931	尤利乌斯·埃德加·利林费尔德	发明、制造并获得电解电容器专利。
41	1931	苏维埃联盟	首个风电场投产。
42	1938	奥托·哈恩	发现核裂变，这是第一颗原子弹（1942 年）和第一座核电站（1951 年）的基础。

图 46 中的红色箭头显示了直到 1938 年为止的主要电学发现的趋势：强劲有活力。

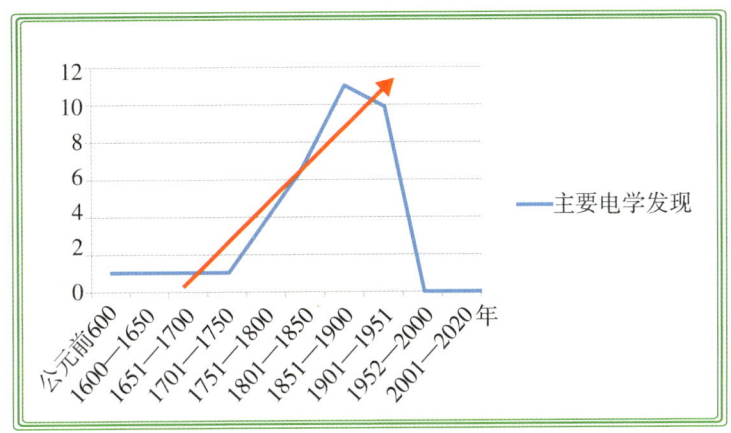

主要电学发现

图 46　直到 1938 年为止的主要电学发现趋势

1938 年之后发生了什么?

为什么 80 多年来在电学领域都没有一个基本的发现?

如果你对这一指控感到困惑或愤怒，并拿出智能手机作为证据，请耐心等待片刻。智能手机很棒，但这种电子产品的产物只是电的应用，是一种使用电的方式。如果是在一个荒岛或火星上，拿着最新、性能很高的苹果手机，但没有充电器，你很快就会明白电力和电子产品之间的区别。如果觉得这个例子过于夸张，那么 2018 年在美国拉斯维加斯会展中心举行的世界最大的电子产品博览会（CES）在停电后陷入了长达数小时的黑暗之中。从机器狗到智能冰箱和高级烹饪设备，再到助眠器和扬声器系统，数百种高科技电子应用也都静止了下来。

就连介绍自动驾驶汽车的展台也陷入了一片黑暗。没有电力来源，他们的技术没有可以施展的空间。企业的高管们能做的就是去社交媒体上发消息。

有一些基本的发现，也有对这些基础的改进。人们喜欢认为（并且会很快发布出去）已经有了一个"基本的发现"，但充其量只是在早期发现的基础上开发了一个新的应用程序。从图 46 可以看出，许多电子革命的基础（包括二极管、三极管、变压器、晶体管、电容器和印刷电路板）都是在 1938 年之前发现的。

水力发电是迄今为止最多产的绿色能源，发电时没有化石燃料排放的污染。但它的发展要归功于土木和机械工程师，他们建造了巨大的混凝土水坝，在美国的大古力水坝和胡佛水坝，以及中国的三峡大坝（图 47）等大型工程中，从无到有地创造了巨大的人工湖。水力发电的电力方面一直不引人注目，巨大的低速发电机和配套的开关设备、变压器和输电线路都严格遵循着早期做法。世界上最新、最大的水力发电厂——中国的三峡水电站，仍在使用弗朗西斯发电机，这是美国人詹姆斯·B.弗朗西斯（James B. Francis）在 19 世纪 40 年代发明的一种全潜式涡轮机。

图 47　中国三峡大坝 34 台弗朗西斯发电机中的一台

风能资源开发是另一个被吹捧为基础发现的改进的例子。在过去的几十年里，我们建造了更大的风电机组，并将其与电网连接起来，但苏联在 20 世纪 30 年代就建造了风电场，而利用风能的基本理念，早在 1000 年前的中国就已经有了应用。至于太阳能电池板的应用技术可以追溯到 1839 年。即便现在比 100 年前效率高得多，但仍远远不能取代化石燃料。

从电能的最后一个重大发现中诞生了原子弹和核电站。那么，在过去的 80 多年里，我们的进展如何？图 48 中的红色箭头表示 1938 年以后与电相关的新发现。这已经不能用快慢来形容，而是完全静止的状态。我们必须问的问题是：为什么？

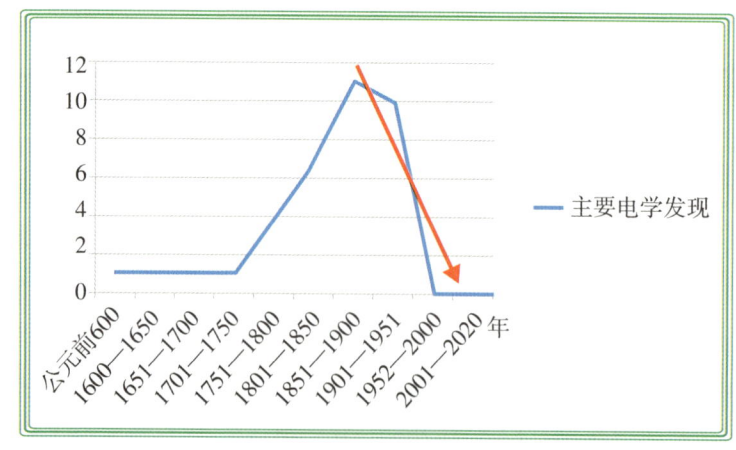

图 48　1938 年至今主要电学发现趋势

如果想知道为什么我们与 19 世纪的发电技术联系在一起，并毒害我们的星球，很可能还会使气候变得不适宜人类生存，首先要知道什么变了？电学曾经是一个充满活力和创新的学科。那么，是什么杀死了它？

在 20 世纪 30 年代中期，一位新的警长来到科学城。他带来了一种研究物质和能量概念的新方法。它被称为量子力学，不管你认为它有没有用，有一件事是肯定的：从 20 世纪 30 年代科学开始接受其原理的那一刻起，能源技术的进步就立即停止了。

我的一位好朋友，一位拥有博士学位的物理学家，在看完这本书之后，认为把电气工程 100 年来的停滞不前归咎于现代物理学是错误的。也许到 20 世纪 30 年代，旧的经典物理学已经走到了尽头，是时候作出改变了。如果经典物理学的结果在 20 世纪 30 年代之前的一段时间里逐渐减少，人们可能会接受这个前提。但是图 46 和图 48 却讲述了一个不同的故事。在 20 世纪 30 年代古典的能源观念被抛弃之前，能源的发现范围广泛、频繁而且意义重大。就在相对论、弯曲时空和不确定性等概念站稳脚跟的那一刻，能源发现的进展戛然而止。

全球变暖的影响肯定是毁灭性的。要找出应对方法，我们需要能源奇迹。要实现这一目标，需要一些新的科学观点，特别是对能源的理解。在本书的余下章节中，我们将找出一张"地图"，帮助电气工程科学重新定位并回到正轨。

在电箱的外面思考

100 年前，特斯拉发明的三相交流电是电力生产和分配方面的重大突破，而这一点几乎没有得到普遍的重视。他基于同样的五个基本概念开发了独特的工作电气系统，这些基本概念启发了他之前所有伟大的电气先驱，包括富兰克林、法拉第和麦克斯韦。到 20 世纪 30 年代中期，这些基本概念已被抛弃（图 49）。

图 49　跳出固有思维模式往往更好

历史经验告诉我们，想要扭转颓势并取得更好的结果，首先要确定发生了什么，导致出现了变化。

在这种情况下，我们首先要研究原始电力是如何产生的。20 世纪 30 年代中期发生的变化是显而易见的。我们需要一个 21 世纪的能源奇迹，而复兴在 20 世纪 30 年代之前创造能源奇迹的可行理论是合乎逻辑的起点。

地球正在被毒害，以惊人的速度升温。全世界需要齐心协力，共同创造能源奇迹。罗伯特·拉奇的问题（在本章前面提出）现在可以得到回答了。电气工程师将是那些追求和发现能源奇迹的人。

下一章回顾 20 世纪 30 年代被抛弃的能源奇迹的五个关键。

第 6 章　　能源奇迹的五个关键

1938 年发生了什么？仔细观察第 5 章表 2 中的主要电学发现，就会发现五个电学基本原理几乎影响了表中每一个主要的电学进展。令人惊讶的是，这五种都在 20 世纪 30 年代中期被废弃了。可以确信，当这些关键原理被放弃时，新的发电技术随之停滞。

传奇足球教练文斯·隆巴迪（Vince Lombardi）的成功使他成为全国必胜决心的象征，他总是以同样的方式开始球队的训练。他会举起一个足球，让他所有的球员（顺便说一句，他们是世界上最专业、经验最丰富的足球运动员）都能看到，然后，他会满怀热情地说："这是一个足球。"他的观点是从基础开始，而这正是能够成为冠军的基础。在能源科学中更是如此。

为了开启能源奇迹的开关，本章将讨论影响世界上每一个重大电气突破的五个主要电气基础。它们包括：

1. 能量本身的定义；
2. 是什么给了能量动力；
3. 能量产生之前需要的实际结构；
4. 能量在介质中传播的要求；
5. 能量在介质中传播的实际机制。

关键 1　能量是什么？

"如果你想发现宇宙的秘密，就从能量的角度来思考……"

——尼古拉·特斯拉

如今，当你问"能量到底是什么？"你会得到这样的回答：

"它是系统的总能量。"

"它是物体动能和势能的总和。"

"它由动能、引力能和热能组成。"

"能量是守恒的。它在对象之间传输，永远不会改变。当物体四处运动时，与其相关的能量总量永远不会改变。"

在物理学中，守恒一词指的是不变的东西，能量被认为是一个守恒的量。但这并不能定义能量，这个词太重要了，不能缺少定义。半个世纪前，诺贝尔奖得主理查德·费曼（Richard Feynman）说："重要的是要认识到，在今天的物理学中，我们不知道能量是什么。"这是最诚实的答案[28]。

难以捉摸的定义

在有志于能源奇迹的追寻者中，在激动人心的旅程开启之前，有必要接受一些可怕的冲击。第一件事是，能源科学的基本概念定义得多么糟糕。1800 年，托马斯·杨（Thomas Young）在解释他的实验时首次将"能量"一词引入物理学领域，实验涉及光粒子在介质中运动，从而产生波。他想说明物体运动或变化是由于实际物理粒子的影响。19 世纪伟大的电学发现者——詹姆斯·普雷斯科特·焦耳、赫尔曼·冯·亥姆霍兹、威廉·汤姆森（开尔文勋爵）、迈克尔·法拉第、詹姆斯·克拉克·麦克斯韦等人证实了这一点，并以此作为基础。但在这个过程中，这个概念逐渐被遗忘。

如今，《朗文科技词典》将能量定义为"物体做功的能力"，《大英百科全书》和几乎所有的物理教科书也是如此。尽管这一定义简洁易记，但对寻找新能源的人来说帮助不大。它可能会告诉你能量的潜在能力，但肯定不是对能量的描述。

定义可以多种多样，最常见的分类是通过描述事物的特征来分类，还可以通过比较某物与其他事物的异同来定义某物。最好的描述是对动作下定义，它记录了事物如何产生、变化和消失。这也是在能源发现方面取得进展所需的。要克服阻碍发现能源奇迹的许多问题，有必要对能量有一个明确的定义，而上面的定义与之相差甚远。

"物体做功的能力"不是一个很科学的定义。这充其量只是一个模糊的描述。它没有告诉我们能量是什么，它是如何产生的，或者它是如何被测量的。

然而，归根结底，我们大多数人都对能量是什么没有一个很好的概念（图50）。人们喜欢仰望天空，观看大自然最好的能量展示——闪电。任何曾经处于或接近雷击接收端的人都知道一次雷击包含了多少能量。它引起的巨大爆炸在几千米外都能听到和感觉到。这一现象背后的机制将在本书的最后一章进行探讨。但我们

---

〔28〕 理查德·费曼，第 4 章，《能量守恒》，费曼物理讲座，加州理工学院，1963 年。

可以把它简化为电粒子从云层到地球的流动。这一过程产生了巨大的能量，这点不足为奇，有趣的是，我们通常不会认为闪电"有"能量。相反，我们说闪电就是能量。

图 50　根据现代物理学，能量是物质的一种神秘特征，进行着无序运动

这一点之所以重要，是因为根据上面提到的能量的定义，以及物理教科书上都将电描述为"使功完成的电荷"。恕我直言，对于那些正在寻找能源奇迹并围绕电力主题进行思考的人来说，这种说法实在没什么用。当我在 20 世纪 60 年代第一次研究电学时，教科书上说，没有人真正理解电，学生最多能做到的就是学会如何安全地使用电。这在当时是无稽之谈（当我在 7.62 米高的梯子上被严重电击时，我发现了这一点），现在也是无稽之谈。

实际的定义

能量并不是一种可怕的东西，不是让其他东西产生效果，其本身就是效果。能量不过是空间中假定的粒子。颗粒可以是任何大小，大得像乒乓球、火车车厢或行星，或者像原子、电子或光子那样小。在物理学中，"公设"（postulated）是一个带有因果或动态含义的特殊词汇。它意味着一种开始、停止或改变的运动，可以为未来设定一种模式，也可以使过去的模式无效。当粒子从空间的一点流向另一点时，通常被称为能量。它们可以产生直接的冲击，如图 51 的顶部框架所示，或者它们可以传输脉冲，如底部框架中的设备所示，称为牛顿的摇篮[29]。

20 世纪初，由于对一些名词解释得不明确，能量的概念变得混乱，主要在于：光、电或原子是同一种能量吗？能量由什么构成，它是粒子还是波？它能被创造或毁灭吗？它需要介质来传播吗？如果需要，传播的机制是什么？

---

〔29〕　牛顿的摇篮互动演示可以在这里找到：http://www.lockhaven.edu/~dsimanek/scenario/newton.htm.

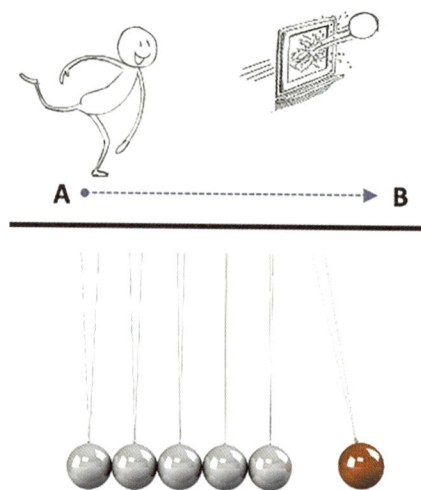

图 51　能量的两种效应。上框：粒子从 A 点移动到 B 点，
下框：一个脉冲被传送，即牛顿的摇篮

我们将在本书的第二部分详细讨论这些方面，但在这里先简单提一下，每一个主要的电学发现都是以这样一个事实为前提，即能量是由通过某种介质运动的实际粒子组成的，无论是固体铜线还是在自由空间中表现出波的性质。

能量及其守恒

在尘埃落定之前，这位有抱负的能源奇迹探索者发现他的教科书并没有很好地定义能量，并被告知："能量永远不能被创造出来！"这来自能量守恒定律，即能量永远不能被创造或毁灭。对此，我们不做过多评价，因为通过这条定律出现了很多应用。它的问题不在于这个定律本身，而在于量子力学已经使它几乎成为能量的唯一定义和标准，而它显然不是。

用猫来做假设或许更容易理解。想象一下如果有猫的守恒定律，它说猫永远不会被创造或毁灭。猫的总数是守恒的，必须保持不变。因此，如果你有两个房间，其中一个房间里有两只猫，你就会从这个定律中知道，如果 1 号房间里有一只猫的部分或全部消失了，你肯定可以在 2 号房间里找到它（也就是说，它们永远不能被创造或摧毁，只能移动）。问题是，这个描述没有告诉你什么是猫。

我们不是在挑战能量是否守恒。我们只是想说明，这充其量只是能量的一个特征，而不是一个完整的定义。量子力学给能量这一主题注入了更多解释，我们在本书的第二部分进一步讨论它。

关键 2 二分法：给予能量动力的条件

二分法这个词来自两个希腊词，本来的意思是切成两部分。今天，它通常被认为是完全不同的两种对立的东西。以下两点并非如此：

（1）二分法的两个部分不可能完全不同。它们必须有一些共同之处才能成为二分法。当他们都描述一个孩子的行为时，好和坏可能是一个二分法。好行为和坏天气并不是两分法，因为它们没有任何共同之处。

（2）虽然二分法可以被描述为"一对"，但在这两个极端之间总是有一个范围。可能会有一个非常坏的男孩，一个中等坏的男孩，一个偶尔坏的男孩，一个好男孩，一个非常好的男孩，一个行为异常的男孩。在二分法的两个部分之间存在着无限的潜在差异。

在物理学中，二分法是对立面，相互作用产生动作（图 52）。所有的能源生产都来自这个机制。麦克斯韦方程组对电和磁都证明了这一点，但由于我承诺在书中不包括数学方程，所以你必须相信我的话[30]。

物理上有"单点电荷"（图 52 中红色的电荷 1）。然而，能量需要两个终端之间的电位差，因此总是需要第二个点（图 52 中电荷 2）来产生电能。图 53 显示了已知产生能量的常见二分法。

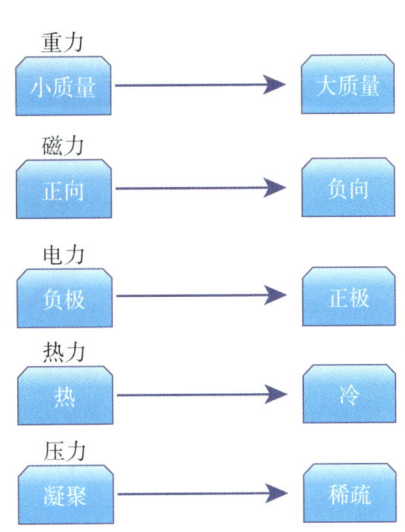

图 52　产生能量总是需要两点

图 53　一些常见的可以产生能量的二分法

---

〔30〕 对于那些真正感兴趣的人来说，这些方程可以在本书末尾的数学附言中找到。

还有其他的二分法也可以做到这一点，例如，在磁学中，当你把两个正极放在一起时，你会得到能量流。但无论以何种方式，只有在两极存在的情况下才能有运动或产生能量。这就是电动机的原理，以及为什么电流从一点流向另一点。这些极点有四种可能的排列方式。

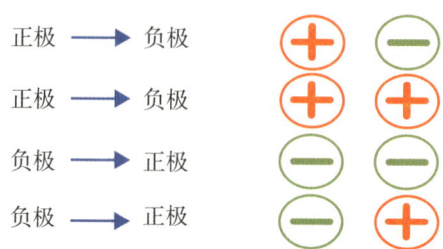

关键 3　能量产生之前需要的结构

在任何发电机或发电装置中，必须建立一个保持二分法的两极/端分开的基底（图 54）。最简单的例子是正负极分别位于两头的电池，而根据库仑定律[31]，这也适用于任何电机、发电机或其他需要促进或创造粒子（能量）运动的设备。

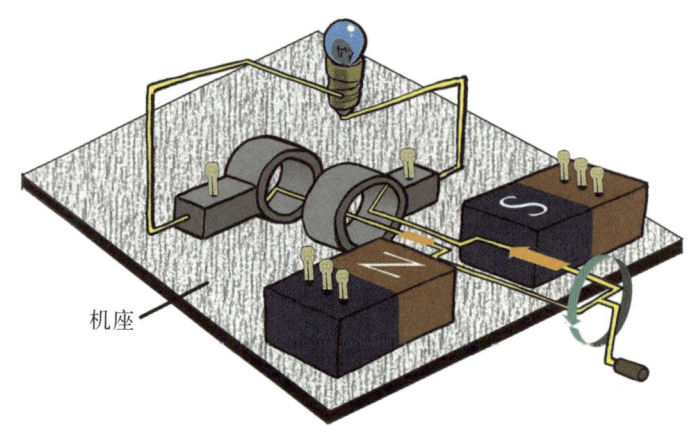

图 54　每台发电机都有的基础成分，这张修改后的图取自 Siyavula

为了产生电能，需要至少两个物体之间保持距离。在图 55 中，r 是距离，如果 r 等于零（就像一个物体与它自己之间的距离为零的情况一样），就不能产生能量。对于寻找能源奇迹来说，这是一个至关重要的因素。没有它，任何能量都无法流动。

---

〔31〕　公式见数学附录。

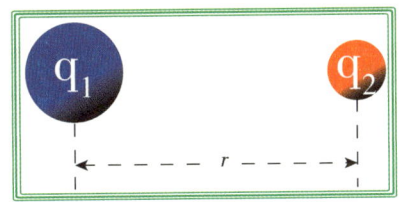

图 55　为了产生电能，两个具有不同电位的物体之间必须保持一定的空间（r 是两个电荷之间的距离）

关键 4　能量传播所需的介质

　　能量的传播需要某种媒介（图 56）。在电磁辐射的领域里，任何速度和波长的能量流动都是如此。介质可以是固体材料，如铜线或液体电介质。它还可以是一束离子流，然后通过光沿直线传播，或者是某种形式的以太介质（是的，我用了这个词，我很清楚这是科学的第三条道路）。我从来都不是以太论者，但必须说，那些在研究中使用这一概念的人创造了一些惊人的能源奇迹，而那些放弃它的人则一无所获。

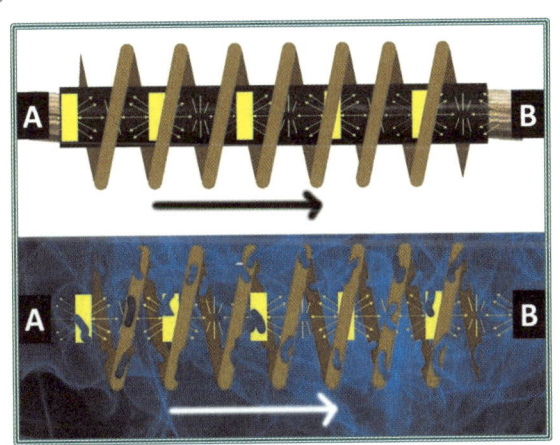

图 56　通过不同介质流动的能量。上框：通过一根铜线，下框：通过自由空间。法拉第、麦克斯韦、特斯拉和其他人得出结论，这两种情况下的机制是相同的

　　历史上最伟大的科学家艾萨克·牛顿是这样解释的："不可思议的是，没有其他非物质的中介，无生命的物质会在不相互接触的情况下作用于和影响其他物质……在我看来，一个物体可以在一定距离外，通过真空作用于另一个物体，而不需要任何其他物体的中介，通过这种中介，它们的行动和力量可以从一个物体传递到另一个物体，这既伟大又荒谬。我相信，凡是在哲学问题上有能力思考的

人都不会陷入这种境地[32]。"

詹姆斯·克拉克·麦克斯韦，历史上第二伟大的科学家，在此基础上建立了著名的方程式，他说："当能量从一个物体传递到另一个物体时，必须有一种介质或物质，在能量离开一个物体到另一个物体之前，能量就存在于其中……在真空中的波动传播是不可思议的[33]。"

尼古拉·特斯拉说："如果不承认以太的存在和它所起的不可或缺的作用，一切解释宇宙运行的尝试都是徒劳的，注定要被遗忘[34]。"特斯拉利用地球本身作为媒介，远距离传导电流。即使是爱因斯坦也接受以太，只不过后来放弃了。我们将在第8章详细介绍以太媒介，虽然有些人会着迷于深入研究这些以太媒介的确切结构，但只要承认机制的存在，就有可能在没有这些知识的情况下发现能源奇迹。请记住，某种媒介（比如以太）对电力历史上的每一次进步都有影响，尽管没有人能够准确地给出其结构。

关键 5　能量在介质中传播的机制

了解电子或光子如何在介质中运动对于任何试图进行能量研究的人来说都是至关重要的，然而，自从量子力学认为能量粒子和介质都是"虚构的"以来，这个主题已经被完全忽视了 100 年。从富兰克林时代一直到 20 世纪前 25 年的教科书都用清晰而直接的术语解释说，能量以波的形式通过介质传播，光波和声波之间几乎没有区别。例如，对影响两种波形的干涉（如衍射和折射）作了相同的解释[35]。脚注中还引用了另外四本这样的教科书[36]。

诺贝尔奖得主理查德·费曼也表明，电磁波的运行原理与声音的运行原理

---

〔32〕 艾萨克·牛顿，1692 年，给本特利（Bentley）的第三封信。

〔33〕 詹姆斯·克拉克·麦克斯韦，《论电与磁》，第二卷，最后一页，牛津大学出版社，1892 年，英国牛津。

〔34〕 1937 年 7 月 10 日，特斯拉在他 81 岁生日那天发表了一份事先准备好的声明。

〔35〕 J. A. 卡勒，《普通物理学教科书：电、电磁波和声音》，J. B. Lippincott 公司，费城，第 272 页，1914 年。

〔36〕 A. W. 史密斯，《应用物理学的要素》，麦格劳-希尔图书公司，纽约，1923 年，第 250 页。R. J. 斯蒂芬森：《物理学探索》，芝加哥大学出版社，1935 年，第 96 页。A. P. 盖奇，《物理学原理》，吉恩公司，波士顿，1895 年。第 267 页。W. S. 富兰克林和 B. 麦克纳特，《普通物理学》，麦格劳希尔图书公司，纽约，1916 年。

相同[37]。

所有最伟大的电学发现都是以所有类型的能量（包括电和光）通过某种介质传播这一事实为前提。直到在 20 世纪初的某一天，爱因斯坦让光波成为了例外。对此，我们在第 8 章中会有更深入的讨论，这里先介绍麦克斯韦电动力学理论。它几乎关闭了能源奇迹的大门。

图 57 是一个经典的疏密波（Condensation/Rarefaction Wave），仍然在其他科学领域使用，但在电磁学和能量研究领域被抛弃了，因为量子力学把它连同电磁波的波动理论一起抛弃。

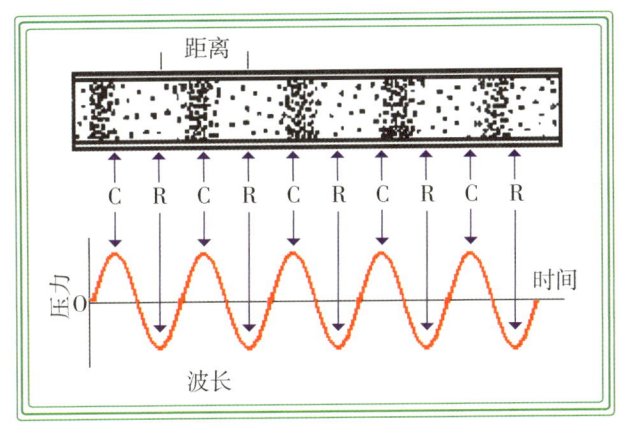

图 57　疏密波。"C"是密集（压力较大的阶段），"R"是稀疏（压力较小的阶段）

在图 57 中可以看到电磁波的所有部分。暗带是密集的粒子（电子或光子）。在这些凝聚之间，可以看到稀疏（密度较低）粒子的区域。波长是两个密集（或两个稀疏）之间的距离。频率是指在一段给定的时间内，比如每秒有多少波长周期出现。

当电流流过介质时，单个电子不会移动很远。所发生的是，粒子从二分法的一端向另一端的方向移动，导致它前面的粒子密集起来，形成相对的凝结。在某一点上，凝结改变极性并向外爆炸，将其他粒子从它身边推开（稀疏），朝着电流流向二分法的另一端。在这一系列过程中，电流在介质中迅速移动。

使用以上五个关键作为指导，是通往能源奇迹的可行之路。在本书的第二部分中，我们将更详细地讨论，但在下一章中，我们将介绍能源奇迹挑战，这是一种政治和管理手段，可以最有效地部署地球上的资源，以追求和定位能源奇迹。

---

[37]　理查德·费曼，《费曼物理讲座》，#47 波。

第7章　能源奇迹挑战：全球变暖的解决方案

人们既残忍又迷人

让古老的纷争停止吧

自古老而温暖的国度

唤醒和平之歌

海平面或正在上升

而能量永恒不朽

科学的不断进取

将使大地归于平静

电气化的光辉岁月

美国和欧洲在 1760 年至 1820 年经历了一个快速的工业化时期。通过蒸汽动力现代化，工业过程开始从手工生产转向机器生产，并给有关社会带来了巨大的利益。1870 年至 1914 年，发生了第二次工业革命，其标志是制造业和生产取得了更大的进步，最大的成就是电气化。家庭和工厂第一次用上了电力，而路灯等公用事业也被引入了世界各地的城市。电灯改善了工作条件，交流电动机降低了许多行业的生产成本，成为时代标志的生产装配线也在同一时期出现。电动火车改善了旅行和交通质量。在过去的 150 年里，正是依靠大量廉价的能源，推动了工业化、城市化和全球化的发展。

最初的电力推广速度很快，令人印象深刻。电动马达发明 3 年后，110 条铁路线就全部用上了电力。在美国，第一个大型发电站于 1882 年在纽约投入使用，其他几座发电站也在 3 年内建成，为数百名客户提供服务。8 年后，美国有1000个中央车站投入运营，为成千上万的客户提供服务。到 1902 年，这一数字跃升至 3620 个，到 1925 年，一半的电力由中央发电站提供。在上一个世纪之交，蒸汽动力驱动着美国 80% 的工业机器。仅仅过去 20 年，其中 80% 的机器都实现了电气化。

这一切都不是巧合。这种扩张是由美国政府、企业和高等教育机构之间的合作与协调完成的，再加上国会通过了相关法律，起到了进一步促进作用。想要操作这些机器需要数以万计的训练有素的人员。他们接受了培训，其中许多由大学负责培训，也有许多是公司内部培训。在通用电气（1900）、西屋电气（1903）、美国电话电报（1913）、贝尔电话（1913）、杜邦（1911）、伊士曼柯达（1912）、固特异轮胎（1908）、通用汽车（1911）、美国钢铁（1920）、美国联合碳化物（1921）等公司，出现了大型、组织良好的研究实验室，其中许多从事内部培训。他们都以这样或那样的方式关注电。到 20 世纪 30 年代，美国有 1600 多家公司拥有研究部门，其中的许多人将大学实验室作为准附属机构。相对的，各大学也都乐意合作。那是科学进步和创新的全盛时期。

在 20 世纪，规模巨大的工程项目还促进了跨国合作。美国宇航局（NASA）与欧洲航天局（ESA）合作的哈勃太空望远镜（图 58）项目就是一个例子。

图 58　美国宇航局哈勃太空望远镜

哈勃太空望远镜的构思始于 20 世纪中期，项目耗资 20 多亿美元，由数千人建造，使其成为有史以来最昂贵的科学仪器。它最终于 1990 年发射到太空。这样的壮举只有在多个政府、公司，以及众多科学家和工人的力量联合起来的情况下才有可能实现。要解决迫在眉睫的能源危机，我们需要的正是这种决心和合作。

我们需要复制这种模式，本章提出了一种方法来做到这一点。

加强《巴黎协定》

如今，美国已重新加入《巴黎协定》，全世界几乎都同意，必须立即面对和缓解全球变暖的影响。只有共同努力才能做到这一点。各国在利用风电、太阳能光伏或水力发电项目减少碳排放方面已经采取或计划采取的每一步都应得到加强和扩大。

应对气候变化带来的最严重后果

解决全球变暖并不能解决所有问题。它不会解决丈夫欺骗妻子或妻子欺骗丈夫的问题。它既不能治愈癌症，也不能阻止家犬破坏家具。更严重的全球变暖可能是不可避免的，并会带来一些可怕的后果。但这些后果不一定是致命的。只要全世界都愿意团结起来，共同面对，我们就能掌控全球变暖的影响。

一个关键问题是，未来几年地球温度上升 2 ℃～3 ℃，后果会有多糟糕？到那时，我们看到的不仅仅是几百只北极熊的死亡，甚至是它们的完全灭绝；不只是每年再增加一两次的超级风暴或森林火灾；水和食物将变得更加稀缺，将在世界范围内引发动荡和社会混乱，但这还不是我们面临的最糟糕结果。

因为海平面将会上升，届时地球上最大的问题将是如何重新安置目前居住在低洼沿海地区的 10 亿人。这可不是只让少数住户向内陆转移 80.47 千米就能解决的。我们指的是拥有数百万居民的大城市，以及重建配套的住房、商业和工业基础设施。每个大陆和每个国家都将直接或间接地受到这一事件的严重影响。包括美国的内陆和产煤地区，如怀俄明州、伊利诺伊州、西弗吉尼亚州、宾夕法尼亚州和肯塔基州都无法幸免。这些地区的许多电力设施将被不断上涨的潮汐淹没，也就意味着将需要大量的能源用于建设新的基础设施——道路和桥梁、互联网和电信网络，以及住房和工业厂房。这是一项巨大的工程，除非我们计划建造数千座全新的燃煤发电厂，否则我们能做的最重要的事情就是找到一种或多种新能源。

一个经常被忽视的事实是，在某一件事情上想要成功，背后是需要为其付出的努力，而之所以愿意付出努力，背后是因为有着真切的意愿。可再生能源也是如此，成功地追求新的能源，使地球达到净零碳排放是最终目标。但这个目标可能过于宽泛，因此我们建议作为第一个突破点，要让电力生产彻底摆脱化石燃料。

化石燃料发电——温室气体排放的主要来源

仅从电力上来说，通过这个单一的要素，我们将每年减少 50％或更多的温室气体排放。这相当于每年在全球排放的 510 亿吨温室气体中减少了 260 亿吨。这是一个很好的第一个目标，原因包括：

· 直接解决了煤炭的影响。信不信由你，尽管风电和太阳能光伏技术得到了大力推广，但近年来，煤炭一直是世界上数量增长最快的能源来源。煤炭占全球电力生产的近 40%，占美国的 50%，占中国的 60%。与此同时，煤炭对环境的影响是所有传统化石燃料中最严重的，因为从地下开采煤炭和燃烧煤炭以释放能量都会造成破坏性影响。尽管煤炭对世界经济的能源贡献低于石油，但煤炭是温室气体排放的主要来源，占世界二氧化碳排放量的 40% 以上（每千兆焦耳的煤可以排放 94 千克的二氧化碳）。

· 用一种清洁、廉价、可靠的能源取代化石燃料发电，而不是燃烧石油、煤炭或天然气，将获得正常电力使用之外的好处。在撰写本文时，电动汽车已经进入千家万户。未来将有更多电动车型取代燃油车。但是，如果没有替代化石燃料的电力给电池充电，这些电动汽车使用的电力将继续来自燃煤发电机。

· 工业和供热部门的其他电力消费者也将能够利用新的电力来源。

图 59 是对从电力这一单一行动中把化石燃料剔除，有害燃料与清洁替代燃料比例变化的保守估计。

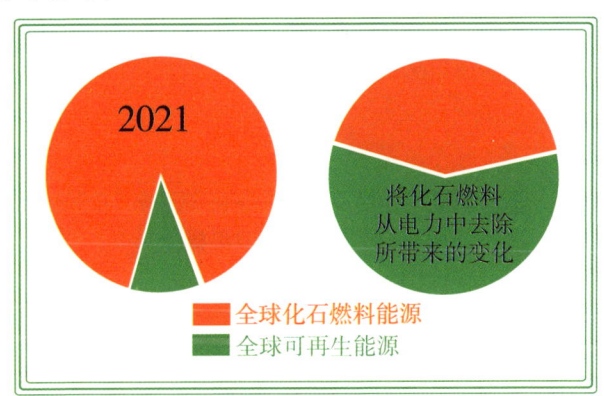

图 59　左圈：今天全球化石燃料能源占比（红色）；
右圈：将化石燃料从电力中去除所带来的变化

我们在这里讨论的是一场由能源奇迹的发现引发的电力生产革命——一种可用的、清洁的、可靠的、廉价的电力来源。一旦这样一种能源系统被发现或发明出来，并被应用到各种领域，将大大简化以"减少全球环境影响"为名所需的推广工作。换句话说，这将是一个"一刀切"的操作。

除了发电，化石燃料还有其他用途，这些用途不会因为新的电力来源而得到改善。煤炭在钢铁生产和水泥生产过程中产生二氧化碳排放。在许多国家，它仍然是主要的供暖来源。石油和天然气也是如此。一种新的电力来源不会直接影响农业生产、长途运输（包括长途卡车、轮船和飞机）或许多工业领域产生的排放。然而，用能源奇迹简单地取代化石燃料电力，将使我们一举完成目标的一半以上（图 60），同时解决许多与化石燃料有关的其他问题，如水和能源短缺、粮食短缺和污染。

比尔·盖茨在他的书《如何避免气候灾难：我们拥有的解决方案和我们需要的突破》中证实了这一分析。他说："如果有一个精灵给我一个愿望，让我在推动气候变化的一项活动中取得突破，我会选择发电。"

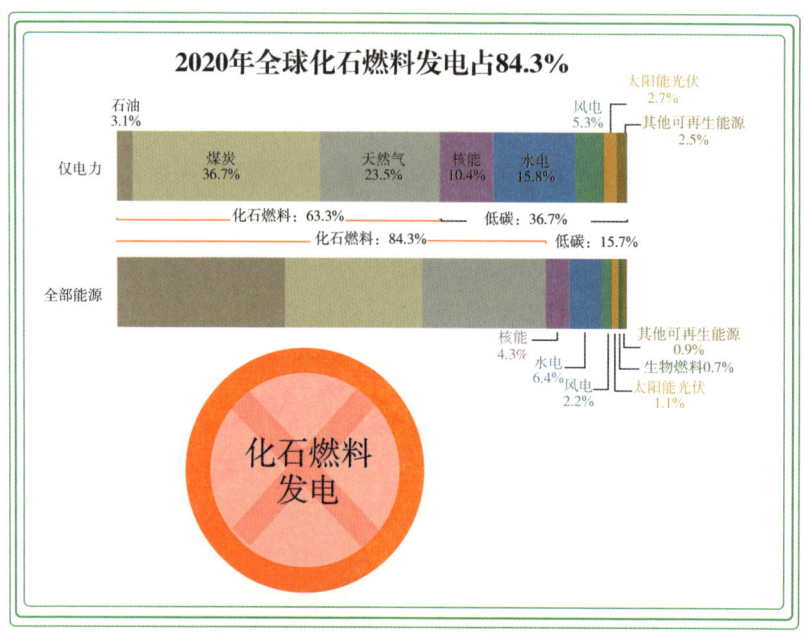

图60　将化石燃料发电根除

能源奇迹挑战

"能源创新不是一场民族主义游戏。"

——比尔·盖茨

"只有自由的人才能有所发现……独立群体的消失导致科学的片面性和贫瘠[38]。"

——阿尔伯特·爱因斯坦

"能源奇迹挑战"是一项旨在解决世界能源/气候危机的游戏。这是基于几个事实，在这本书的前面有记载，化石燃料既毒害地球又使地球变暖，但即使它们不是，也不足以满足地球上最基本的能源需求。在2021年秋天写这篇文章的时候，中国和印度没有足够的煤炭，欧洲没有足够的天然气，到处都没有足够的石

---

〔38〕 爱因斯坦，艾伯特，《思想与意见》，皇冠出版社，纽约，1954年。

油，包括在汽油价格已经突破天花板的美国。"能源奇迹挑战"旨在通过发现另一种电能——21世纪能源奇迹——来帮助风电、太阳能光伏和水力发电取代化石燃料，这种能源既可再生、更便宜、更可靠、可获得，又能够大规模推广，而且不会产生燃烧化石燃料的不良副产品。

为什么需要这项挑战

应对气候变化影响的全球行动始于1992年，当时《联合国气候变化框架公约》（UNFCCC）颁布了首部气候变化条约，共有154个国家签署。1997年，《京都议定书》首次尝试采取实际措施实现该条约的目标。2015年的《巴黎协定》取代了上述协定，到2021年，已有近200个国家批准了该协定。这些行动是为了让世界团结起来，就如何最好地应对全球变暖的挑战达成协调一致的共识。

缔约方大会（COP）是联合国直接监督全球气候变化的决策活动，可以说是当今世界上最重要的政治力量。首先，它正在领导对世界最大威胁的攻击和防御。其次，它代表了地球上所有的人民，是地球一万年历史上的首次。

第26届联合国气候变化大会（COP26）于2021年11月在苏格兰格拉斯哥举行，不幸的是，在推动气候变化条约的改进上，各方的力量可能即将耗尽。虽然全球对气候变化威胁的认识日益广泛和增强，但主要的气候目标却未能实现，人们也逐渐失去了以往的热情。

这可以从COP26的以下决议中看出，这些决议摘自其网站上发布的官方文件：

（1）向发展中国家提供援助。《巴黎协定》确认了此前的一项决议，即发达国家将以每年1000亿美元的赠款或投资形式帮助120个欠发达国家应对全球变暖。从第一个气候条约开始就明确提出，没有这种援助，这些国家就不可能取得进展。这些国家中有一半以上目前正遭受严重的社会和经济危机，以至于它们对现有债务的最低支付能力受到质疑，更不用说采取新的气候举措。然而，直到今天，在最初的承诺25年后，这一数字从未达到，而每年承诺的1000亿美元中未付/逾期的部分已接近1万亿美元。联合国开发计划署署长阿希姆·施泰纳（Achim Steiner）在2021年11月估计，这些国家需要数万亿美元才能开始实现《巴黎协定》规定的目标，他承认自己不知道这些资金将从哪里来。显然，这些不幸的国家不会很快从煤炭转向风电或太阳能光伏——在下一个十年里肯定不会。

（2）公正转型。这是第26届联合国气候变化大会上争论的焦点，但其实不必如此。在我们急于减少碳排放和减缓全球变暖的时候，我们必须记住，目标是提高地球上人民的生存水平，而不是降低生存水平。地球上有数以亿计的人现在直接依赖化石燃料产生的电力来工作、养活家人、给房子供暖、旅行，以及其他许多事情。社区越贫穷，远离化石燃料的转变对社区的负面影响就越大，许多人对考虑不周的转变感到恐惧在情理之中。任何减缓气候变化方案的一个关键要素，是为那些将因失去化石燃料和社区相关工作而直接受到压迫的人提供援助。这一现象的新名词是"公正转型"（Just Transition），它的起名者希望提醒我们，最富裕的国家也是在过去一个世纪里排放了最多碳污染的国家，而且在很大程度上仍在这样做。虽然这是事实，但对工业革命感到遗憾是没有用的，因为每个国家无论贫富都从中受益。能源奇迹挑战要考虑这一点，实现不分贫富，向所有国家免费提供能源的权利。我更倾向于将"公正转型"定义为一种从化石燃料转向尊重并帮助煤矿工人和其他因化石燃料而失业的人的转型。迄今为止，专家和智库提出的最佳解决方案基于两个事实：在一些社区会有很多人找工作；还有很多潜在的有价值的土地，其中大部分目前被煤矿开采破坏了，这些土地可以被清理干净，重新用于农业、渔业或旅游业。把这些资源放在一起是很好的第一步，但可能还需要额外的行动。

在可能的情况下，应该立即用替代能源取代燃煤发电，但不需要也不应该立即关闭煤矿，因为这会给当地居民带来可怕的后果。能源奇迹的探索、发现和推广可以同步进行，而能源奇迹的创造将改变一切。有了廉价、清洁和高效的能源，每个国家都将能够利用其独特的特点创造以前无法想象的财富。曾经资源稀缺的地方将变得富足，以前没有投资的地方将会有许多新的资金来源。曾经除了煤矿和沙漠什么都没有的土地，有了能源奇迹，它就可以恢复到一个郁郁葱葱、多产的状态，能够支持农业和其他许多行业。这些财富将保证目前依赖煤炭的每个人的就业和生计。

（3）煤炭工业。《全球煤炭向清洁能源转型》声明承认，煤炭发电是全球气温上升的最大单一原因，并制订了一些雄心勃勃的计划，以消除煤炭发电。好消息是，已有40多个国家签署了该协议。坏消息是，包括美国、中国、澳大利亚、印度、南非、俄罗斯、巴西和阿根廷在内的世界上最大的煤炭消费国没有这样做。

（4）全球电网。COP26通过"One Sun One World One Grid"介绍了绿色电网倡议。这是一项耗资巨大的计划，旨在建立一个跨越国界、连接不同时区的全球电网，"创造一个相互关联的可再生能源全球生态系统，实现互惠互利和全球可持续发展"。这是个好主意，地球早就需要它了，但就减缓全球变暖而言，这是本末倒置。这就好像建造50万千米的8车道高速公路，结果在上面行驶的汽车只有五六辆。一旦我们实现了能源奇迹，这样的电网将不可或缺，但我们的重点首先必须放在实现能源奇迹本身。

（5）联合行动势在必行。COP26 关于"国际公众对清洁能源转型的支持"声明指出，"有必要采取联合行动，确保世界走上一条雄心勃勃、定义明确的零排放之路……"该声明"承诺到 2022 年年底结束对国际化石燃料能源部门的新的直接公共支持"。这有三个问题：①只有 26 个国家同意；②内容模糊，可以简单地被忽略；③没有一家石油或天然气公司签署协议。事实上，据报道，前五大石油公司每年总共花费 2 亿美元试图阻止 COP26 的努力。他们贡献的相对份额如图 61 所示。

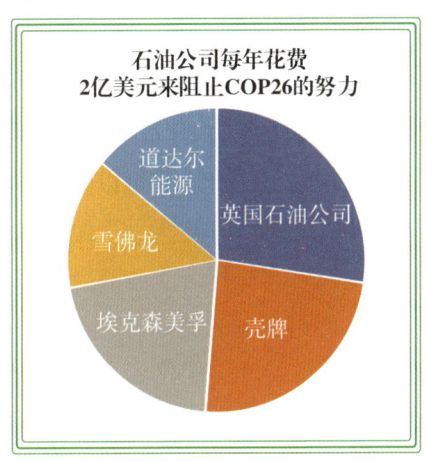

图 61　石油公司每年花费 2 亿美元来阻止 COP26 的努力

（来源：InfluenceMap）

（6）融资。全球变暖带来的威胁比新型冠状病毒疫情大几个数量级，而为了对抗疫情，富裕国家可以毫不犹豫地在一年内花费 14 万亿美元。不仅如此，在过去的 15 年里，政府每年对化石燃料的补贴高达 4230 亿美元，而且还在继续这样做。谁说没有钱来应对气候变化？任何对执行气候条约表现出的冷漠，可能都不是由于缺乏对全球变暖威胁的认识。相反，它可能反映出人们越来越意识到，向现有项目投入数万亿美元并不能解决问题。许多发达国家一直积极致力于应对本国的气候变化，但正如我们在第 3 章中看到的那样，即便是在这些国家，总体进展也不尽如人意。我们需要的是能源奇迹。

（7）白费口舌。鞭打死马并不能让它起死回生。这里所指的"死马"并不是气候条约，而是一种不合理的希望，即试图将风电、太阳能光伏和碳捕获技术转变为全球变暖的全面解决方案，这是一种欠考虑的想法。COP26 最终将气候变化行动推迟了一年，要求在 2022 年再举行一次会议，希望能以某种方式克服上述障碍。这就是能源奇迹挑战要解决的问题。它不需要像 COP26 会议上讨论的 10 万亿美元那样的资金，而是动员世界各地的所有可用资源，无论富国还是穷国，把它们指向一个方向；把人才、可用资金和注意力放在他们能做得最好的地方，真正解决全球变暖的挑战。

谁能参与？

任何人都可以参与，每个人都应该参与。由于前面解释的原因，世界上几乎没有人真正了解能源或电力，但在这本书的帮助下，几乎任何人都可以掌握。今天，电力创新和发现是一个公平的竞争环境，任何人只要有智力、技能和一些工具就可以作出重大贡献。它不需要 10 亿美元的大型强子对撞机，也不需要数百万美元的豪华研究大楼和实验室。世界上没有哪个政府不能参与这场竞赛。它需要一些对此感兴趣的人把心思放在解决我们这个时代最重要的挑战上：理解和利用能源。

甚至不需要政府参与，任何公司或组织就可以胜任。还可以是一所学校、个人，或者如果愿意，几个人联合起来，并作为一个团队一起工作。政府可以投资企业，让其参与其中。企业则可以与机构合作。获胜者必须真正解决问题，首要任务是找到一种可以取代化石燃料发电的能源。

绝对没有性别、年龄、种族、宗教、国籍、大陆或文化遗产或性取向的限制。一个有着 3 个孩子、绿皮肤的 16 岁未婚妈妈和一个娶了 7 位妻子的八旬侏儒一样受欢迎。

规则

这项研究可以在任何国家以任意一种语言进行，但建议采用一种单一的语言，如英语，以便所有相关的论文和翻译材料都可以共享并提供给所有人。

（1）主要目标是发现清洁、高效、廉价且可以大规模应用的新能源。首要任务是"消除化石燃料发电"。

（2）第二个目标是为那些经济依赖于煤炭、石油和天然气的生产、提炼或销售的国家和社区创造新的非燃料用途。化石燃料直接用于建筑材料、化学原料、润滑剂、溶剂、蜡和其他产品时，不需要燃烧。2017 年，美国 7％的化石燃料用于非燃烧用途，这包括所有石油产品的 13％。还可以找到更多的用途。虽然这是能源奇迹挑战的重要组成部分，但仅凭这一条款并不一定能保证公正转型（更多关于公正转型的信息可以在本节的前面找到）。

（3）联合国秘书长将从《巴黎协定》所有签署国投票向他推荐的 10 名候选人中任命一个 3 人小组，并有权选择将这个气候小组（图 62）置于《联合国气候变化框架公约》之下。

United Nations
Framework Convention on
Climate Change

图 62　监督《巴黎协定》的联合国机构

（4）气候小组将全权负责管理这场竞赛，并保证100％的透明度。

（5）每个参赛者（国家、州、企业、学校、部落、家庭、个人）都要提交一份申请书，说明参赛意向，并同意如果没有获胜，将连续3年捐赠其国民生产总值（国家）或总收入（企业和个人）的1％作为奖金。

（6）当参赛者发现了一种清洁、高效、能够大规模实施的新电力来源时，他将向气候小组提交设计、概念证明和实验结果。

（7）评审团将看到所有参赛项目都发布在一个公共网站上，并且该网站定期更新参赛者的进度报告。

（8）直到气候小组确定一个或多个获胜者，否则竞赛不会停止。参赛者可以在任何时候选择退出，从退出之日起，如果5年内没有获胜者，他们就不必支付1％的强制性付款。

（9）气候小组将审查参赛作品并决定获胜者。如果不止一个赢家，奖励将被分享；二等奖优胜者的奖金（上述第2条）将由评审小组决定。

（10）气候小组将确保获胜的技术向全世界免费提供，在任何情况下，任何国家、公司、意识形态或阶级都不允许以牺牲地球上其他人的利益为代价使用这些技术。

奖励

获胜的国家、州、公司、大学、个人或其他实体，谁生产出第一个实际可行的、可再生的、廉价的、可靠的、清洁的替代能源，就可以获得三次年度奖励，每次奖励是参与竞赛的每个国家GDP的1％，以及三次所有其他参与者年总收入的1％。一种新的清洁电力来源的推广将为所有国家提供巨大的机会，无论是富国还是穷国。除了大量新的高薪工作之外，新机遇将为公共和私人投资提供丰富的目标，并为企业家提供制造和服务将新能源投入全球使用所需的直接和辅助物品的无限机会。一些国家将更有能力帮助其他国家设计和建造他们的新能源系统，这种援助将提供商业机会。按照这一提议推出的能源奇迹必将有助于缩小全球贫富差距，但最大的回报是能源奇迹背后的基本技术向所有人免费开放。

秘密

（1）赢得这场比赛的不一定是量子奇才，因为在历史上排名前 42 位的电气发明中，涉及的科学家和发明家都没有与量子力学有任何联系。事实上，他们中的大多数人完全拒绝了量子力学目前所持有的观点。

（2）政府、企业和大学应该在这个问题上投入人力和财力，除了对地球和人类的好处之外，胜者将享受 1000 多倍的投资回报。

（3）有创新想法的个人和团体可以呼吁政府、教育基金会、工业和其他投资者为其研发提供资金。

（4）参赛者甚至不需要拥有大学学位。在排名前 42 位[39]的电气发明中，有一半的发明者几乎没有受过正规教育，或者是自学的科学知识。其中，威廉·吉尔伯特、弗朗西斯·豪克斯比、斯蒂芬·格雷、安德烈·安培、迈克尔·法拉第、乔治·欧姆、希波利特·毕克西和本杰明·富兰克林都是自学成才；托马斯·达文波特是个自学成才的铁匠；法拉第的父亲是一名铁匠，他自己也是一名装订工；雅各布·舍尔科普夫在一家制革厂当学徒。在前 42 名中，几乎没有人受过大学教育。

（5）比尔·盖茨给了我们大约 10 年的时间来创造一个可行的能源奇迹，还有 20 年的时间让它得到广泛应用。这意味着任何一名学生，不论是中学生还是大学生，都有足够的时间去追求并实现这个目标。

（6）不一定非得是盎格鲁-撒克逊白人男性才能获胜，尽管事实上前 42 名发明家都是白人。但世界已经变了，黑人或棕色人种，女性或同性恋者，中国人或俄罗斯人，印度教徒或伊斯兰信徒，南海岛民或日本人或美洲原住民……任何人都可以参加，并有平等的机会获胜。

（7）这个项目可以很快地启动，并激发许多非常聪明的人来解决能源挑战。我们面临的是能源危机，这是解决这个问题的直接方法。该计划的结构及其激励措施将使投资者在经济上可行。最终，它将以一种低成本、可靠、清洁的能源使所有人受益。

（8）抓住这个机会。在本书中学习能源的基础知识，找出一种利用电能的新方法，不要让任何权威或劝说阻止你走自己的路。

---

〔39〕 见表 2。

第二部分 引言

能源奇迹的（不是那么技术的）技术方面

在本书的第二部分，我们深入研究一些阻碍寻找新电能来源的量子力学"杂草"。从量子力学夸大的评估开始，一个接一个地，我们逐一看看量子力学理论是如何成功地将科学"绑在了刽子手的绞索上"。不借助令人生畏的技术术语或数学公式，我们将用清晰的文字首次阐明不确定性原理（Uncertainty Principle）、熵（Entropy）、时空（Spacetime）、薛定谔的猫（Schrodinger's Cat）以及第四维度（4th Dimension）等难以理解的概念。

接下来，我们将介绍一些有效的方法，这些方法可以让学生重新充满活力，另外还有一个推荐的学习项目，对那些寻找能源奇迹的人很有帮助。

我们将回顾十几个最有前途的能源来源，在这些地方可以很好地利用能源奇迹的五个关键点，最后一部分是对自然界最容易获得的能源例子之一的论述：闪电。

第8章　　量子泥潭——能源奇迹的死胡同

"我想我可以肯定地说，没有人理解量子力学[40]。"

——诺贝尔奖得主理查德·费曼

是的，我们要细读量子力学这门课，已经别无选择（图63）。当你打开电脑，却发现自己完全无法与朋友交流，一半的照片不见了，搜索结果大多是广告时，你会情不自禁地对这种情况是如何发生的产生兴趣。能源科学也是如此——我们没有理由坚持使用19世纪的能源。地球负担不起这种奢侈。

"量子力学是对已知世界最准确、最完整的描述。它100%被证明可以解释和预测一切，不仅仅是原子和能量的世界，而是整个宇宙。它永远不会被发现是假的。从来没有。至少我对此相当确定。大多数日子里……"

图63　斯诺德·格拉斯（Snod Grass）教授评论量子力学

量子力学被描述为人们对越来越少的东西知道得越来越多，直到他们对什么都不知道。在漫长的科学史上，所有的进步都是建立在某些人发现某些真理的基础上。量子力学则是第一个建立在没有发现它的基础上的科学。

由于量子力学的复杂性，人们通常会避开它。它的支持者鼓吹，理解它的唯一方法是赞美它的神秘，或者（更糟的是）使它更加难以理解。我们不这么做，而是将揭示十几个普及度最高和"臭名昭著"的例子，都和发现能源奇迹有关。

---

〔40〕费曼，理查德。"概率与不确定性——量子力学的自然观。"1964年11月18日在美国康奈尔大学的演讲。

人们有时会对神秘的阴影感到害怕，但请注意，只要把光照在阴影上，阴影就会很快消散。我们不会强行加上数学公式或理论物理。我们将运用常识、逻辑和观察，并希望最后可以打消因为这个话题而给人们带来的焦虑和不安。

但更重要的是，我们将展示这些理论是如何阻碍对能源奇迹的探索的。

量子背景知识

量子力学由什么组成？它的原则是什么？"量子"是一种理论中引入的名称，它认为能量是有限的，并且不是无限可分的。1900 年，为了解释物理学中关于光是如何发射和吸收这一令人困惑的结果，人们引入了该词。

专家们将这一主题的进展分为三部分：量子物理学的初始阶段（1900 年至1925 年）；第二阶段，迎来了所谓的量子力学（1925 年至 1927 年）；以及 1927 年后，量子电动力学（Quantum Electro Dynamics）发展的时期。为了简单起见，在本书中，我们把这三者统称为量子力学，因为它们都是基于同样有缺陷的基础。

量子力学有一个特点，在科学中很少出现：它的主要倡导者、专家、大师和教授，即使在 120 年后，也不能就这一学科的基本概念或含义达成一致。例如，尽管有成千上万的论文提到、讨论和批评量子力学的哥本哈根诠释，但找不到一个简洁、一致的陈述来定义哥本哈根诠释的含义[41]。直到 20 世纪，物理学是一门研究和理解自然和我们周围事物的科学，这样我们就可以更好地控制它们，作出更明智的预测。量子力学在 20 世纪初重新定义了这一切，当时物理学的角色转变为数学公式的传播者，以解释没有经验数据[42]支持的理论假设。在经典物理学中，人们会提出一个理论，然后看看经验数据是否支持它。量子力学的方法是设想一个理论，并通过创建一个数学公式来"证明"它。有人开玩笑说，数学只是一个附属品，聪明的数学家总能推导出公式来证明一个理论。

爱因斯坦的广义相对论可以被称为量子力学之母。但她一定是个悲伤的母亲。今天的量子力学告诉你，爱因斯坦的相对论根本不是量子力学理论，也不是理解宇宙的方式。"新的、正确的"方法被称为"粒子物理学标准模型"（Standard

---

〔41〕 哥本哈根诠释是由尼尔斯·玻尔（Neils Bohr）和维尔纳·海森堡（Werner Heisenberg）在 1925—1927 年间提出的对量子力学意义的表述，但对这种诠释有很多解释。虽然它被广泛引用，并经常被用于教学，但它的确切含义仍然是可变的和模糊的。

〔42〕 Empirical：经验性的，基于观察或经验而不是理论或纯逻辑的、与之有关的或可证实的。

Model of Particle Physics），它只从基本成分的角度来描述物质的行为，这些基本成分是被发明出来的、具备完全没有经验支持的发明特征的粒子——像中微子和夸克，你在显微镜下是找不到的。所以，爱因斯坦发明了他的相对论，而新手们发明了他们想象中的粒子，双方都坚持认为这两者是不相容的。

到 2011 年，量子力学已经诞生 100 周年；2011 年至 2013 年，四次高级量子会议的组织者（一次在美国马里兰州巴尔的摩，一次在奥地利，两次在德国）调查了 175 名与会者，以确定他们对科学基础的看法和意见。他们在四次会议中使用了完全相同的调查问题。人们可能会认为，一个世纪的时间足以让量子力学的追随者就这门学科的意义和含义达成某种共识，但调查结果却恰恰相反。量子力学的基本原理不仅没有得到解决，而且仍然存在激烈的争论。不仅如此，最近的这些调查表明，在基本问题上的争议比之前的调查所证明的要大得多。量子力学正面临着内部的崩溃吗？

量子力学（也称为量子物理学、量子理论或量子电动力学）最初被认为是物理学的一个分支，研究微观尺度上的物理现象。在这两个方面有些用词不当。首先，由于所涉及的粒子比通过任何显微镜能看到的要小得多，所涉及的理论都是基于……没什么实质性的概念。其次，这门学科迅速越过了微观尺度的屏障，开始声称它不仅解释了微观层面的事物，还解释了自然界中所有能量和物质的特征和行为。潜台词则是"批评量子力学，后果自负"。

有时，量子力学和量子力学追随者这两个术语之间存在混淆。所以，当你在这本书中看到量子力学这个术语时，要意识到它既可以指学科，也可以指它的忠实信徒。这是世界上最流行的量子力学及其追随者的描述之一。如果你仔细观察，你会发现作者构思巧妙，展示了一个人正在构思一个理论，如何最好地计算出一枚大头针上可以容纳的天使的数量（图 64）。

图 64　一个量子力学追随者计算多少个天使可以站在一枚大头针的头上

在这一章中，我们将首先讨论量子力学追随者们自己的主张。本章的其余部分致力于量子力学的一些更流行的内容。所选的一些主题已经尽人皆知（如薛定谔的猫和海森堡的不确定性原理），但这里所选择的所有要点都是由于它们在发现 21 世纪能源奇迹方面起到了阻碍作用。

量子颂歌

量子挺酷，但深入了解，也没那么特别。

我们更愿意让事情变得清晰易懂。

逝去的岁月里，干净利落是好作风。

如今则没有了观察；更不用说去尝试和衡量。

量子说它们不是昙花一现，而会永远存在。

无须浪费时间和精力去理解。

于是，它们要自豪地庆祝。

为终结科学和真正的观察而干杯。

尽管量子尽其所能让我们感到困惑，

你说对的就是对的，不管是否有外力干扰。

量子主义者认为所有的自然真理都隐藏在帘子后面。

然而，真正的知识，只是你已经确定的东西。

对量子的断言和夸大

"量子理论越成功，它看起来就越愚蠢。"（图 65）

——阿尔伯特·爱因斯坦[43]

图 65 "这么说吧，这里发生了一些夸张的事情……"（**M. J.** 科伊尔绘制）

---

〔43〕《致海因里希·桑格的信》，1912 年 5 月 20 日：《中国经济评论》，第 5 卷第 398 卷。

量子这个词充斥着我们的世界。在人们的日常生活中，能看到这个词的无数用法，其中99％是毫无意义的流行语，试图给客户或教育和政府留下深刻印象，说服他们并获得资金。我们被告知量子力学是塑造我们世界的科学。我们现在有量子啤酒、量子爵士和量子启示。科学之外，量子这个词几乎应用于各个方面，如心理学和神经科学，航空、政治、娱乐、声音，甚至捕鱼。

认真的人告诉我们，我们的文化和经济几乎每一个基础都要感谢量子力学。最厚脸皮的说法是量子力学创造了信息时代。当我们发现量子力学的原理干扰了对能源奇迹的探索时，反而让我们被迫研究量子力学。当我们发现它的许多其他主要主张都是歪曲或彻头彻尾捏造时，质疑量子关于能量的主张既不是煽动性的，也不是不敬的。

量子力学追随者坚持认为，我们受惠于它。其中最重要的七项主张见表3。令人惊讶的是，这些所谓的成就中没有一项与量子力学有多大关系。

表3　量子力学的顶级自夸

序号	声称的发明	所谓的重要性	发明的实际来源（没有基于量子力学的）
1	半导体	是信息时代的基础，来自量子力学	迈克尔·法拉第在1833年发现了半导体效应。卡尔·费迪南德·布劳恩于1874年确立了半导体中传导和整流的基本现象。
2	电视、智能手机、发光二极管、磁共振扫描仪、计算机	这些产品包含晶体管，晶体管来自量子力学	利连菲尔德（J. E. Lilienfeld）在1925年获得了第一个场效应晶体管（FET）的专利，基于本书中所描述的能量的正负行为。利连菲尔德的专利丝毫没有提到任何量子力学理论。参见下一节。
3	量子计算机	比普通电脑快得多，功能也更强大	没有量子计算机。经过20年的研究和数十亿美元的投资，目前还没有实用的或可用的量子计算机。
4	量子加密	因为密码破解在我们的社会中非常重要	没有量子加密或反加密程序。20年来，美国国防部投入的资金没有生产出任何一种相关产品。
5	全球定位系统GPS	因为它依赖于原子钟	开尔文早在1879年就建议使用原子跃迁来测量时间，这比量子力学早得多。
6	元素周期表	完全可以用量子力学来解释	元素周期表于150年前制定，远远早于量子力学，最近的研究表明，量子力学无法解释20％的元素的性质。
7	引力波以"光速"传播	引力可以用"时空曲率"来解释	牛顿在1686年发现了引力波。量子力学还没有证明几何抽象的"弯曲时空"是如何产生以光速传播的引力波的。

看来，需要感谢量子力学给我们提供的东西并不多。以上的例子表明，他们的声称都是掩人耳目的"烟幕弹"。

量子最大胆的主张

我永远不会忘记我第一次见到伟大的罗巴切夫斯基（Lobachevski）[44] 的那一天。

他用一个词告诉了我数学成功的秘诀：剽窃。剽窃！

上苍给了我们一双慧眼，不要让别人的任何成果逃过你的视线。

因此，抄吧，抄吧。

但谨记将其称为"研究"。

——汤姆·莱勒（Tom Lehrer），哈佛大学和麻省理工学院数学家和讽刺作家

哦，如果这只是讽刺的话该多好。接下来，我们要用量子力学来描述信息时代是如何诞生的。

"很久很久以前，在 1947 年，一位名叫威廉·肖克利（William Shockley）的杰出量子力学家运用量子力学的理论和数学发明了晶体管，晶体管是所有电子产品的基础，因此也是信息时代的基础。事实上，硅谷就是因为肖克利才诞生的。"

威廉·肖克利是一位杰出的理论家，拥有 80 项专利，受到一些同事和学生的高度赞扬。他赢得过许多奖项，但正如我们将看到的，其成果与信息时代的诞生几乎没有关系。

给智能手机带来声音的电信号太弱了，人耳听不到。因此，它的强度必须提高。这种功能最初是在收音机和电视上用真空管完成的，与普通灯泡类似。但是它们太笨重，消耗太多的能量，产生太多的热量，而且使用寿命太短。晶体管是所有这些问题的解决方案，自从开发出来，就成为所有电子产品的关键部件。尽管它最初的发现和进一步发展的重要性怎么强调都不为过，但量子力学关于它的来源的说法没有一个是正确的。

首先，肖克利并没有发明它。晶体管实际上是由朱利叶斯·埃德加·利连菲尔德在 1925 年发明的。利连菲尔德是另一位杰出的工程师，拥有 60 多项专利。

---

〔44〕 俄国数学家，他的"双曲几何"被用于创造量子时空。

他既懂电学理论，又善于动手实践，愿意通过实验来证明自己的想法。他的三个晶体管专利是基于本书中所描述的能量的正负行为的观察，并没有包括任何量子力学理论或数学参考[45]。因此，"晶体管和互联网革命是量子力学的产物"的说法像是来自神话中的有趣故事。

利连菲尔德于 1925 年发现并设计了晶体管，而且还获得了专利。半导体物理学家斯托克曼（H. E. Stockman）回忆说："他（利连菲尔德）在 1923 年左右发明了他的真空管装置，在加拿大申请专利的日期是 1925 年 10 月，后来相继在美国获得专利。利连菲尔德在许多场合展示了他非凡的真空管无线电接收机[46]。"

利连菲尔德的"场效应"发明可以简单地描述为：一种能够通过对固体材料施加外部电场来放大固体材料中的电流的装置。他的装置确实起作用了，但如果没有高纯度的半导体（一种既不导电也不隔离电流，而是让电流以可变方式通过的材料），还不足以投入商业开发。1925 年还没有高纯度的半导体材料，但到了40 年代中期，许多团队开始着手开发这种材料，前面提到的威廉·肖克利在贝尔实验室领导的团队正是其中之一。他的团队中最重要的成员是约翰·巴丁（John Bardeen）和沃尔特·布拉顿（Walter Brattain），其成果为他们赢得了诺贝尔物理学奖。

目前还不清楚肖克利第一次看到利连菲尔德的专利是什么时候，但可以肯定的是，在他的团队于 1947 年取得重大突破之前，他就对这些专利很熟悉了。有一种可能，早在第二次世界大战之前的 1936 年，当他第一次来到贝尔实验室，并被要求用"更稳定、更坚固、更便宜的设备"取代真空管时[47]，他就知道了相关信息。但肯定不迟于他提交专利申请的前一年，因为导致巴丁和布拉顿最初专利的法律文件中包括一份由贝尔实验室著名物理学家约翰逊（J. B. Johnson）提交的宣誓书，该宣誓书证明肖克利此前曾试图（不成功地）制造利连菲尔德专利中描述的精确设备。

我们所知道的是，尽管有贝尔实验室的全力支持，肖克利在近 10 年的时间里一直在努力用量子力学理论来实现利连菲尔德的想法。虽然肖克利名义上是这个项目的负责人，但到 1947 年，肖克利已经有近两年没有亲自参与团队的日常

---

〔45〕 利连菲尔德的专利发布在 www.energymiracles.net 上。

〔46〕 参见贝尔实验室纪念馆："谁真正发明了晶体管？"https://www.beatriceco.com/bti/porticus/bell/belllabs_transistor1.html.

〔47〕 这些说明有可能是直接从利连菲尔德的专利上抄下来的，他的专利提出了这些精确的要求：取代真空管，更稳定，更坚固，更便宜。

工作。可能是由于之前的失败而灰心丧气，他开始了其他的项目，把解决半导体问题的工作留给了巴丁和布拉顿。在他们取得突破之前，他们决定抛弃肖克利的量子理论，代之以一些基础化学、一些经典的电学思想和一些动手实验[48]。一旦他们做到了这一点，在没有肖克利进一步参与的情况下，他们只用了一小块锗元素、一个薄薄的塑料楔子、一枚回形针和一条闪亮的金箔条，就找到了一种不同的、成功的方法来制造这种设备，其电压控制装置可以将电信号增强100倍[49]。

在确认了研究结果后，团队通知了肖克利，并计划在1947年12月23日展示给贝尔实验室的高管。对此，肖克利并不高兴。"让我沮丧的是，我一个人经过了8年多的努力，最后的结果并没有体现出自己的重大创造性贡献。"1月初，肖克利与巴丁和布拉顿两人分别进行了沟通，宣布他打算成为晶体管专利的唯一持有者。当时，巴丁说不出话来，气冲冲地走出了房间。布拉顿则反驳道："该死的肖克利，这份巨大的成果是所有人共同努力的结果！"

巴丁和布拉顿最初的点接触场效应（point-contact FET）晶体管激发了大量旨在创造可以控制固体电荷流动的新设备的竞争。仅仅几周后，1948年初，在这一发现的基础上，肖克利自己发明了一种稍作改进的晶体管，他称之为双极结型晶体管（Bipolar Junction Transistor，BJT）。与FET不同，肖克利的BJT由电流控制。肖克利要求律师根据他声称的场效应如何影响半导体电流的原始想法申请一项广泛的专利，但因利连菲尔德的专利具有优先权而被拒绝。最终，贝尔的律师申请了四项专利。其中两个是巴丁和布拉顿在探索利连菲尔德的场效应晶体管方面所做的初步工作，一个是巴丁和布拉顿创造的实际设备，即最初的FET，最后的一个则是肖克利的改良晶体管，即BJT。

这四项专利申请都是在1948年夏天提交。美国专利局很快驳回了前两项专利，认为它们侵犯/复制了利连菲尔德的成果。FET与BJT被专利局认为是可以接受的，但有前提条件。针对FET申请中提出的69项要求中，除了19项外，其余都被拒绝了。涉及晶体管基本原理的36项专利申请被完全驳回，其中大部分是基于利连菲尔德早期的专利。至于肖克利的BJT申请，在提出的62项申请中，有34项

---

〔48〕 请看巴丁1947年11月23日的笔记。

〔49〕 我们知道这是事实，因为巴丁和布拉顿在他们的实验室日志中记录了这一点。参见Joel N. Shurkin著的《破碎的天才：威廉·肖克利的兴衰》，麦克米伦出版社，纽约，2006年。有关更多背景信息，请参阅Michael Riordan和Lillian Hoddeson的《晶体火：晶体管的发明和信息时代的诞生》（斯隆技术系列）。W. W.诺顿公司，纽约，1998年。

被专利局批准，最常见的拒绝理由还是源自利连菲尔德早期的图纸。在这两项专利中，共有 65 项权利要求被废止或驳回，其中利连菲尔德之前的成果被引用得最多。贝尔实验室专利的法律文件显示，肖克利曾试图直接根据利连菲尔德的专利构建设备。更重要的是，无论是在他自己的专利申请中，还是在他后来的任何研究论文、历史文章或书籍中，他都从未引用过利连菲尔德的成果[50]。

巴丁在 1988 年澄清了事实，他承认，在固体量子理论提出之前的 20 世纪 20 年代，"利连菲尔德还是掌握了控制半导体中的电流以制造放大装置的基本概念[51]"。

当时的一位资深量子力学家，试图为肖克利辩护，并认为他对巴丁的批评是正确的，后来写道："在那个时期，巴丁的思想被他的经典的以电气工程为导向的思想所阻碍[52]。"然而，正是这种经典的电气工程方向，使巴丁（而不是肖克利）取得了突破性的进展，最终发明了 FET[53]。

肖克利并没有受到不公正待遇。贝尔实验室将他列入所有关于 FET 发现的声明中，并允许他与巴丁和布拉顿一起分享诺贝尔物理学奖。但他仍不罢休，并对自己的名字没有出现在取代真空管的原始 FET 专利上感到愤怒。与我们的主题更相关的，是他如何试图控制关于发明的叙述，并提升他个人在发现过程中的作用。有一个关于量子力学的笑话是这样说的：现在知道这个东西是有用的，接下来必须想办法证明是由量子力学预测出来的。这正是肖克利所做的。他曾为《物理评论快报》（*Physical Review Letters*）准备了一篇论文，但被拒绝刊登，编辑告诫说，他对量子理论的解释不够严谨[54]。1950 年，肖克利出版了长达 545 页的《半导体中的电子和空穴》（*Electrons and Holes in Semiconductors*[55]）。在这本书中，他普及了想象中的"电子空穴"（electron holes）和"载流子"（charge carriers），证明晶体管实际上是从他的量子力学理论中衍生出来的。在英语国家，几乎所有的电气工程课都教授这本书。这是量子力学的来源，它声称只有量子理论才能对信息时

---

〔50〕 Arns, R. G.，"另一种晶体管：金属氧化物半导体场效应晶体管的早期历史"，工程科学与教育杂志，第 5 期，第 7 卷，1998 年 10 月，第 233 - 240 页。

〔51〕 巴丁写给《今日物理》副主编威廉·斯威特的信，日期是 1988 年 3 月 9 日。

〔52〕 Bondyopadhyay, P. K.，"开端"，IEEE 学报，第 1 期，第 86 卷，1988 年 1 月。

〔53〕 在《创新者》（*Simon & Schuster*，2014）的第 4 章中，沃尔特·艾萨克森给出了晶体管发展的详细和可读的描述。

〔54〕 E. 布劳恩和 S. 麦克唐纳，微型革命：半导体电子学的历史和影响。伦敦：剑桥大学出版社，1978。

〔55〕 D. Van Nostrand Co.，Inc. 出版。普林斯顿，新泽西，1950 年。

代负责。但如上所示，这是一个完全没有根据的自夸。

肖克利没有发明晶体管。他复制了利连菲尔德 20 年前的专利，其个人对巴丁/布拉顿的突破几乎没有贡献。这并不是说他没有任何贡献。肖克利的 BJT 在 20 世纪 50 年代比巴丁的 FET 更实用，成为第一代大型计算机和微型计算机的主要器件。但 BJT 的功能在半个世纪前就已经被取代，今天的计算机系统、通信网络和自动化设备几乎都是基于巴丁 FET 的产物。由于具有许多技术优势，这些 MOS FET 是世界上最常用的功率器件，并主导着集成电路技术。肖克利的柔性较差的双极结型晶体管，虽然今天仍在使用，但仅限于应用于开关或放大器，如低功率 LED、温度传感器和其他一些特殊情况。所以说，肖克利是信息时代的一个贡献者，但说他是信息时代的主要推动者还差得很远[56]（图 66 场效应管时间线）。

富兰克林研究所礼貌地将此事总结如下："肖克利对晶体管发展的贡献的确切性质仍然是一个有争议的话题，他的发明应该得到多少荣誉（如果有的话）也是一个有争议的问题[57]。"

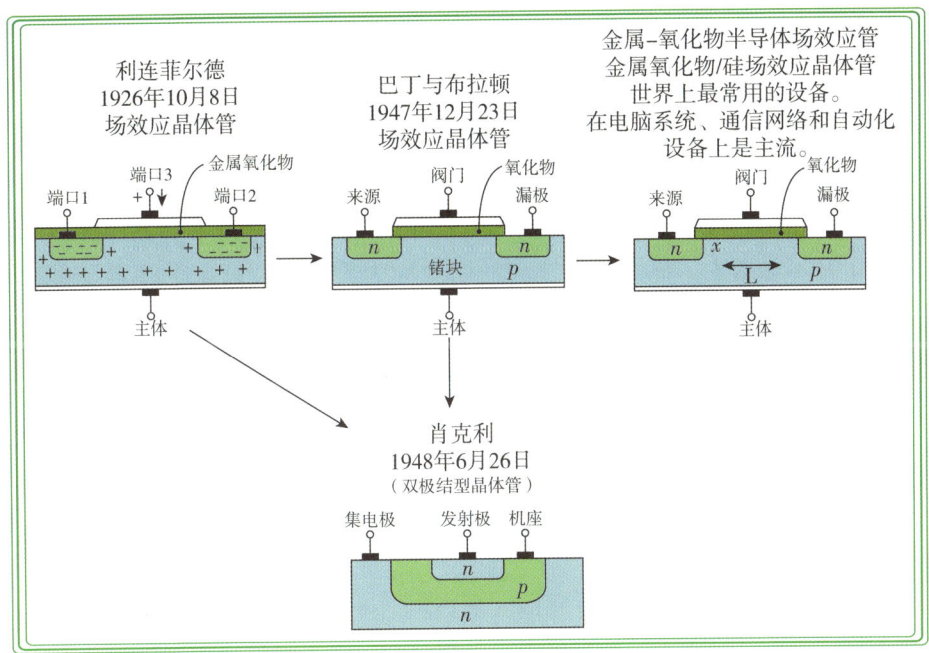

图 66　晶体管时间表。在朱利叶斯·利连菲尔德发明 FET 近 100 年后，基于其成果设计的 MOS FET 晶体管主导了半导体电子学

〔56〕　当然，我们必须记住，是朱利叶斯·利连菲尔德作出了最初的发现。
〔57〕　https：//www.fi.edu/case-files/bardeen-and-brattain.

至于凭一己之力创立硅谷，事实证明这是一种讽刺的赞美。在威胁了贝尔实验室的团队成员和公司管理层后，肖克利于 1955 年离开了公司，在加州斯坦福大学附近创办了自己的公司。他曾试图雇佣一群在贝尔实验室共事过的工程师，但他们都拒绝了。在斯坦福大学工程学院院长的帮助下，肖克利聘请了 9 名有能力的博士工程师。不管怎么说，在有技术、有人才、有工作环境的情况下，作出些实际成果应该不难，但不到一年，这些顶级工程师中的 8 个人从这位领导飘忽不定的技术理论和管理实践中辞职。肖克利的公司每年亏损 100 万美元，仅仅几年公司就陷入困境，肖克利被迫卖掉了公司。至于那 8 个人，他们都在硅谷取得了巨大的成功，赚了数十亿美元。其中两人创立了英特尔公司。这已经不是肖克利第一次把优秀的人才"吹"走了。在贝尔实验室展示了他的真面目后，包括巴丁和布拉顿在内的顶尖人才都选择退出，并拒绝再为他工作。

肖克利有能力窃取别人的专利设计，然后试图用伪科学将其错误地合法化，这一点通过他在另一个领域做过的类似事情可以得到证明。为了充分披露这一行为，我必须承认，早在 20 世纪 60 年代，我就与肖克利博士有过交集，当时我忙着做一些事情，比如在密西西比州登记选民，在弗吉尼亚州教黑人孩子（当时白人至上主义政客选择关闭学校，不让他们融入社会），在 1963 年的华盛顿大游行中被警察拖走，在纽约世界博览会上因非暴力抗议种族隔离而被捕。与此同时，肖克利博士开始了一项个人使命，让全世界相信黑人、中国人和任何肤色的穷人在基因上都不如白人。他把平等权利的概念称为美国的"国家平等主义谎言"，他的伪科学成为头版新闻。他将其命名为"种族学（raceology），对种族差异的科学分析"，成为美国反对社会正义的头号声音，比三 K 党获得了更多的关注，他的声明如下："美国黑人智力和社会缺陷的主要原因是遗传和种族遗传，因此无法补救……大自然用不同的颜色对不同的个体进行分类，这样可以从统计上可靠地预测他们对智力回报和有效生活的适应能力，并很容易地为务实的人所利用。"

肖克利的话被收录在他 300 页的《肖克利论优生学和种族：应用科学解决人类问题》一书中。在书中，他用量子力学理论和心理学试图说服我们相信白人种族的优越性。肖克利援引爱因斯坦、海森堡和费曼的话，引用洛伦兹力定律和狭义相对论来证明有必要压制地球上三分之二的人口。

肖克利在其书中显示了对爱因斯坦"思想实验"的热爱，这一点我们后面会讲到。肖克利描述的一个思想实验表明，世界如何通过向任何同意绝育的有色人种提供巨额奖金（3 万美元）来减少"不良基因"对社会的影响。另一个更黑暗的设想是强制所有有色人种女性植入子宫内避孕器，每个人都要获得证书才能在决定生孩子之前取出避孕器。他的"思想实验"的问题，除了不人道之外，还在于它们是建立在毫无根据的理论之上。没有任何研究发现智商和基因之间有丝毫的联系，就像他在量子力学中所做的那样，肖克利只是编造了数据。

随着被禁止在大学演讲，肖克利将他的量子力学哲学带入了坟墓。他孤独地死去，除了他的妻子之外，普遍被人鄙视。量子力学如何阻碍了他，可以从他在种族问题书中对一个采访问题的回答中看出。

问："了解一下您与黑人的个人关系可能会对我们有所帮助。这可以让我们对你的动机有一些了解。"

肖克利："我基本上没有和黑人有过接触。"

如果不认真对待某一件事，也不与相关的人坦诚交流，就永远不会有真知灼见。包括肖克利博士在内的量子力学家所创造的理论、涉及的主题，是在他们很少或根本没有进行过个人观察或交流的情况下出现的。下一章将详细介绍。

量子力学在对抗全球变暖中的贡献

"你不必是鱼类学家，也能知道鱼什么时候臭。"

——A. Unzicker

如果不是上述七个夸大的说法，那又是什么呢？量子理论带来了什么？

如果说没有什么能证明量子力学的相关性（或缺乏相关性），那就是它在应对和缓解我们这个时代最大的挑战——全球变暖——方面作出的贡献。

总之，在过去 30 年里，量子力学对这项工作的贡献是：无。

量子之前的科学

在量子力学之前，艾萨克·牛顿（1642—1727）的诸多成果渗透了西方思想的各个方面——不仅在科学领域，而且在艺术、文学、哲学和宗教领域，长达200 多年。牛顿为一个混乱和不确定的时代带来了清晰、易懂的解释。在他之前，战争和瘟疫被认为是超自然现象的后果。在牛顿之前，只有国王和神职人员被认为对这种超自然现象有所了解——因为他们与上帝的意志有特殊的联系。其余的人类都沉浸在一种不可知、不可预测和普遍恐惧的环境里。1665 年，大瘟疫导致英国伦敦 20％以上的居民死亡，牛顿则不受干扰地在他母亲的农场潜心研究，在物理学、天文学、数学和光学方面作出了许多基本发现，向人类描绘了一个统一的、可理解的世界，让人们对世界有了新认识。人类第一次得到了对因果概念的完全可信的介绍。现象和条件现在可以用力学来解释。任何会读书的人都能了解这个世界。量子革命改变了这一切。

这个问题反复出现："为什么近 100 年来，在电学这门学科上没有取得重大进展？"现在我们来回答这个问题。

一个世纪以前，科学作出了一个选择。它放弃了在电力方面的一系列研究和发现，这些研究和发现成功地改变了历史进程，使世界大部分地区实现了现代化。科学家们抛弃了逻辑和科学方法论，开始编造和遵循新的神秘理论，这些理论没有人能理解，也无法证明，但却足以吸引人们的注意力。

接下来，我们将走进这些道路（图 67），包括那些被采用的和被抛弃的，试图为发生的事情提供一些方向和理解，以达到启示效果。

图 67　走进死路的量子力学家

回顾一下前文提出的观点：历史证明，扭转非最佳情况并恢复积极趋势的做法是找出变化。通过消除不利的变化或恢复成功的变化，以此重回正轨。

在电能领域的进步突然停止的情况下，如果我们能从跌倒的地方回到能够获得成果的道路上，应该能够立即弥补在那条岔路上发生的不幸。

世界确实需要一个能源奇迹。

量子力学：修道院中的一个谜

当有人拿枪指着我的头，告诉我他知道他要说的话对我来说没有意义，他知道这是无法证明的，但我最好还是选择相信。这种情况让我想起"山上修道院的故事"。这不是普通的修道院，而是蕴藏着一切奥秘的答案：解释一切的真理。这里防御森严，几个世纪以来抵抗住了所有的攻击。然而，在传说中，有预言说，在某一天，修道院将会倒塌。

在灾难发生的那一天，一位当地的农民，他一生都在向修道院缴纳什一税，并怀着极大的敬畏之心，决定爬上修道院所在的高山，做了一件不可思议的事：进到院里找到所有奥秘的答案。他没有受到任何阻拦，径直走进本就敞开的大门，穿过走廊，仍然没有遇到任何干扰，只有几名士兵在角落里哭泣，因为他们知道，修道院即将倒塌。此人无拘无束地走过一个又一个房间，被精美的挂毯、彩色玻璃窗和华丽的油画所折服。在无人看守的寺院里越走越深，他终于到达了内殿。巨大的实心柚木门上镶嵌着黄金，门的中心是一个神秘的"Q"字，上面镶嵌着珍贵的珠宝。他很害怕，但坚定地推开了大门。在里面，他发现了一个非常安静的房间，没有窗户，但地板、墙壁和天花板都镶有手工雕刻的各种异国情调的木材。借着明亮的黄铜大烛台上的烛光，他看见在房间的另一边，黑色窗帘后面有一个小凹室。

他知道，自己终于到达了目的地。走进内室，拉开窗帘，他发现了藏了很久的秘密——所有秘密中的秘密。他环顾四周，房间里空空如也。没有什么神秘可言。整件事就是一场骗局。

但这个传说是真实的。那一天，骗局终于被揭穿了。就在那天，修道院倒塌了。

量子力学的基础：一个可怕的童话

"如果可能的话，不要让自己认为：'量子力学不可能是那样的。'这种想法会让你掉进下水道，或者走进一条黑暗的死胡同，没人成功走出来，没人知道为什么会这样。"（图 68）

——诺贝尔奖得主理查德·费曼

"如果你不能向一个六岁的孩子解释明白，那就证明你自己也不懂。"

——诺贝尔奖得主阿尔伯特·爱因斯坦

图 68　量子力学的杂草

在每一本关于量子力学的书中，在每一个系列讲座中，都能在显著位置找到这三个论断：

（1）量子理论是"反直觉的"（这意味着它们违背常识）；

（2）量子理论是事物的"真实"（不管你信不信）；

（3）对量子理论的研究将"扩展你对现实的看法"[58]。

论断（1）无疑是正确的：它违背了常识。论断（2）无法被检验，更不用说被证明，它充其量只是一个非常不确定的观点。至于论断（3），那就大错特错了。

长期以来，量子力学一直被介绍为"一个完整的物质和能量理论，其基础是发现在亚原子尺度上，能量以小而离散的量出现"。请注意，我们正在寻求发现为什么电气工程这门学科在 20 世纪 30 年代中期停止了脚步。我们发现了量子力学，"一个关于物质和能量的理论"，正是在那个时候流行起来的。但是什么样的能量理论？它是如何定义能量的？

量子力学最重要的支持者之一、诺贝尔奖得主理查德·费曼非常诚实地承认："认识到在今天的物理学中，我们不知道能量是什么，这一点很重要[59]。"

在本章的剩余部分，我们将看看量子力学对物质和能量的看法，以及它的一些主要的哲学和科学困惑。要解决成千上万个披着"量子外衣"的理论、公式和产品是不可能的，也没有必要。以下 16 个因素被普遍认为是最基本和最重要的，同时也影响着对能源奇迹的追求。（不要被标题吓到，大多数都很容易读懂。）

---

〔58〕　弗兰克·威尔切克，《生命之轻》，柏修斯图书集团，2008. p. 6。
〔59〕　理查德·费曼，费曼物理学系列，艾迪生维斯理，1988，4－2。

1. 量子能量和普朗克常数

2. 量子力学基础的重大裂缝

3. 世界的量子终结：熵

4. 科学、能源和爱因斯坦的"纸牌屋"

5. 以太

6. 双缝实验

7. 海森堡的测不准原理及其对立面

8. 薛定谔的猫（包括猫的一张纸条）

9. 粒子物理学的标准模型

10. 万物论（TOE）还是无物论（TON）

11. 时空和第四维度

12. 量子力学的起源：不确定的零

13. 量子最喜欢的运动：射击观察者

14. 真实实验与思想实验

15. 观察者：迷失在三个宇宙的某处

16. 疯狂和对能源奇迹的追求

量子能量和普朗克常数

"科学给予人类知识，知识就是力量……科学主要处理事实，使我们不致陷入非理性主义和蒙昧主义的深渊。"

——马丁·路德·金博士，1959 年 8 月 30 日

英文中"量子"（quantum）一词来自拉丁语，表示某物的数量。在物理学中，它指的是最小的、独立的、独特的能量。马克斯·普朗克在德国物理学会的一次演讲中首次在科学上使用了这个词。在热量对某些物体的影响的研究中，普朗克得出了辐射由单个能量粒子组成的结论。他称这种粒子为量子。

如果他就此打住（"单个能量粒子"），一切都会好起来。但他没有。

要理解普朗克，首先需要介绍黑体（black body）[60]。在物理学中，黑体是一个理想化的物体，能够吸收所有入射到其表面的电磁辐射，同时也能辐射出能

---

〔60〕 不是碧昂丝的歌曲名，这是一个真正的科学术语。

量。在热力学和量子力学中，黑体辐射是一个重要的研究对象。自然界中不存在这样的"黑体"，也从来没有人构造过这样的"黑体"（图69）。

图69 马克斯·普朗克的黑体

普朗克假定了黑体的第二个特征：如果你在它上面切一个小洞，而不释放里面的辐射，它就会发射出与它的热量成正比的辐射强度和波长范围。但事实并非如此。首先，要被看见，光必须被某个物体反射，而黑体中没有任何东西可以反射（图70）。因此，目前还不清楚这些黑体实验到底在测量什么。更重要的是，普朗克确信答案在于电磁波谱中其他能量源的作用。他是对的，但他无法证明这一点。

图70 有能量的小猪在发光

相反，他求助于寻找一个数学解决方案，并将理论中的黑体的热量与理论上它发出的辐射的强度和频率联系起来。尽管做了努力，但他的方程与实际实验的数据并不吻合——怎么做都无法吻合。但正如任何优秀的量子力学家现在所知道的那样，没有什么是不能通过富有想象力的数学小花招来解决的。利用路德维希·玻尔兹曼（Ludwig Boltzmann）的统计方法和后来被他称为"偶然猜测"（fortuitous guess）的方法，普朗克在公式中设计了一个常数，使其在特定情况下有效。这个常数非常小，也无法解释（大约 6.62607×10^{-34} 焦秒），后来被命名为"普朗克常数"。他玩弄了一下这个常数的意义（如果有意义的话），但最后得出结论，它充其量只是一个数学上的发明，一个"蒙混因子"，唯一用途是解释物质在某些条件下吸收或发光的过程。他坚决主张，在任何情况下都不应把它看作是对光本身的组成或性质的描述。

普朗克在1900年左右的工作有时被指责为与经典电动力学背道而驰，直到爱因斯坦给出了新解释，普朗克实现了他的"量子飞跃"。1905 年，爱因斯坦接受了普朗克的数学"因子"，并宣称光绝对且无可争议地由普朗克常数大小的离散量子组成。

在量子力学之前，可见光一直被认为是图 71 所示连续能量波长范围中的一个非常小的部分。你可以用调频电波交流，用微波炉做饭，用光波看东西。但在爱因斯坦之后，它突然变成了普朗克数学常数大小或倍数的"离散量子"。突然间，不再有一个连续的光波长范围，灯光必须从一个尺码切换到另一个尺码，就像买衣服时的大、中、小号一样。

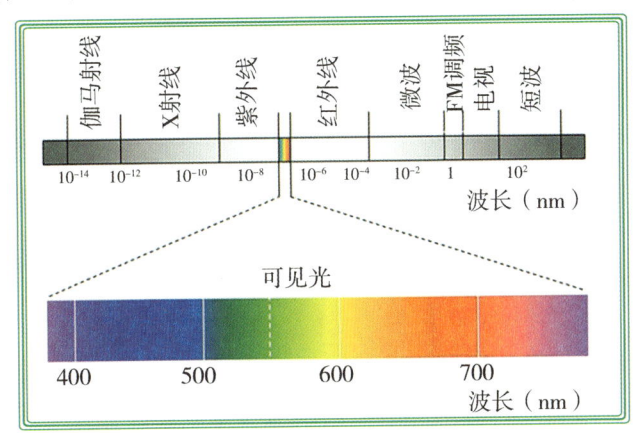

图 71 电磁辐射的连续波长范围

这有几个直接的结果，但最重要的一个是世界历史上最伟大的电学发现：麦克斯韦电动力学理论的失效。

普朗克，一个自始至终诚实的人，当他看到他的理论被引用，却显得惊慌失措，并预言说，如果越来越多的人因为爱因斯坦而认同自己（普朗克）提出的内容，"光的理论将倒退几十年，甚至是几个世纪[61]……"

多么有先见之明啊！

量子力学基础的重大裂缝

根据量子力学，量子是能参与能量作用的最小量。例如，光子（photon）被认为是光的单个量子，一个单点电荷（single-point charge），根据普朗克常数，它的能量存在于某个特定的值（图 72）。电子也是如此。

---

〔61〕 普朗克，马克斯，科学自传和其他论文。

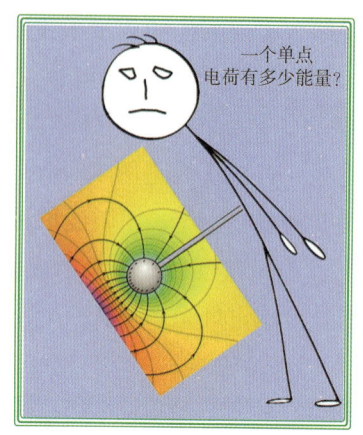

图 72　一个单点电荷有多少能量

量子力学与经典力学的区别在于，它声称只有在非常小的尺度上才有效。所以，具有讽刺意味的是，量子力学无法解决确定单个粒子电场的问题。事实上，这可能是它最令人尴尬和隐藏的秘密之一。

经典电磁学告诉我们，两点之间的电荷量或能量随着它们靠近而增加，或者随着它们远离而减少（公式可以在本书末尾的数学附言中找到）。当两点之间的距离是几厘米或几千米，甚至是无穷大时，这种方法都适用。但在量子力学的"单点电荷"中，电荷与自身之间的距离明显为零，这就存在一个大问题。这个公式对单个粒子无效因为你必须把结果除以 0。总有办法将一个馅饼分成 8 片或 1000 片。但是没人能把它"切"成"零"片。

另一种解释方法是，当你试图用一个非常小的数字（非常接近于零）除以某物时，答案趋于无穷大——而且很明显，单点电荷的能量并不会因为它接近自身而趋于无穷大。

我们对此非常感兴趣，因为这种关系恰好是几乎所有在电能方面取得重大进展的基础之一，并且与那些寻求能源奇迹的人极其相关（参见第二个能源奇迹的关键）。

根据量子力学：

（1）光子或电子是点电荷（一种没有质量或空间集中在一点的电荷）。

（2）位于该光子或电子周围的场中的能量必须用除以零的量来表示。

当两点之间的距离为零时，公式失效，证明上述两个想法不可能同时成立。如果光子不是点电荷，那它是什么？

无论它是什么，这一节提供了强有力的证据，证明单个光子或电子与过去 100 年来量子力学为我们描绘的"量子"能量的图景完全没有相似之处（图 73）。

理查德·费曼认为，量子力学未能解决这一难题，使整个量子理论难以站得住脚[62]。

这个看似难题的答案在于需要两个终端来产生能量。这在磁学、电学和引力中都可以观察到，但却被量子力学所忽略。

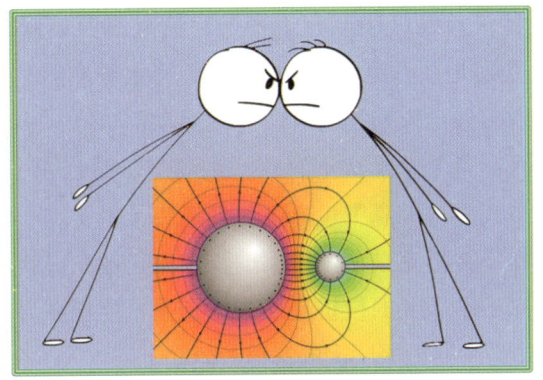

图73　产生能量需要两个粒子

世界的量子终结：熵

量子力学有他们自己版本的天启（世界末日即将来临的想法，图74）。这叫作熵（entropy）。

图74　熵世界末日的量子力学

---

〔62〕　理查德·费曼，《费曼物理讲座》第二卷，第八讲，静电能。

我们会发现，大学生在上热力学课时经常感到的恐惧，或多或少地源于未能理解熵的概念。这不是他们的错。他们的教授大多也不懂。在搜索引擎和物理教科书上寻找一个好的定义或教学方法都是徒劳的尝试。熵是第一个被量子力学引用的科学概念，具有讽刺意味的是，它来自 19 世纪提高燃煤蒸汽发生器效率的努力。

1827 年，罗伯特·布朗（Robert Brown）通过显微镜观察水中的微粒，发现这些微粒的运动是随机的。后来人们注意到，当水被加热时，这些颗粒的活性增加，甚至发出辐射。但没人知道这种"布朗运动"（Brownian Motion）发生的方式和原因。在当时，科学家无法解释这一现象，于是作出了各种各样的假设，马克斯·普朗克参与其中，无意中也不情愿地成为了量子力学的奠基人。正如本章前面所讨论的那样，普朗克是一位诚实的科学家，他在寻找能够解释事物的广泛原理，而不是在原子水平上的投机迂回。特别是，他正在寻找热力学的电磁学基础，在他看来，热力学的更深层次的解释只能在电磁以太等介质的动力学中找到（以太介质的概念一直是能量创造主题中的重要元素，稍后我们将全面讨论它）。现在，我们只能说普朗克给自己设定了一个困难的任务，正如前一节提到的，他求助于路德维希·玻尔兹曼的数学。玻尔兹曼-普朗克方程根据系统中单个原子和分子可能的微观行为的总数来估计系统的熵，这样就不需要计算水分子的数量或单独检查其中任何一个分子，从而能够确定系统的总体状况，如温度和压力。

例如，当水被加热成蒸汽时，就会突然有数十亿的水分子以气态漂浮在周围。运动中增加的粒子数和随之而来的压力就是它的熵。关于系统的熵，你可以知道一些东西，也可以不知道或者不需要知道一些东西。在加热之前，你可能需要知道水的质量，但你可能不需要知道水是来自河流还是湖泊。你也不可能确切知道在一个特定的加热过程中有多少水粒子参与其中，但话说回来，你也不太需要这些信息。这就足够了，如果一个特定尺寸的涡轮机里的水被加热到一定的温度，你就可以计算出可能产生的具体压力。

布朗运动是 19 世纪最伟大的发现之一。玻尔兹曼的数学，比量子力学早了许多年，增加了对用于发电的蒸汽系统的理解和控制，但在应用上还远远没有普及。爱因斯坦在 1912 年发表的关于这一主题的论文中，对这一概念产生了困惑，当时他的预测与许多实验和观察结果严重矛盾[63][64]。

---

〔63〕《随机过程的历史：从布朗到佩兰的布朗运动》，《精确科学史档案》，1968 年 6 月，第 5 卷，第 1 期。

〔64〕 波拉克，G. H.，《水的第四阶段》，艾伯纳父子出版社，西雅图，华盛顿州，美国，第 141 - 147 页。

熵是一个足够吸引人的概念，也足够黑暗，足以打击对任何事物未来的乐观情绪。即使是阿尔·戈尔也无法回避这一主题，正如我们在他的书《未来》[65] 的开头看到的那样，他在书中用了整整一节来讨论这个问题：

"熵……导致所有孤立的物理系统随着时间的推移而崩溃，并对自然界的不可逆性负责。对于熵的一个简单例子，考虑一个烟圈：它开始是一个具有明确定义边界的完整圆圈。但当分子彼此分离并将能量耗散到空气中时，环就会解体并消失。"

如果试图将这一原则应用于整个世界，那么会令人感到沮丧，幸运的是，这不是真的。戈尔讲述了他与诺贝尔奖得主伊利亚·普里高津（Ilya Prigogine）的会面。普里高津提出了一个理论，旨在减轻熵的悲观必然性。它被称为"混沌中的秩序"（order out of chaos）理论，并假设当一个开放系统达到其循环的终点时，具有最大的熵和最大的无序，崩溃后系统会重新组织成一个更高的形式。换句话说，整体秩序自发地（奇迹般地）从混乱中产生，不需要任何外部因素的控制。[66]

现代熵理论的错误之处在于它无视因果关系。那些在戈尔的例子中想象出烟圈的人忽略了一个事实，那就是烟圈是由某些东西引起，而不是凭空发生的。一个人买了一包香烟和一个打火机，点燃了一支，吸了一口。然后，他向周围的空气中喷出了一小口烟。烟雾中的相对热量、湿度、重力和其他有凝聚力的元素使烟圈在环境的相反力量下保持完整。最初的力量足以使它保持圆形，但随着环境的反作用力开始占上风，它的形状和特征开始模糊。

在飓风中吹一个烟圈是不太可能实现的，在一个完全封闭的房间里制造一个烟圈则容易得多。如果能把一个烟圈吹到真空中，而完全不采取任何对抗措施，它保持环状的时间会更长。如果你能找到一种方法继续用烟雾给烟圈充烟，它可能会永远持续下去。

在熵的现代量子概念中，我们有一个令人怀疑的"烟圈"，在一个"不可避免的"，但没有原因的过程中消失在虚无中，只是在它的毁灭中"自发地"出现了宏伟的新形式。在这个过程中，任何地方都找不到单一的物理因素，但这被称

---

〔65〕 戈尔，A.《未来：全球变化的六大驱动因素》，兰登书屋，2013 年。

〔66〕 "开放系统"是指与其他系统相互作用的系统。例如人体、家庭、公司和太阳系。在现实世界中，所有系统都与其他系统相互作用。公平地说，普里高津还发现，通过向系统注入能量，可以逆转热力学第二定律所规定的不可避免的熵最大值。换句话说，如果你成为坏事的起因，坏事是可以逆转的。因此，他获得了诺贝尔化学奖。

为"自然法则"。

在 1900 年以前的经典物理学中，熵这个词是有一定意义的。这个词来源于拉丁语前缀"n"和希腊语单词"tropos"，前者用来表示某物进入特定状态，后者用来描述物质在不同状态下的运动。换句话说，熵指的是由物理过程（如热的应用）引起的变化。例如，没有热量时，在一个平静的水坑里，熵很小；大量的热量将水变成蒸汽，当蒸汽膨胀成气体填充可用空间时，会产生大量的熵。

量子力学用一些晦涩难懂的定义取代了原来的含义，例如："封闭热力学系统中不可用能量的度量，通常被认为是系统无序度的度量""宇宙中物质和能量的退化，达到一种惰性均匀的终极状态。"谁又能责怪一个被要求理解这种胡言乱语的物理系学生的冷漠呢？

量子力学会告诉你，熵是自然界的最高法则，并"证明"无序和混乱总是随着时间的推移而增加，任其自生自灭，生命总是会变得不那么有条理，沙堡总是会被冲走，杂草会在花园蔓延，古代遗迹会崩溃，汽车会生锈。关键在于"任其自生自灭"这句话。在我们的世界里没有这样的东西。只要有原因，也就有这些原因导致的结果。

因果关系和作用循环

宇宙中有许多循环的运动：开始—维持一段时间或改变—结束。

一个人找到了一份新工作（开始），工作了三年（维持），有一天因为迟到或业绩不达标而被解雇（结束）。另一个人在同一天被同一家公司雇用（开始），同样工作了三年（维持），然后被提升到管理职位（结束）。两者都属于同一标准下的循环。只不过有的人离开了，有的人来到了新岗位，这两件事都不是必然的。这是因果关系。图 75 所示的动作循环"开始—改变—停止"与"原因—距离效果"并行运行。

两户人家都买了同款的新车。其中一辆车由于车主粗心地驾驶而不断经历磕碰、刮伤，并长期停在户外经受风吹雨打。另一位车主对汽车的状态很上心，不使用时存放在车库，避免阳光直射。几年之后一辆会生锈，而另一辆不会，这不足为奇。这是因果关系，和熵无关[67]。

---

〔67〕 在行动周期中"长寿"的关键在于循环的持续部分。在工作的例子中，有人积极工作，有人消极工作。在汽车的例子中，一个家庭爱护汽车，并使其免受环境中的反作用力，另一辆汽车是由于车主糟糕的驾驶和恶劣的天气条件造成的不良后果。没有必然的熵。

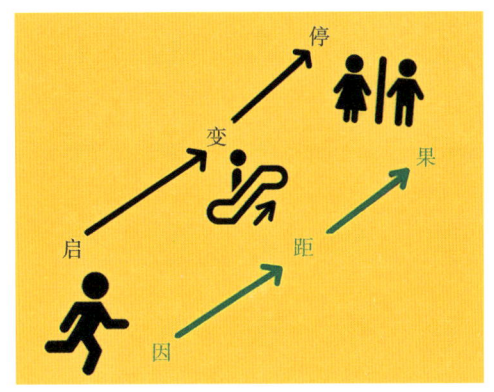

图 75 "启—变—停"关系和"因—距—果"关系

人们通常所说的魔法只是起因于不明显的事件。当一只大象神奇地出现在舞台上时，一定有一个真正的原因被隐藏在观众的视线之外（魔术师的团队花了五天时间搭建起重机、上好油的活板门和假墙，以实现这种幻觉）。仅仅因为有些人不能立即发现真正的原因并不意味着它不存在。

如前所述，世界似乎执意要继续使用 19 世纪的能源系统来满足其电力需求。这在很大程度上是因为科学家在 20 世纪初重新定义了熵等物理过程，忽略了因果关系。这与我们寻找 21 世纪的替代能源有关，因为能源是由因果关系组成的。就像闪电一样。它始于云中产生的电势差异，当闪电从云层传播到地面时，仍在继续，最后在与地面接触而发生爆炸时停止。与其把人们看不见的东西理论化，科学家们不如坐下来研究不同类型的能量——只有三种——这将在本书后面讨论。他们还需要成为因果机制方面的专家。

能量、光速和爱因斯坦的"纸牌屋"

"我相信我真的发现了万有引力和电之间的关系。假设米勒的实验是基于一个基本的错误，否则，整个相对论就会像纸牌屋一样坍塌。"

——阿尔伯特·爱因斯坦在 1921 年 6 月写给罗伯特·密立根的信中担心代顿·米勒证明以太存在的实验结果[68]

随着电子的发现和麦克斯韦定律的提出，19 世纪见证了电学的黄金时代。詹姆斯·克拉克·麦克斯韦是科学界的杰出人物之一，他在电磁理论方面取得了

---

[68] 罗纳德·W. 克拉克，《爱因斯坦：生平与时代》，世界出版公司，1971 年。

最伟大的成就。在所有有记载的历史中，人类已经观察到自然界中的电效应，比如闪电，以及某些物体摩擦时产生的吸引力和火花。至于磁效应，克利斯托弗·哥伦布在发现新大陆的航行中随身携带了一个磁罗盘，但早在公元前 2637 年，一位中国皇帝就已经建造了一辆马车，车上有一个突出的女性形象结构，无论马车向哪个方向行驶，她总是指向南方[69]。麦克斯韦对电和磁现象之间密切关系的认识引发了电气科学和工程的巨大进步。麦克斯韦也是第一个将液体波与电磁力线类比的人，然后用数学公式证明了这一点。他的电磁理论是科学史上最伟大成就之一，它牢固地建立在以太介质的概念之上，所有的电磁波（包括光）都要通过以太介质传播。这种情况在 20 世纪初随着阿尔伯特·爱因斯坦的相对论而改变。

真空中的光速与爱因斯坦的相对论

爱因斯坦的狭义相对论发表在他 1905 年写的一篇论文中，用科学界最著名的公式表示：

$$E = MC^2$$

这与我们的主题相关，因为 E 代表能量，我们正在寻找一个能源奇迹。这个理论，爱因斯坦试图解释空间和时间是如何联系在一起的，这是基于一个与实验室结果或观察无关的"思想实验[70]"。它以光速不变的假设作为前提。爱因斯坦最初说，光速在任何时间和地点都是恒定的，不管它来自哪里，穿过什么地方，或者是谁在看着它。当然，这不是真的。首先，可见光在空气、水和玻璃等透明介质中会明显变慢（图 76）。

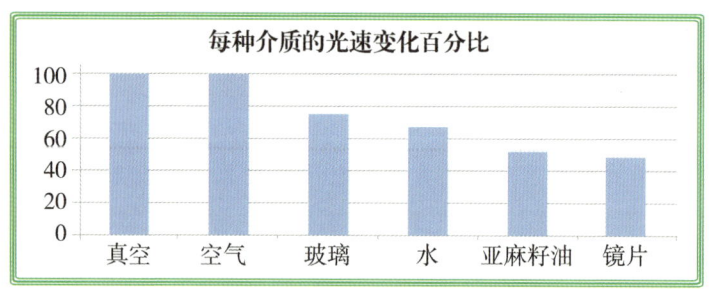

图 76　光在不同的介质中会改变速度

其他电磁波（如 X 射线和伽马射线）在固体物质中传播得更好，但也会减慢速度。为了使他的相对论在数学上成立，爱因斯坦被迫做了一个修正。为了克服

〔69〕　保罗·F. 莫特雷，《电学与磁学书目史》，第一章。
〔70〕　参见本章科学实验和思想实验章节。

这个"光速"障碍，他提出了"真空中光速"的概念（真空被定义为绝对没有任何东西影响或干扰光的空间）。真空不仅可以保证爱因斯坦的光速恒定，而且还可以使他不必担心光在原点的初始脉冲或在其路径上的干扰。光就是光[71]。

这是一种方便的解决方案，被大家广泛接受，尽管事实上并不存在这样的真空。真空指的是空间中粒子的相对密度：粒子越少则真空越大。但即使是现代量子力学现在也承认外太空并非真的空无一物。他们承认，"量子真空"充满微小粒子，这些粒子以极快的速度闪烁着，并影响着光速[72]。（稍后会详细介绍）

在能源科学中，"光速"几乎被赋予了神一般的地位，不接受任何质疑。敢这样做已经毁掉了像代顿·米勒博士这样的伟大科学家的声誉，我们很快就会看到。事实上，我们知道很多事情会影响和改变光的特性和速度，因为这是寻找能源奇迹的核心，我们在这里讨论其中的一些事物。

初始脉冲和干涉产生光速的变化

图 77 显示了能量的初始脉冲以及它所经过的介质将如何影响其特性和速度的示例。

图 77　根据爱因斯坦的理论，光速是恒定的。但是产生这种脉冲
的力量和类型又是怎样的呢？它在路径上遇到的干扰呢？

---

〔71〕　有些人会说，玻璃和水不是真空的。没错，但具有讽刺意味的是，尽管地球上的空气充满了气体、粒子和离子，而且更温暖、更潮湿，而且受到地球引力和磁力的严重影响，量子力学愿意允许空气中的光速与真空中的光速相对相同。地球大气层中的空气远非真空，对光线有明显的影响。

〔72〕　M. Urban，《量子真空被认为是光速的起源》，《欧洲物理》杂志，第 58 页，第 67期，2013 年。

重力造成光速的变化

除了图 77 中的两种情况外，黑洞和大恒星等大质量物体也会导致光线偏转。地球的磁力也是如此。

图 78 显示了光在"外层空间的真空"中到达地球时的速度和特性受到影响的一些方式。"A"表示相对不受阻碍的光束；"B"表示当黑洞直接位于光源和地球之间时，光线完全停止；"C"表示当路径接近一个大恒星的重力场时光的方向、速度和波长的变化。

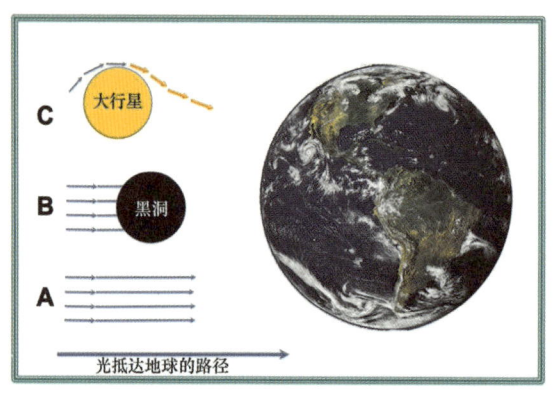

图 78　光速在"真空"中被改变

外太空的绝对寒冷造成了光速的变化

一个丹麦物理学家领导了一个由哈佛大学（Harvard University）和罗兰科学研究所（Rowland Institute of Science）组成的联合研究小组，成功地通过降低温度将光束速度从每秒 3 亿米降低到每秒 17 米[73]，这一无可争议的证据反驳了光在自由空间中行进的速度永远不会改变的说法。具有讽刺意味的是，作者没有注意到他们的发现与爱因斯坦的光速不变性相矛盾。为什么？因为他们的测试不是在真空中进行的，而是在实验室中进行的。那么，星际空间的温度是否也会对光速产生类似的影响呢？当光的速度被测量时，它是在空间中传播的。太空的平均温度估计为 −270.15 ℃，距离所有活动和运动停止的绝对零度仅差几度。这正是上述大大降低了光速的实验中的温度。

---

〔73〕"超冷原子气体中光速降低到每秒 17 米"，Hau L. V，Harris S. E，Dutton Z，Behroozi C. G，《自然学报》论文，1999 年 2 月 18 日，第 397 卷，第 594－598 页。

地球的大气层影响光速

当光进入地球大气层时，速度和方向发生了可测量的变化。全球 GPS 网络花费大量时间来补偿这些变化。电离层是标准 GPS 最大的误差来源（图 79）。美国国家海洋和大气管理局（NOAA）认为这种影响是大气中电子密度的作用[74]。

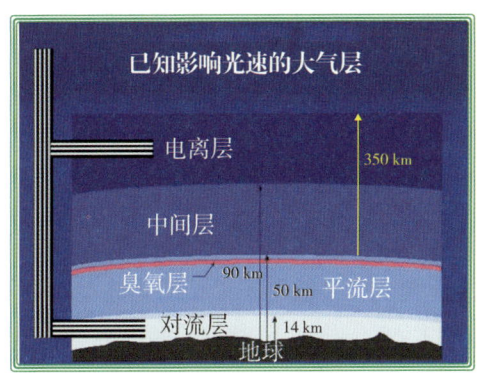

图 79　对流层（17 千米外）和电离层（350 千米外）都被认为会干扰电磁能量，需要在地球的 GPS 网络中持续补偿

绘制天空

如果光的速度可以在离地球大气层几百米的范围内被测量发生了改变，那么在太空中传播几千亿千米的光波又有多容易发生改变呢？任何飞行员都知道，当前的风向、上升气流、闪电、云层和其他飞机的存在都会影响飞机从 A 点到 B 点的路径和飞行时间。只知道特定飞行路线的平均历史纪录是不够的。GPS 应用程序也是如此。为了得出预期的到达时间，GPS 网络技术需要不断输入数据，包括当前位置、地图坐标、目的地位置、到目的地的估计距离、已知路线上出现的条件的历史纪录、可能出现的新条件、特定驾驶员的平均驾驶速度、当前路况等。在州际公路上花费的时间是其中的一部分。在拥挤的市中心街道上等待变灯所花费的时间是另一部分。这些都是平均的，以获得一个"到达时间"。

光也是如此。为了准确地计算出光的传播速度，你必须绘制出它经过路径上的空间，并确定是否存在干扰黑洞，或密集的气体、粒子，或极端温度的变化，或来自其他恒星的引力。

---

〔74〕　美国国家海洋和大气管理局认为这些变化是大气密度的影响。参见卡德莱斯科，M. 电离层对 GPS 操作的影响，GPS/GNSS 在 NOAA 的应用，博尔德，科罗拉多州，2007 年10 月 24 日—25 日。

闪电不能以光速传播

闪电是另一个定义明确的光速变化的例子。闪电放电包含了电磁辐射的整个光谱（从冲击波到可见光，再到 X 射线和伽马射线），并且多次测量其传播速度是光速的三分之一到二分之一。更能说明问题的是，闪电中持续传播的发光部分被称为"激射导流"（Dart Leaders），它的传播速度仅为光速的三十分之一[75]。这仅仅意味着光速的变化是光的类型和它所经过的介质的干涉所决定的。

当前平均光速的准确性

"光速"到底是什么？在爱因斯坦和量子力学之前，利昂·福柯（Leon Foucault）在 1862 年通过将光束投射到旋转的镜子上来测量光速。他计算出可见光的速度约为每秒 2.98 亿米。福柯的经典实验足够精确地证明了光在水中比在空气中传播得慢。使用相同的原理，但使用不同（表面上更精确）的设备会产生略有不同的结果。120年后的 1983 年，一个国际度量衡委员会将真空中的光速定为每秒 2.997 亿米。该委员会随后将米定义为光在一秒内传播距离的 1/2.997 亿。请注意，21 世纪的光速和福柯19 世纪的光速之间的差别只有千分之几的水平。

真空中光速的量子常数显然正在"破裂"。但我们对这一切感兴趣的只是它对寻找替代能源的影响。在爱因斯坦 1904 年的发现之前，几乎所有的科学家都在利用一种叫作以太介质的原理来解释光和能量如何从一个地方传播到另一个地方。这种介质不仅干扰光，实际上还使光的传播成为可能。某种以太介质的作用几乎被纳入了电气工程中每一个里程碑式的发现。爱因斯坦原本支持以太的说法，但后来他意识到这对自己的理论发起了挑战，即光速是一个常数。于是，他很优雅的做法是：拒绝以太。爱因斯坦推断，如果自己的理论是正确的，科学中就没有以太的存在空间。由于这一单一行动对能源科学产生了如此深远的影响，我们将在接下来的几页中仔细研究它[76]。

---

〔75〕 J. R. 德怀尔与 M. A. 乌曼，闪电的物理学，物理报告 534（2014），第 153 页。

〔76〕 除了光速问题，爱因斯坦意识到他最初的相对论还有另一个缺点：没有包含重力的影响。因此，经过 10 年的进一步思考，他于 1915 年发表了他的广义相对论。与他早期的狭义相对论一样，这一理论诞生于思想实验。在其中一个关键的场景中，他想象自己在一个封闭的电梯里，在真空的空间中加速上升。在另一场景中，他把太空想象成一个巨大的蹦床。如果你把一个大保龄球放在蹦床上，蹦床就会伸展，如果你把一些小台球放到蹦床上，它们都会滚向更大的球。在这个理论中，爱因斯坦告诉我们，我们所感知到的引力与所涉及物体的相对质量无关（比如巨大的地球和小苹果），而仅仅来自"空间和时间的曲率"。虽然这是一个很容易想象的类比，但量子力学从来没有证明过被称为"弯曲时空"的几何抽象是如何能够产生以光速传播的引力波的。

以太

"如果不承认以太的存在和它所起的不可或缺的作用，一切解释宇宙运行的尝试都是徒劳的，注定要被遗忘。"

——尼古拉·特斯拉

自古以来就有这样一种学说，即只有通过压力或撞击才能传递力量，一个物体只有在直接或间接联系的情况下才能影响另一个物体。击打敌人或亲吻女友——在这两种情况下，力量都是通过直接接触传播的。踢球时不小心踢进了邻居的家里，损坏的玻璃窗是由球的直接接触造成的。在湖的一边发生的爆炸会在湖的另一边引起巨大的波动。连接湖两岸的水传递了力。同样，声音也通过空气这种媒介传播。这些例子表明，空间既不是空虚的也不是真空的，在原因点和结果点之间一定有什么东西连接着两者并产生影响。这适用于保龄球、火箭筒、熏香和工业污染，也是各种电磁波（包括星光、阳光、X射线和宇宙射线）传播的原理。它也存在于磁力和重力。如果在原因点和结果点之间没有一些连续的媒介，事情就不会在一定距离上发生。

以太的英文"Aether"（也写作 ether）来自希腊语"aithēr"（aithein：点燃，火焰）。在中世纪，以太被认为是一种充满天空的特殊物质。在后来的时代，当需要一个词来描述填补行星之间空隙的物质时，它是合乎逻辑的首选词。但以太作为一个术语，就像它的实质一样，难以捉摸。到目前为止，还没有人能够弄清楚它是由什么组成的，也没有人能够以任何有意义的方式测量它。

更重要的是，以太介质的概念已经成为历史上每一个主要电子进步的基础，如本书前面给出的表2所示。

爱因斯坦之前的以太

2000多年来，直到20世纪初，以太的概念一直是科学的基础。古希腊的亚里士多德（Aristotle）和古罗马的卢克莱修（Lucretius）都提到过。中世纪的犹太教、基督教和伊斯兰教学者都对此进行了讨论。牛顿自信地用以太的存在来解释万有引力和光。他坚持认为，没有以太，这些相互作用就不可能起作用。莱布尼茨同意牛顿的说法。19世纪，奥古斯丁·菲涅尔（Augustin Fresnel）和托马斯·杨（Thomas Young）明确指出，光必须被视为波，以太被认为是包括光在内的所有电磁波的传输媒介，此后，以太的存在得到了加强。查尔斯·奥古斯丁·德·库仑（Charles Augustin de Coulomb）、本杰明·富兰克林（Benjamin Franklin）、路易吉·伽伐尼（Luigi Galvani）、亚历桑德罗·伏打（Allesandro Volta）、安德烈·玛丽·安培（Andre Marie Ampere）、乔治·欧姆（George Ohm）、迈克尔·法拉第（Michael Faraday）、开尔文、詹姆斯·克拉克·麦克斯韦（James Clerk Maxwell）、海因里希·赫兹（Heinrich Hertz）、亨德里克·洛伦兹（Hendrik Lorentz）、托马斯·爱迪生和尼古拉·特斯拉的工作都是基于一种他们称之为"以太"的传输媒介的假设。直到1904年，即使是爱因斯坦也相信弹性以太（elastic aether），在弹性以太中，光以不同的速度传播[77]。

仅仅因为上述所有人都使用了相同的术语，我们也不应该认为他们对以太的理解是一致的。在物理学的历史上，很少有一个术语被赋予如此多的不同含义，或者提出如此多的猜测来解释它的结构。在19世纪的某个时候，有14种不同的以太概念同时被使用[78]。尽管存在这些分歧，但所有人都同意以太是一种媒介，一种充满空间或存在于空间中的"东西"，它负责承受或传输电磁、引力和其他相互作用。其实，也不需要有一个通用的媒介。介质对经过恒星（具有数百万摄氏度的热量）附近的光束的影响与在−270 ℃下穿过星际空间时对同一束光的影响是不同的。

科学在以太问题上所犯的错误是过于关注它的结构。科学家们本可以承认他们还没有关于其组成的线索，然后就此打住。更重要的是以太的作用。就我们所知，所有的波（包括电磁波）都需要一种媒介来传播。这似乎适用于所有的能量和粒子：为了让电沿着电线传播，需要电线。闪电要从云层传播到地面，就需要一些类似等离子体的传导介质。为了让爆炸的声音传到人们的耳朵里，需要存在一些媒介来传播声波。这同样适丁无线电波以及太阳和恒星发出的光波。

正如我们所看到的，这个概念必须适用于光，这让爱因斯坦非常头疼。如果以太存在于太空中，那么爱因斯坦关于所有光都以恒定速度传播的理论就会受到质疑。光速的变化会使他的相对论陷入困境。把所有的坏事都归咎于爱因斯坦真是太遗憾了，因为他不是一个坏人。与量子力学形成时期的许多其他主要参与者不同，爱因斯坦反对希特勒，当希特勒被击败后，他也反对其他想要增加核武器

---

〔77〕 Kostro Ludwik，《爱因斯坦与以太》，阿派朗，蒙特利尔，2000年，第6页。

〔78〕 出处同上，p. iii.

的军国主义者。他造成的大多数最严重的影响都是无意的，一直到生命的尽头，他都对其中的许多影响抱有悔意。尽管如此，他必须为随后的科学崩溃承担他应有的责任。就能量发现而言，可以说量子力学最罪恶的行为是废除了以太介质的概念。为了保护自己的理论，爱因斯坦几乎是单枪匹马地从科学中删除了能量通过介质传播的概念[79]。

测量以太

尽管人们对以太感兴趣，但没有人能够测量或感知到实际的以太粒子。本书建议参考埃德蒙·惠特克（Edmund Whittaker）的 1000 页详尽的《以太和电学理论的历史》[80]，以及最近的《以太的概念》[81] 汇编。关于以太构成的理论有多少，认真研究过的人就有多少。粒子是否有质量？所有的粒子都是相同的吗？它们是圆形的还是其他形状的？它们旋转吗？它们有不同的颜色吗？粒子是否在运动？它们有吸引力还是排斥力？它们是成对的还是三个一体？粒子之间有空间吗？或者以太是某种连续的介质？介质是固体还是液体？以太有弹性还是以其他方式传递脉冲？如果它们是由粒子组成的，那么它们是随机地以不同的密度和性质分散在不同的位置，还是存在某种"宇宙蓝图"或模式？

在 20 世纪初，甚至当这种猜想还在进行的时候，每一个主要的科学家都认为，电磁波的存在需要某种媒介来传播。水波是由冲量或粒子引起的，但没有水就没有波。同样地，如果没有介质来传播和产生效果，就不会有热，没有光，没有闪电，没有声音，没有重力。当詹姆斯·克拉克·麦克斯韦证明电、磁和光只是同一现象的不同表现时，他明确表示电磁学依赖于这样一个事实，"有一种无形的媒介弥漫着所有的物体……能由电流和磁铁引起运动，这种运动通过由这些部分的连接所产生的力从介质的一部分传递到另一部分[82]。"

---

[79] 爱因斯坦一直到 1905 年都是以太概念的拥护者。然后，在 11 年的时间里，他迅速否认了它的存在。1916 年，在一些困惑中，他在他的理论中重新引入了一种非以太的以太定义，然后在 1920 年 5 月 5 日，在莱顿大学发表的题为《以太与相对论》的演讲中，他说："根据广义相对论，没有以太的空间是不可想象的；在这样的空间里没有光的传播。"但为时已晚。量子力学提出了新理论，这些理论适用于真空，不受任何介质或以太的阻碍。

[80] 埃德蒙·惠特克，《以太和电学理论史》，哲学图书馆，纽约，1951 年。第一卷经典理论，第二卷现代理论：1900—1912。

[81] G. N. 康托尔和 M. J. S. 霍奇，《以太的概念：1740—1900 以太理论的历史研究》，剑桥大学出版社，1981 年。

[82] 詹姆斯·克拉克·麦克斯韦，电磁场动力学理论，Phil Tran.，1864 年。

到 1905 年，除了光速问题，爱因斯坦还意识到以太的存在还会以其他方式推翻他的相对论。首先，如果光确实是一种通过以太的波，那么如果你在以太中朝着光源运动，你就会看到波以比你沿着波的相同方向运动时更快的速度从你身边经过。这显然是正确的，丹麦天文学家奥勒·罗默（Ole Roemer）早在 1676 年就已经用实验证明了这一点。在研究木星的卫星时，他注意到，当地球向木星移动时，日食发生的时间比预测的要早，而当地球远离木星时，日食发生的时间比预测的要晚，这意味着有什么东西干扰了光速。但是爱因斯坦和他的支持者不同意让这个 225 年前的数据干扰极其简洁的相对论。

詹姆斯·克拉克·麦克斯韦提出了一种探测以太的方法："如果有可能通过观察（光）在地球表面上的一个站点和另一个站点之间传播所花费的时间来确定光的速度，我们就可以通过比较在相反方向上观察到的速度，来确定以太相对于这些地面站点的速度[83]。"

当然，会有人尝试。

迈克尔逊干涉仪

"我相信我真的发现了万有引力和电之间的关系。假设米勒的实验是基于一个基本的错误，否则，整个相对论就会像纸牌屋一样坍塌。"

——阿尔伯特·爱因斯坦在 1921 年 6 月写给罗伯特·密立根的信中担心代顿·米勒证明以太存在的实验结果[84]

这句话值得重复一遍，因为它指的是最著名的测量以太的尝试。1887 年和 1904 年，阿尔伯特·迈克尔逊（Albert Michelson）、爱德华·莫雷（Edward Morley）和代顿·米勒（Dayton Miller）用迈克尔逊制造的一种叫作干涉仪的装置分别观测到了这些现象。

干涉仪是一种利用光的波状特性的研究工具。通过仔细观察两个光源合并在一起时形成的图案，可以确定是否有什么东西干涉了那束光（干涉仪因此得名）。

根据图 80 的设计，该设备将在分光器中间接收并分裂光束，将每一半光束沿着不同的路径发送到镜子 1 和镜子 2。镜子将把两束光反射回它们的光源，并

---

[83] T. 贝瑟尔，《质疑爱因斯坦：相对论是必要的吗？》，山谷湖出版社，科罗拉多州，2009 年。

[84] 罗纳德·W. 克拉克，《爱因斯坦：生平与时代》，世界出版公司，1971 年。

测量经过的时间[85]。不完全是"测量过的"。光速的变化只能通过在设备的检测器屏幕上显示的干涉图样的差异来推断。它们应该是相同的。两个信号源之间的任何变化都表明有什么东西干扰了。在讨论中的迈克尔逊和米勒实验中，那个"东西"被称为以太介质。

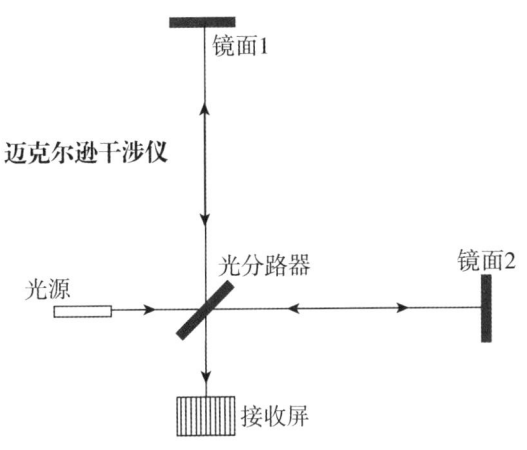

图80　迈克尔逊干涉仪的设计

　　迈克尔逊的理论是，如果他把一束光朝着地球自转的方向发射，另一束光与第一束光成直角，如果存在以太，它会以不同的方式干扰两束光，导致光速的变化。在网络上搜索这种实验，或者在任何物理课本上阅读相关说明，你会发现都没有给出结果，因此也成为历史上最著名的失败实验。但尝试从未停止。迈克尔逊独自进行了第一次实验，但后来他得到了爱德华·莫利和代顿·米勒的帮助。当迈克尔逊和莫雷年事已高，无法继续进行实验时，米勒继续进行了实验。米勒论文中的一项研究显示，干涉仪的结果表明，根据测量时间的不同，两束光的速度在8.0~8.8千米/秒之间有明显的差异[86][87]。这是基于20年来20多万次个人测量得出的结论，而代顿·米勒毕业于普林斯顿大学物理学专业，曾被任命为凯斯西储大学物理系主任，后来又被选为美国物理学会和美国声学学会主席。他也是美国国家科学院成员，并担任美国国家研究委员会物理科学部主席。换句话说，这不是偶然或业余的观察。他在1928年写道：

---

　　〔85〕　这个实验并没有直接测量两束光之间的时间差（比如用时钟）。相反，他们比较了在接收板上制作的干扰图案，任何不同都意味着以太导致了光速的减慢。

　　〔86〕　D.C. 米勒，以太漂移实验和地球绝对运动的确定，现代物理学评论，卷5，1933年7月。（可在 www. energymiracles. net 下载）

　　〔87〕　D.C. 米勒，以太漂移实验和地球绝对运动的确定，《自然》，1934年2月3日。（可在 www. energymiracles. net 下载）

"（以太漂移的）影响一直存在。在考虑了所有可能的误差来源后，总有一个积极的影响。"

爱因斯坦尽了最大的努力来质疑这些实验。1904 年后，代顿·米勒继续改进他的测试技术，并对以太进行了数十万次实验。到 20 世纪 20 年代，他已经研制出世界上最灵敏、最精确的干涉仪。1925 年，当他再次进行测试时，他记录到光速的差异高达每秒 10 千米。这是由于以太导致的光速变化的积极迹象，更是爱因斯坦相对论的核心，但爱因斯坦不想知道任何关于它的事情。1925 年，爱因斯坦在给米歇尔·贝索（Michele Besso）的一封信中表明了他对可能颠覆他的相对论的数据的态度："我从来没有把他们（米勒的实验）当回事[88]。"为什么他会如此傲慢地拒绝一个与他的理论核心如此重要的实验结果，他在另一封信中明确表示（这封信是 1925 年 7 月 8 日写给埃德温·E. 斯洛松的）："我对米勒实验的看法如下……如果结果被证实是正确的，那么狭义相对论和与之相关的广义相对论，在其目前的形势下是无效的。"

代顿·米勒因为提出光速的变化而被人嘲笑，工作也受到影响。但他随后在另外四个系列的实验中获得了显著的积极结果。从 20 世纪最后 25 年至 21 世纪初，Galaev、Munera 和其他人使用射频、光束干涉测量和其他新方法进行的以太漂移实验，似乎为空间中以太介质的存在提供了额外的证据[89]。

干涉仪的结果在任何情况下都不是无效的，但是当差异的幅度小于最初的预测时，它们就被忽略了。米勒解释说，幅度的减小是由于地球附近的以太与自由空间的以太性质不同。尽管取得了积极的结果，但这些实验被认为是反对当时盛行的以太理论的第一个有力证据，并导致了以太理论被放弃。与此同时，据说这给爱因斯坦的相对论提供了证据。这些实验和对实验结果的解释可以归因于始于 11 世纪的科学革命的结束。它打开了量子力学的大门。

现代 GPS 技术探测以太

这些早期干涉仪测试的目的是通过记录两束光的光速差异来探测以太。在 1900 年，光的速度实际上不能用计时器直接测量，因为当时的设备不够精确。一百年后，以全球定位系统同步原子钟形式出现的现代技术可以用来直接测量绕

---

〔88〕 斯佩齐亚利，P.，阿尔伯特·爱因斯坦-米歇尔·贝索，1903—1955 年，巴黎，主达。

〔89〕 狄米欧，J.，宇宙以太存在吗？来自代顿·米勒和其他人的证据。科学探索学报，第 28 卷，第 4 期，第 647‑682 页，2014 年。

地球飞行的光束的速度。

GPS 的目的是为地面上的用户站（以及使用智能手机的用户）提供准确的位置（和时间）。最重要的工作由组成该网络的 24 颗 GPS 卫星完成。每颗 GPS 卫星上都有一个原子钟并相互同步，但这并不是一种适用于所有同步的方法。根据爱因斯坦的说法，在真空或自由空间中，卫星之间的无线电信号应该相对没有干扰。但在 GPS 网络中，情况远非如此。GPS 软件（和工程师）花了大部分时间来调整卫星之间信号的传播时间，以补正根据爱因斯坦的相对论不应该存在的因素。

首先，卫星间的 GPS 信号（因此也就是光）在朝西的方向上比在朝东的方向上传播得快。这被称为萨格纳克效应（Sagnac Effect），是一个与地球绕地轴旋转有关的函数。GPS 网络依靠软件持续监测速度和时间的变化，并补正由此产生的误差。根据爱因斯坦的相对论，地球的自转不应该影响光速[90]，而产生异常现象最明显的原因是某种介质（以太）干扰了光。这些测量到的光速变化证实了麦克斯韦的以太介质的存在。

另一个因素是重力。GPS 卫星上的微小原子钟离巨大的地球越近，走时就越慢。大质量对小质量的影响（牛顿定律）是明确的，对任何 GPS 系统都非常明显，需要不断得到补正。最后，如图 79 所示，电离层和对流层都产生了可测量的光速变化，这必须由 GPS 软件持续补正。

为什么这些很重要？因为当你再看一遍爱因斯坦在本节开头的引言时[91]，任何被证明的光速变化都反驳了他的相对论，并把"以太"的概念重新摆上台面。从上面你可以看到有许多可见的、可重复的光速变化的例子。尽管理论学家会用新的奇异理论来证明它们的存在，但这并不能改变光可以而且确实会改变速度的事实。因此，那些追求能源奇迹的人不应该羞于将以太媒介的概念纳入他们的努力中。

---

[90] 爱因斯坦在关于这个问题的原始论文中的原话是："无论光源或观察者的运动如何，真空中的光速对所有观察者来说都是一样的。"当这一规律的太多例外被发现时，量子力学发明了其他理论来调和这些差异，如"同时性相对论"和"时间膨胀"。

[91] "我相信我真的发现了万有引力和电之间的关系。假设米勒的实验是基于一个基本的错误，否则，整个相对论就会像纸牌屋一样坍塌。"阿尔伯特·爱因斯坦在 1921 年 6 月写给罗伯特·密立根的信中担心代顿·米勒证明以太存在的实验结果。

双缝实验：光是粒子还是波？

"我只拿这个实验来说，它被设计成包含了量子力学的所有奥秘，让你们百分之百地面对自然界的悖论、神秘和奇特。事实证明，量子力学中的任何其他情况，都可以用'有两个洞'的实验解释。"

——理查德·费曼，诺贝尔奖得主

如果说干涉仪实验把量子推向了悬崖边缘，那么双缝实验就是把它推向了虚空。

费曼教授在上面的引用中提到，量子力学无法解释光显然是由粒子组成的，但却表现出波的性质。直到 1900 年，牛顿定律被认为是所有物理学的基础。他的理论涉及空间和时间、力和质量的概念，以及因果之间直接联系的基本假设。牛顿认为，光是从太阳等光源发出的粒子流，但它也体现了波动过程。1801 年，英国物理学家托马斯·杨向伦敦皇家学会（Royal Society）的成员公布了一项实验，证实了牛顿的观点。这个简单的操作，被称为双缝实验（Double-Slit Experiment），证明了光的波动性质。在 20 世纪初，这个实验在某些科学家中引起了极大的恐慌，他们无法理解如何接受光可以同时是粒子和波的想法。

图 81 是物理教科书中出现的实验图：

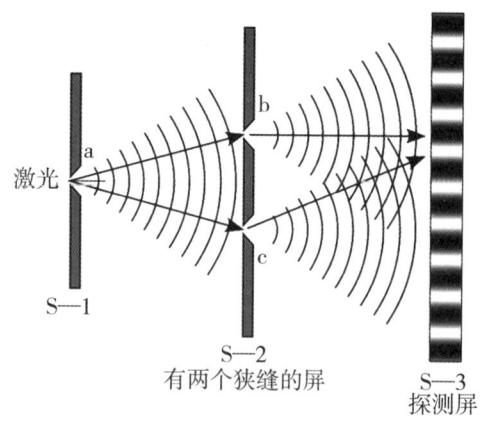

激光

a

b

c

S—1

S—2
有两个狭缝的屏

S—3
探测屏

图 81　杨的双缝实验

当这个实验以其现代形式进行时，激光（a）将单个光粒子射向在另一个不透光屏障（S-2）上切开的两个狭缝或开口（b 和 c）。在屏障的另一边是一个探测器屏幕（S-3），记录粒子的到达。在图 81 中，探测器屏幕上的波浪形"干涉"图案表明射出的粒子正在产生波。

在 20 世纪初，爱因斯坦和其他量子力学家认为，光是由微小的、不可分割的能量单位或量子组成的，他们称之为光子，杨的双缝实验给他们带来了一个问题：光怎么可能既是粒子又是波？

没过多久，他们就想出了下面这个极富想象力的理论来解释：当在任何时候只有一个光子通过仪器时，这个光子必须同时穿过两个狭缝，并且与自身发生干扰。然后，量子力学用他们最擅长的方法，用数学来证明他们富有想象力的理论。因此，他们现在可以说，光既不是粒子也不是波，而是两者兼而有之的"某种东西"。

问题是，量子力学孜孜不倦地思考的所有这些问题，都有一个更简单、更合乎逻辑、更具经验性和适用性的解决方案。

双缝干涉的解释

当发射的光粒子通过这两个狭缝时，在探测器板上会得到一个波形。虽然这让量子力学感到困惑，但不足以令人不知所措。当你把任何一种正常的波通过这两个狭缝时（比如水的涟漪），你会在探测器屏幕上得到相同的波形（可以在浴缸里用真正的水波做这个实验）。那么，是什么让光如此不同呢？爱因斯坦让它与众不同。他拒绝承认以太媒介的存在，这使他与众不同。但这真的有那么不同吗？激光干涉仪引力波天文台（LIGO）项目（由加州理工学院和麻省理工学院运营）的科学家比地球上任何人都更有观察光的表现的经验，他们毫不留情地表示："光波的行为恰好和水波一样[92]。"

以下是对这个实验的一些评论，应该会让人更容易理解：

所有的波都需要一个介质来传播，所以如果假设存在某种介质渗透到 S-1 和 S-2 之间以及 S-2 和 S-3 之间的空间，在图 81 中，探测屏上的波形不仅是可预测的，而且是不可避免的。

2010 年，普林斯顿大学的罗伯特·奥斯汀（Robert Austin）和莱曼·佩奇（Lyman Page）进行了一项双缝实验（图 82），证实了这一点。他们使用了一种光源和一台能够探测单个光子的照相机。杨的实验中的狭缝被一组厚厚的滤光片所取代，这组滤光片能够限制光子流入屏幕。更重要的是，他们给照片计时的方

---

〔92〕 FIGO，什么是干涉仪，https：//www. ligo. caltech. edu/page/what-is-interferometer. html。

式不同。

由CCD相机探测的单光子

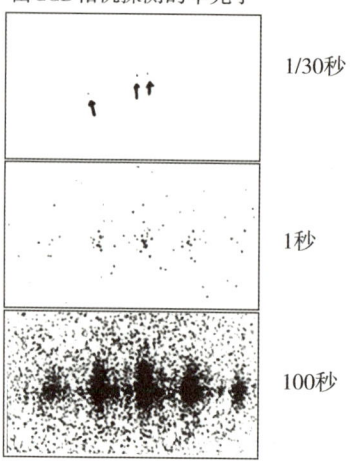

图82　莱曼·佩奇的普林斯顿实验

1/30 秒后，你可以看到三个不同的粒子到达目的地。1 秒后，你可以看到更多的粒子到达，并且已经有迹可循。100 秒后波形完全显现出来。然而，更重要的推论是将图 82 底部屏幕中显示的模式与图 83 中显示的模式进行比较。

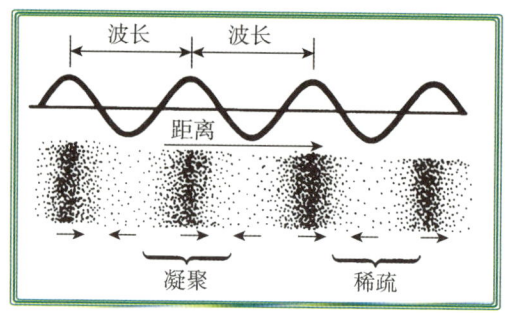

图83　凝聚波（Condensation wave）/稀疏波（Rarefaction wave）

这里看到的是一个经典的凝聚-稀疏波，仍然在其他科学领域使用，但自从量子力学陡然给它贴上禁忌的标签以来，能量研究人员就拒绝了它。

合成还是不合成？波/粒子问题

套用理查德·费曼的话来说，在考虑这个问题时，科学家们站到了两个阵营。几乎每一项伟大的科学成就都发生在这样的时候，就是科学家发现以前被认为完全不同的两种现象，实际上是同一事物的不同方面。在伽利略、牛顿和詹姆斯·克拉克·麦克斯韦等真正伟大的科学家的成果中，可以看到这种进步（它们被称为合成，syntheses）。量子力学的大部分人都满足于坚守自己的粒子观点。围绕"光是波还是粒子"这个问题的整个争论都是在转移注意力，是错误的目标。看看安塞尔·亚当斯（Ansel Adams）拍摄的这张照片（图84）。

图84　摄影：安塞尔·亚当斯

这是一张带有白色高光的黑色照片吗？还是一张带有黑色阴影的白色照片？

就像黑白都是照片的内在特质一样，光也同时体现了粒子和波。从上面的照片中去掉白色或黑色，你就什么都没有了。

在图85中，我们可以看到波粒二象性的一个例子。照片左边的粒子是一艘从右向左移动的"船"，在相当平静的水面上产生波浪。当一个粒子在介质中运动并引起扰动时，问"它是波还是粒子"，是毫无意义的。

图85　一艘激起波浪的船

两位最著名的量子力学家（爱因斯坦和薛定谔）花了大半辈子的时间提出这样一个观点：为了使量子力学理论"完整"，它必须发展到能包括光的这两个方面，而不是否定它们。在此之前，量子力学无法体现出更大价值。

海森堡的测不准原理及其对立面

"我们永远不会知道任何事情。"

——维尔纳·海森堡（Werner Heisenberg）《物理与哲学》

这句话概括了海森堡最伟大的科学贡献。

1927 年，通过采用海森堡测不准原理，量子力学清楚地表明（至少就他们而言），不可预测和不确定性是物理世界的基本特征，因果关系是不可能的，物理预测只能用数学概率来进行。在科学文献中，这被简化为"定律"，即物体的位置和动量不可能同时被精确地知道（图 86）。

图 86　不确定性
（图片由 S. Geng 提供）

大多数事情都有不确定的因素，承认这一点是诚实的。但这不是把不确定性放在神坛上的可信理由。在从纽约飞往伦敦的航班上，你会把自己的安全托付给一个幸灾乐祸地说自己对飞机的控制和软件有多么不确定的机长吗？承包一座桥梁建设工程，你会选择简历上写着对结构材料的强度和最佳施工实践不确定的人作为总负责人吗？这种不确定性不是科学，而是巫术。许多物理学家会告诉你，除了在微观层面上的一些事情之外，测不准原理几乎没有什么用处。为了更好地理解不确定性原理，考虑它的对立面是有启发性的。问一个量子力学家，不确定性的反方是什么，他会给你这样的答案：

$$\Delta x \Delta p \geqslant \frac{1}{\frac{h}{4\pi}}$$

实际上，尽管他可能会给你这个答案，但这个答案完全是无稽之谈。

不确定性的反义词是知识

这不是空洞的哲学上的愚蠢。知识不仅仅是对公式和事实的死记硬背；知识是通过观察、研究和经验获得的确定性，它使人类能够控制某种事物。当一个汽车维修工人在工作中遇到麻烦，需要向别人征求意见时，他会选择谁？一个免费提供建议但从未修过车的人，或者一个从事汽车维修业务 40 年，仅仅从描述中就能立即诊断出问题，并提供他此前遇到相似问题时成功使用过多次补救方法的人？

智者拥有知识——确定性——他能够利用这些知识来控制事物。

海森堡的测不准原理，在过去的 100 年里流传下来是完全相反的。它可能不会说"一切都是不确定的"，但它营造了一种氛围，让人们相信不确定就是知识，而事实恰恰相反。为了成功地追求能源奇迹，一个人需要增加他的知识和对这本书中概述的能源基本原理的确信。

维尔纳·海森堡

"我们对一件事知道得越少，它就越复杂；我们对它了解得越多，它就变得越容易。这是关于所有复杂性的简单真理。"

——埃贡·弗里德尔（Egon Friedell）[93]

20 世纪 20 年代初，量子物理学遇到了根本性的困难。人们设计了许多量子模型来解释和预测元素周期表中元素的原子和分子。到 1923 年，量子力学精英们意识到所有这些模型都是失败的，甚至无法解释一些最简单的原子和分子，他们变得越来越疯狂。在那个年代的后半段，尼尔斯·玻尔和一群年轻的德国人决定，必须抛弃整个经典物理学，以及大多数原始的量子力学理论，以支持一个全新的物理学概念体系，这个体系将从头开始重建。他们把这种新理论称为量子力学，它最初的目的是准确地理解和描述原子的结构。从那个不起眼的开始，他们很快在逻辑上取得了非凡的飞跃，因为所有的物质和能量都是由原子组成的，这门新科学必然会定义所有能量和物质的结构和行为，无论大小。

---

〔93〕《现代文化史》，克诺夫出版社，纽约。

德国理论物理学家维尔纳·卡尔·海森堡是该小组的主要先驱之一。他在1925年至1927年间完成了他最重要的成果，量子力学的公式很大程度上归功于他。他的理论中被引用最多的是海森堡测不准原理，这是量子力学的核心。它宣布经典物理学的基本概念，如"粒子"和"波"是不适用的。它还在更广泛的层面上产生了深远的影响，从根本上推翻了长期以来关于因果关系的基本科学理论。

1933年，阿道夫·希特勒成为德国总理。他不是一个未知数。他曾因煽动叛乱罪入狱服刑，并在他的演讲和广为发行的《我的奋斗》（*Mein Kampf*）一书中表达了他疯狂、歇斯底里的目标。到1933年，为实现希特勒的目标而创建的纳粹准军事组织（党卫军）已经建立起来，在上台几个月后，希特勒就忙于重新武装德国军队，准备对欧洲其他地区发动战争。集中营正在筹划之中，雅利安科学（Aryan Science）正在兴起，纳粹学生正在控制大学，确保非雅利安人和政治上不可接受的教员被清除。

1933年还发生了另外两件事。第一个是德国顶级物理学家爱因斯坦与绝大多数德国科学家一起离开了德国，不愿对希特勒的纳粹政权给予任何支持。临走前，爱因斯坦说："只要我有选择的余地，我只会留在一个政治自由、宽容、法律面前人人平等的国家……目前在德国还不具备这些条件。"

第二件事，32岁的维尔纳·海森堡刚刚获得诺贝尔物理学奖，他选择留在希特勒统治下的德国，在第二次世界大战期间担任纳粹原子弹项目的主任，期待着德国的军事胜利。但接下来的例子中提到的另一位重要的思想家，他在当时对纳粹的态度有点不同。

当时住在离海森堡只有几百千米的地方的是埃贡·弗里德尔，他是一位杰出的奥地利历史学家，他的哲学、科学和生活都与海森堡截然不同，可以从本节开头的引言中看出。弗里德尔从犹太人变成了路德教徒，他公开称纳粹属于"反基督的王国，每一丝高贵、虔诚、教育、理性都被这群卑鄙的奴才以最可恨、最卑鄙的方式迫害着"。纳粹随后查禁了他的书。

弗里德尔知道他有被逮捕和流放到维也纳郊外新建的集中营的危险。但他选择忠于自己的现实，继续公开反对德意志第三帝国。

1938年3月16日，大约晚上10点，两名纳粹冲锋队员（SS）来到弗里德尔的住所想要逮捕他。当他们和他的管家争论时，不愿以任何方式与纳粹合作的弗里德尔，在警告一些路人为了自身安全让开后，嘴唇上挂着坚定的微笑，跳下窗户自杀了。

至于海森堡，虽然他从未正式加入纳粹党，但在五年半的时间里，他一直坚定地支持纳粹政权。他在所有公开演讲前都行希特勒礼，在所有官方信件上署名"希特勒万岁"，参加亲纳粹的游行、郊游和洗脑营，并与狂热的纳粹政府官员交往。更不祥的是，他还领导了一项德国核装置的研究，该装置可以为他的祖国赢得战争。与此同时，他还履行了纳粹亲善大使的职责，周游欧洲被征服的国家，颂扬德国的文化、科学和道德。

其中一次旅行值得一提。他在 1941 年与他的导师，丹麦人尼尔斯·玻尔的会面，引发了许多关于维尔纳·海森堡的真实本性和动机的猜测。当时正值第二次世界大战中期，由于战争，这两个人已经有好几年没有联系了。就在德国占领丹麦几个月后，海森堡来到哥本哈根，坚持要和玻尔单独会面。尽管他们已经是 20 年的朋友和合作者，但这次会面却是一场灾难，标志着他们友谊的结束。

迈克尔·弗莱恩（Michael Frayn）在他的量子戏剧《哥本哈根》中纪念了这次会面。这出戏隐喻地把海森堡送上了法庭，并提出了这样一个问题：他为什么要来哥本哈根与玻尔会面？在调查过程中，他的真实动机被提出了不同的理由，随着剧本的发展，剧作家试图让观众越来越难以确定真相。

海森堡去哥本哈根有几个可能的原因：

（1）正如海森堡想让我们相信的那样，他去那里是因为他是第三帝国的一名诚实而有道德的成员，他知道德国将赢得战争，他去那里是为了颂扬和保护德国古老的美德、文化和科学。

（2）他去是因为他想念他的老朋友玻尔的陪伴，以及他最喜欢的丹麦三明治和焦糖土豆沙拉。

（3）他去是为了招募玻尔帮助他说服美国和英国的物理学家推迟生产原子弹，以确保德国在没有赢得战争的情况下不会被核弹摧毁。

这出戏的问题（就像大多数关于会议本身的讨论一样），是它融入了太多的观点。当然，要弄清真相是完全有可能的，但前提是要看得更仔细。首先，这一切可能都在海森堡的数万页私人信件和文件中，但海森堡的家人拒绝向学者们公布，尽管他已经去世近 50 年了。如果这些文件能证明他是清白的，或许早就被公布了。持续的困惑并没有给海森堡优雅的声誉带来很好的启示。更重要的是，他为什么去哥本哈根的问题回避了一个更大的问题：为什么他为希特勒的德国工作了五年半，积极领导纳粹的原子弹项目？如果他不像后来宣称的那样是纳粹的同情者，他要么就是试图自救的胆小鬼，要么就是遵循自己的不确定性原则，毫不在意。两者都不太令人放心。

量子力学已经尽其所能最小化上述事实的重要性，声称海森堡实际上反对纳粹主义，并尽其所能推迟德国的核计划，但绝对没有任何文件证明这些理由。而一个刚刚获得诺贝尔奖的人，并且是留在德国的最著名的物理学家，如此盲目地将自己与阿道夫·希特勒的野蛮政治联系在一起，会产生什么影响？如果海森堡有勇气或道德，他会拒绝合作，或者干脆移民。那么，历史或许会有很大不同。但海森堡是那些没有看到因果关系的人之一，这就是拥抱其哲学或科学的巨大危险（图87）。

图87 至少在某些时候，这些人中有一个或多个可能是维尔纳·海森堡。或者，也许不是

海森堡的颂歌

只有海森堡是不受限制的，

太疯狂了，经典的逻辑链无法约束。

现在，他用狂躁的目光，凝视着纯净的太空，

现在，绕着圆圈跑，发现它是方形的。

——归因是不确定的

不确定性：可预测的和不可预测的

如前所述，量子物理学始于对湍流和混沌液体流动中的粒子的思考。这里有一些确定性，例如，一个粒子对液体中增加的热量如何反应，但也有不确定性，

即粒子可能以何种方式跳跃，或者它将跳跃多远。海岸上的浪花也是如此。随便问一个冲浪者，他都会告诉你很多关于破浪的肯定的事情，包括海浪几乎总是朝岸边冲去，但也有不确定因素，比如鲨鱼袭击。天气也是如此——任何一天的天气都有很多确定的因素，也有很多不确定的因素。过去，科学家错误地认为他们无所不知。但当前的这批人却错在了相反的方向，他们认为自己一无所知，一切都处于混乱之中。

在能预测和不能预测之间总能找到一个平衡。科学家和实验室里的小白鼠的区别在于，人类有能力面对和处理不可预测的事情。一个有用的科学概念是衡量随机性的程度：可预测因素与不可预测因素之比。一个第一次上学的小孩子可能会被所有陌生的人和活动以及缺乏父母陪同的不可预测性所淹没。另一个在同一所学校上学的小孩，对这一切泰然处之，和新朋友玩得很开心。量子力学是由第一种类型的一群人（图 88）构想出来的——他们看到了太多的随机性，读者可自行想象其余的内容……

图 88　面对困惑的量子力学

其中也有阴暗的一面。一个人把精力投入到某件事上，那么这个人很有可能会实现自己的愿望。外交就是一个例子。只要领导人在外交上投入时间、金钱、精力和沟通，就会建立起外交型关系。至少人们会选择交谈，而不是互相扔炸弹。当开始解雇外交官，增加军事开支并开始威胁要按下核按钮时，那么就离发动战争不远了。

有了不确定性，就会出现混乱。毫无疑问，进步是可以取得的，因为科学可以提供这种进步。但近 100 年来，学生们一直被教导，你所看到的并不是你真正看到的，你与某物交流得越多，你对它的了解就越少，确定性几乎是不可能的。欢迎来到 21 世纪。

测量与不确定性

"一次精确的测量抵得上一千个专家的意见。"

——阿尔伯特·爱因斯坦

"测量就是了解。"

——威廉·汤姆森（开尔文勋爵）

测量是一种精细的观察系统，其目的是帮助识别事物或将一个物体或事件与其他物体或事件进行比较。

如果需要得到比依靠人类器官看、听、闻或触更精确的结果，我们就会求助于测量。这可能意味着拿出卷尺或查看手表，或者出于科学目的，使用更复杂的专业设备。测量系统成为商业和科学的基石至少有 6000 年的历史：谁比谁跑得快；那一车的蔬菜比这一车的重；到达目的地需要 5 天时间；英国的晶体管比法国的反应快。这些就是测量。

从圣经中描述的古埃及的测量系统以来，越来越多的测量系统发展了起来。公制（metric system）于 1799 年由法国首次采用，除了少数国家（其中包括美国和中国）仍在使用其他单位，公制的使用非常广泛。测量是量子力学最危险的歪曲之一。他们称其为"测量问题"，并解释说，在现实世界中进行精确的测量可能很好，但在量子世界中，观察或测量的行为本身就不可逆转地干扰了结果，因此测量是不可能的。这是为了说服我们，我们能从科学中得到的最好的希望是"只能从量子理论数学中获得的概率预测"。当你听到这句话时，要意识到不管解释得有多巧妙，但却是欺骗。

1927 年 2 月，海森堡把注意力转向了不确定性。他一直在思考光粒子（光子）和围绕原子核运行的电子的基本量子特性。如何测量它们呢？有一天，他设想用伽马射线显微镜来研究电子的运动，但他突然想到，用伽马射线照射电子来测量电子的性质，会干扰电子在轨道上的运动。在这一点上，他是正确的。但从这里他得出了一个惊人的结论：观察任何粒子的行为都会改变它的行为，从而使观察的客观性无效。然后，他炮制了一个数学公式，"证明"仅仅观察一个粒子就不能同时测量它的位置和速度。

他本应该在实验研究上多花点心思。首先，1927 年还没有"伽马射线显微镜"这种东西。事实上，在我写这篇文章的今天，仍然没有这样的显微镜。他还不如说："我们最好停止对心脏病的研究，因为向一个人的心脏开枪会干扰心脏的行为，使观察的客观性失效。"我们当然不会用子弹检查心脏。测量的挑战在于设计不破坏被测物品的观察方法，并将给出可重复的结果。无论大小，所有的测量都是如此。海森堡只是无法应对这一挑战。

用手电筒、简单的放大镜和精密的卡尺来测定一只死蜘蛛腿的宽度，不太可能使测量结果出现明显的错误。

相比之下，今天量子力学用它来可视化一个毫无防御能力的费密子（fermion）[94] 的实际过程。他们首先降低它的温度，从而降低它的运动，低到足以拍摄它。仅仅比绝对零度（−273 ℃）高万分之几度是不够的，所以研究人员必须进一步冷却费密子。他们通过制造一个光学晶格，利用激光束形成光"井"的排列，这些光"井"可以磁性地捕获并固定一个费密子。一旦"捕获"费密子，研究人员就会让费密子经历激光降温和用于包裹费密子的钾气体蒸发冷却的几个阶段，以将温度降低到刚好高于绝对零度。这足以将单个费密子固定在光学晶格中。理论认为，在这一点上，费密子被置于如此低的能量状态，以至于它们被迫释放光子，这些光子可以被显微镜捕捉到，并用于确定费密子在晶格中的确切位置。

你拿一个费密子冷冻它，用激光反复射击它，用有毒气体包围它，然后把它困在一个磁光阱里。这种待遇应该违反《联合国禁止酷刑公约》。这些研究人员真的认为这些过程对他们称之为费密子的东西没有任何影响吗？无论他们认为他们在这个过程结束时测量的是什么，都与他们开始之前的情况毫无关系。今天，研究人员正在以维尔纳·海森堡的名义进行这项研究。你能想象还有什么比这更讽刺的吗？

面对如何观察和测量光子的问题，海森堡有几个选择：

（1）使用一个程序来观察光子，这将破坏或严重改变它。

（2）发明一种既不破坏光子又不使其发生太大变化的方法来观察和测量光子。

（3）认输，放弃测量。

在 20 世纪早期，在不破坏光子的情况下探测光子是不可能的，但海森堡没有更努力地研究更好的观察或测量方法，而是炮制了一个理论，认为这是不可能做到的。当然，近年来他的观点被证明是错误的，因为物理学家现在能够在不破坏光子的情况下探测到单个光子。因为他不擅长进行真正的实验室实验，所以海森堡无法想象上面的第二条，尽管这是唯一真正的解决方案。相反，他用第一条

[94] 费密子是量子力学发明的一种粒子，他们将其定义为"非常小且具有奇数半整数自旋"。

139

来证明第三条的合理性。糟糕的选择。如果你认为上述可能不是什么大事，我们将通过比较经典力学和量子力学对如何观察和测量一个简单事件的描述来进一步阐明这一点：一个叫西尔维的女孩被派去河边取水（图89）。

图 89　给我拿点水来，西尔维

下面是对该事件的经典描述：

妈妈叫西尔维去打水。西尔维拿起水桶，走到河边，装满了水，回到家，把装满水的水桶递给妈妈，妈妈看了看手表，发现已经过去了 3 小时。

下面是对同一事件的一个非常简短的描述，使用基于海森堡不确定性原理的量子测量。量子版本从一个不可能的要求开始：考虑"每一个可能的场景"。

妈妈叫西尔维去打水。同时，西尔维没有母亲。西尔维用左手拿起一个蓝色的水桶。她也用右手拿起它，桶有时是红色的，有时是绿色的。到河边的路上她被狼吃掉了，用时 5 分钟或 3 小时，被坏人抓走了 3 小时或 3 天，她走累了，坐在路边休息了 1 小时或 1 天，中途去和男友幽会，到朋友家串门并做了饭，迷路了 2 小时或 2 天，到达河边用时 1 小时或 3 小时或 8 小时或到第 2 天早上或者下周的某个时候。根据量子测量，所有这些事件是同时发生的。当她来到河边时，她装了半桶水，剩下的用泥土代替。我们看到她左手拿着水桶。但桶也在她的右手上。同样地，返程的经历充满了复杂性和戏剧性。根据量子力学，所有这些事情都是同时发生的，而且是建立在没有人试图观察或测量这一行动的假设之上的，因为任何这样的尝试都会不可挽回地破坏这一事件。因此，当她回到家，她妈妈看到她时，前面描述的可能性就像"纸牌屋"一样瞬间崩塌[95]。西尔维突

---

〔95〕 量子力学将其描述为"波形塌缩"（waveform collapsing）。

然带着满满一桶水回到家，她把水给了妈妈，妈妈看了看表，发现已经过去了 3 小时。（令人惊讶的是，没有狼咬的痕迹。）

当然，我们不希望我们的西尔维在去河边的路上遇到麻烦，如果她遇到了麻烦，我们最好弄清楚发生了什么，确保她能安全回家，打水的任务可以让其他人去完成。但上面的观点是，量子方法无法提供任何帮助，由于其固有的复杂性，无法解决实际情况下的混乱。这在宏观和微观尺度上都成立。

回到测量上来，量子力学坚持认为，在量子水平上所要求的测量的精确性使其在性质上完全不同于在宏观世界中所做的测量，并且量子是这个问题的唯一解决方案。真的是这样的吗？

精确到什么程度？仪器测量结果的不确定度和测量中环境条件的变化一直受到人们的重视。有一整个行业都致力于校准（calibration）。许多国际标准面临的挑战是找到一种方法，在不太影响某件事的情况下测量某件事的程度，并以可重复的方式进行测量，以便结果可以重复和验证。这适用于从测量到月球的距离再到电子之间的距离。

这是有规律的。人们用完成特定目的所必须的精度进行测量。如果不能直接测量，就设计一个变通方法。如果一些人想不出解决办法，就把它交给更好的科学家。

我们已经为下一节做了准备，这一节将讨论最著名的量子谜题之一，薛定谔的猫，由埃尔温·薛定谔（Erwin Schrödinger）设计，目的是揭露量子测量的愚蠢。

薛定谔与不确定的猫

我认识一位吞了一只猫的老太太。

想象一下，她把猫吞了下去。

我不知道为什么……

我想她会死的。

——罗斯·邦内（Rose Bonne）

物理学家薛定谔在 1935 年提出了他的猫悖论（图 90）。它可能是历史上被吞得最多的猫，也是最难以消化的猫。起初，它并不是一个灾难，因为当薛定谔构思它时，只是为了说明海森堡不确定性理论中不符合的逻辑。（他称海森堡为不确定性原理的数学辩护"使人反感"。）

这个悖论是这样的：一只猫和一瓶毒药以及一种衰变中的放射性物质一起被放进一个密封的盒子里，在某个时候，它会激活一个盖革计数器（Geiger counter），这个计数器连接着一个触发装置，可以打开毒药的瓶子并杀死猫。

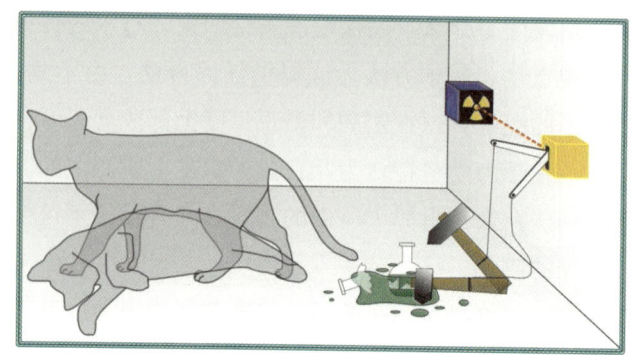

图 90　薛定谔设计了著名的猫悖论来揭露量子力学的愚蠢

对于外面的人来说，想知道的是："这只猫死了吗？还活着吗？"根据海森堡的不确定性原理，如果你把猫放进盒子里，而没有办法知道毒药是否被触发了，你必须把猫当作它在同时做所有可能的事情，也就是说，它既是死的，也是活的。如果你试图预测猫的状态，你有 50% 的机会是错误的。但如果你假设它是所有可能状态的组合，那么你总是对的。所以，这只猫既是死的又是活的。至少海森堡先生和量子力学是这样说的。

薛定谔拒绝了这种解释，并想出了上述"思想实验"[96] 来揭露其愚蠢。可最奇怪的部分是，当海森堡听说这件事时，他认为这是说明他的不确定性原理的完美方式，它足够复杂，足以吸引人们体会其中的神秘之处。从那以后，很多人都"吞"下了这只世故的猫。

值得赞扬的是，薛定谔的贡献确实突出了量子力学的一个基本弱点。

海森堡接受这样一个前提："在打开盒子之前，观察者不知道猫是死是活"，但这远远不是一个站得住脚的假设。他可以敲一下盒子的门，看看是否有回应。他能听到盒子里的任何动静。他可以在盒子里安装一个安全摄像头，或者直接打电话给猫的手机，问它感觉如何。有多少次，一对同卵双胞胎，一对夫妻，一对好朋友，尽管相隔数百或数千千米，却突然意识到他们所爱的人的死亡或情感创伤？海森堡如果还年轻，他或许不需要任何理由，也能突然意识到猫的状态变化。当然，我们不会期望海森堡有这样的匹配度。

---

〔96〕　参见本书中的"观察者"和"思想实验"部分。

猫悖论表明，海森堡没有在这上面下功夫，也没有设计新的方法来观察猫，而是假设"没有办法观察猫"。

不确定性的概念一点也不新鲜。爱尔兰哲学家乔治·伯克利（George Berkeley）在海森堡之前 200 年就提出了他自己版本的不确定性原理：如果森林里有一棵树倒下，没有任何人在那里听到响声，这棵树在倒下时会发出声音吗？

顺便说一下，如果你真的想知道树是否发出声音，解决办法是派人到森林里去观察和倾听。

猫的澄清

（在薛定谔的私人文件中发现的一张纸条）

喵。我是薛定谔的猫——经常因为量子物理学的迅速传播而受到指责，因为我本来应该被关在一个盒子里，既死又活。是的，同时！这太糟糕了！我承认我在箱子里，在 1930 年，可能有点难以分辨盒子里发生了什么。但生死同步？别烦我了！我的主人薛定谔称这是一个"荒谬的案件"，也正是用这个故事来证明量子力学的荒谬。但有两三个（不是最聪明的）家伙认为这证明我确实是死的也是活的。他们还声称，我证明了别人永远不可能确定地知道任何事情。但在我看来，他们真正证明的是他们的懒惰。他们有 100 种方法可以确定盒子里发生了什么：可以测量箱子所在房间的温度，如果我死了，温度就会下降。可以量一下我在里面的箱子的重量。（他们可能甚至不知道，在猫死的那一刻，它会立即减掉 56.7 克的体重。）可以测量盒子内壁的声波。如果我停止呼吸，那些波就会改变。

100 年后，他们无疑会发明出能够即时准确地探测到盒子里有活猫的红外摄像机。

更重要的是，他们可以直接问我。难道没人听说过动物权利吗？他们可以来敲门，我可以发出声音。

我不喜欢把我的名字和那些准科学的妄想联系在一起，我当然也不希望未来的人或猫认为我和这件事有任何关系。

这就是我留下这张纸条的原因。

亲笔签名：

薛定谔的猫

粒子物理学的标准模型

"原子或基本粒子本身并不真实，它们形成了一个充满潜力或可能性的世界，而不是一个由事物或事实组成的世界。"

——维尔纳·海森堡

好的物理学总是简单的。伟大的发现总是与简化有关。例如牛顿的万有引力定律。当科学认为所有的行星都围绕地球旋转时，需要无数的"自然常数"（natural constants）来保持正确性。每颗行星的运动都需要其中的两个"常数"，一个叫它的"差"（deferent），另一个叫它的"本轮"（epicycle）。这些都只是蒙混过关的因素[97]，当牛顿定律出来后，这些全部被立即消除。麦克斯韦电动力学将电常数和磁常数统一为一个公式，将需要担心的因素减半。

这是尼尔斯·玻尔最初的氢原子模型（图91）。它并不完美，也不是在所有情况下都可行，但非常有用，非常简单。

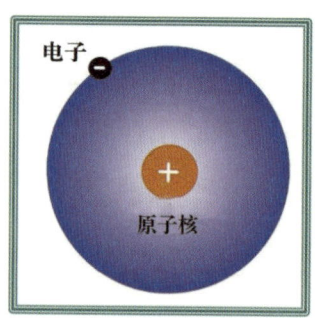

图91　尼尔斯·玻尔最初的氢原子模型：一个带负电的电子绕着带正电的原子核运动

相比之下，今天的粒子物理学中，量子力学的"标准模型"拥有大量具有可调参数的理论粒子，随着更多粒子和特征的发明，这个模型会变得越来越大。这些粒子都没有实际依据——没有经验证据支持它们——它们完全是根据量子力学的想象虚构出来的。图92是现代简化的"粒子物理标准模型"的图示。

---

〔97〕"拟合因子"是指为了使计算或公式符合科学家的期望而引入的数量或元素。它通常是针对特定问题的解决方案，不适用于更广泛的目的。

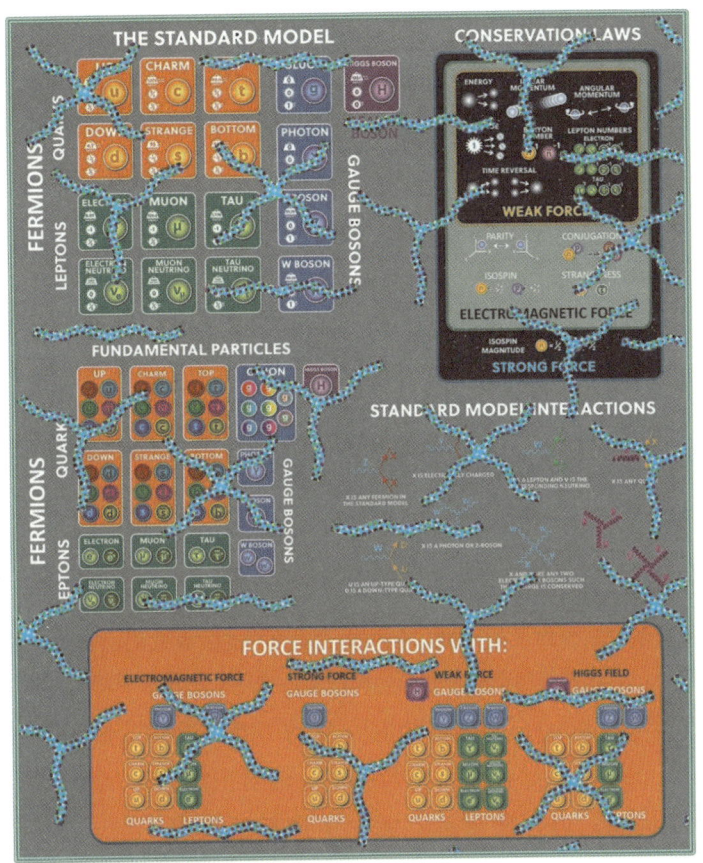

图92 上面的背景是"粒子物理学的标准模型",量子力学试图
描述宇宙是如何组合在一起的

　　尽管（更确切地说，因为）这个理论有几十个被发明出来的粒子和属性，但它有很多缺陷，以至于量子力学觉得有必要抛弃所有这些想象的粒子，用他们的新理论（如图 92 所示）"弦理论"来取代它们。没有必要在这里解释弦理论，因为一组弦的图片胜过千言万语。

　　我们不仅不能指责它太简单，而且它可能并不比它所基于的原始玻尔模型更有用。根据一个国际化学家团队（包括核材料处理小组、橡树岭国家实验室、法国国家科学院应用化学研究所的物理和纳米物体实验室以及德国有机化学研究所）的研究，上述量子力学标准模型包含了数十个精心制作的粒子和被创造出来的特征，仍然无法解释元素周期表中近 20％元素的行为[98]。

---

〔98〕元素周期表的最重元素改变了量子力学理论。科学新闻，2017 年 10 月 4 日。这项研究发表在《美国化学会志》上。

这可能不是不可避免的，但物理学上的伟大发现显然是简单的。

附言：你会很高兴地知道，当你读这篇文章的时候，量子力学已经能够为我们提供一种对人类大脑原子深处秘密运作的分析。如果你特别敏锐，可能已经感觉到刚刚发生的电子和正电子的湮灭预示着蓝色质子的诞生（γ）。你感觉到了吗？如果没有，别担心，图93会让你明白一切。

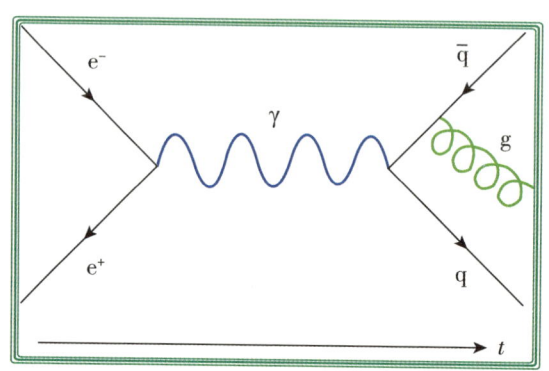

图93 费曼图显示了假想粒子的碰撞。有一些"定律"支配着它们，但因为它们只是"虚拟"粒子，只在幽灵般的瞬间存在，所以它们预计会违反所有这些定律

关键是胶子（gluon）。一旦"诞生"，质子（γ）就会变成一个夸克-反夸克对（quark-anti-quark pair），然后莫名其妙地辐射出绿胶子（g）。所有这些所谓的粒子都是虚构的，但即使如此，无论用计算器算多少遍，都无法在数学上平衡。

为了"修复"它，量子力学将正电子标记为"反粒子"，并将其送回过去，如图93所示，e^+从右向左移动。这和量子力学用来解释"逆因果性"的图表是一样的，"逆因果性"（retro causality）是指在时间上，一个结果实际上先于它的原因，所以后来的事件可以影响之前的事件。这不是本书编造的，而是来自21世纪的量子科学。

澄清一下，本书和量子力学的主要区别在于，本书作者至少足够诚实地承认，不知道原子是由什么组成的。

万物论还是虚无论？

"我变成了一个孤独的老家伙，因为不穿袜子而为人所知，在特殊场合，我被当作一件奇珍异宝向众人展示。"

——阿尔伯特·爱因斯坦，于去世前不久

爱因斯坦 30 年的探索以失败告终。他越是思考这个问题，就越意识到他的理论远远不能像宣传的那样完全解释宇宙。他特别痛苦地承认，他的广义相对论既不能解释引力，也不能解释电磁波。毫不掩饰地以相对论为基础的量子力学的出现，使他更加痛苦。

爱因斯坦很清楚，相对论和量子力学不可能都是正确的。在这一点上，他只说对了一部分。

虽然两者不可能同时正确，但他忽略了第三个（也是最终正确的选择），即两者都不正确。因此，他对统一理论长达数十年的探索以痛苦的失望告终。然而，科学的进步并没有因他结束（图 94）。

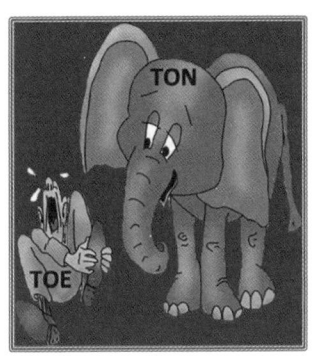

图 94　万物论还是虚无论

他们称其为万物论，并将其定义为"最终理论，终极理论，或主理论；一个假设的、单一的、包罗万象的、连贯的物理学理论框架，它充分解释并将宇宙的所有物理方面联系在一起[99]。"

量子力学对万物论的最新迭代是"弦理论"，它告诉我们，所有目前想象的"基本粒子"，如夸克和中微子，本身"实际上"是由更奇特的想象中的弦元素组成的。弦理论从来没有预测过任何事情，也永远不会。

从来没有任何一种定义可以解释一切。正如大多数人都会理解的那样，对事物的理解是多种多样的。

有的人会骑马，但不一定会财务结算；可能知道如何给房屋装电线，但不知道如何焊接金属板；能够胜任 CEO 一职，却不知道如何成为一名好配偶；可能了解五星级法国美食的每一个组成部分，却对如何控制核裂变毫无头绪。

这些都是生活中的理解。请记住，当你下次听到量子力学家表示即将找到解

---

〔99〕　史蒂文·温伯格，《终极理论之梦：科学家对自然终极法则的探索》，克诺夫双日出版集团。

释这一切的唯一定义时，或许和他们在过去的一百年里表示过的一样，几乎没有什么用处。

时空与第四维度

> 有位年轻的女士叫布莱特，
>
> 她的速度远超光速。
>
> 有一天她出去了，
>
> 相对而言，
>
> 并在前一天晚上回来了。
>
> ——阿瑟·亨利·雷金纳德·布勒（Arthur Henry Reginald Buller）

史蒂芬·霍金是这样解释时空的：

广义相对论不仅是一个关于弯曲空间的理论，也是一个关于弯曲时间的理论。爱因斯坦在 1905 年就意识到，空间和时间是紧密相连的。人们可以用四个数字来描述事件发生的地点。三个数字描述事件的位置。这可能发生在牛津广场东北方向数千米处，海拔高度高于海平面。在更大的尺度上，它们可以是银河系的纬度和经度，以及到星系中心的距离。第四个数字是事件发生的时间。因此，人们可以把空间和时间看作一个四维的实体，称为时空[100]。

虽然空间和时间可能彼此紧密相连，但也没那么紧密。上面的解释直接违背了爱因斯坦的相对论。

爱因斯坦是第一个认识到时间的相对性质的人。也就是说，不存在"绝对"的时间体系；没有"天上的大钟"作为所有地球时钟的参考点。有许多时间系统，时钟则与大多数系统几乎没有关系。你可以说，"1946 年 6 月 14 日"（这指的是只在这个星球上使用的时间系统），或者"骡子生日的早晨"，或者"他毕业三年后"，或者"就在事故发生之前"，或者"五代人以前"，或者"当我年轻而狂野的时候"，或者"暴风雨之后"。这些都是同样有效的时间系统，可以看出它们与时钟或空间中的位置几乎没有关系。时间不是一个滴答作响的时钟，时钟既不创造空间也不创造时间。时间标志着粒子的相互作用或粒子在空间中位置的变

---

[100] 《时空扭曲》，史蒂芬·霍金的演讲。

化。时间的共同点是变化，而变化是它的主要表现形式[10]。

爱因斯坦没能做到的是更进一步。如果时间确实是一种相对特征，那么位置也同样如此，并且有许多不同的精确定位系统，就像有许多不同的时间系统一样。观测者可以同样有效地指定一个地点，如"树下""两座山的中间""绞刑发生的地方""镇外 8 千米""火星上的某个地方""10 光年远"。

每一个量子力学的追随者都试图坚持他自己特别喜欢的时间或位置系统。大多数人偏爱年、月、日。还有人喜欢纬度、经度、距离。但这样做，它们都违反了相对性原理。在这里介绍更重要的因素——维度。

多维空间

量子力学家似乎从幻想中得到乐趣，然后传播神秘的理论，如第四维。实际上，他们不会止步于此，甚至认为"n 维空间"指的是无限维度的空间。

字典将尺寸定义为"某种可测量的程度，如长度、宽度、高度等"。注意"可测量"这个词。经典物理学观察到物理宇宙存在于三维空间中。

量子力学对空间没有定义。数学家会说"点"。他会说点是有位置但没有维度的东西。它没有长度、宽度和厚度。一个点可能存在于数学中，但不存在于物理中。你可以有一个单一的几何点，但你至少需要两个点才能有一个"可测量的范围"。一个点不可能有空间，因为空间是一个维度的视点，你至少需要两个点来满足这一点（图 95）。两个点给你一个线性（一维空间）。

图 95　一维空间需要两个点

物理学教会了我们三维空间（图 96）。这些观测是有效的，它们覆盖了宇宙中的所有空间。立方体的 8 个角是三维空间的一个例子。

图 96　三维空间

---

[10]　有关更多信息，请参阅本书的时间部分。

地球上的有情生物（除了一些量子力学家）都会告诉你空间和时间是不相同的。他们可能无法准确地定义这两个术语，但他们肯定知道两者是不同的。当你对朋友说"下班后见我"时，大家都知道你指的是时间。当你说"我们去海边吧。"很明显你指的是空间中的一个位置。爱因斯坦发现自己陷入了理论的困境，他的威望岌岌可危，被迫提出了空间和时间是相同的概念。二者缺一不可，他还解释了所认为的假想的弹性："如果你站在上面，附近的东西就会向你滚过来，就像蹦床一样。"图97是一个红球在虚幻的四维空间中拉伸蹦床的图像。

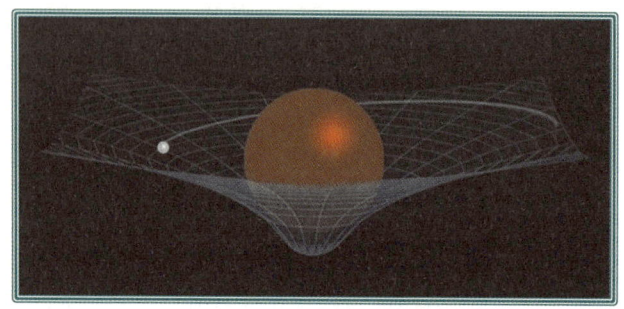

图97　妄想的红球伸展妄想的时空

根据爱因斯坦的说法，能量和物体的作用会导致他的蹦床或时空"弯曲"。这个曲率就是量子力学的"第四维"。它创造了一个很棒的视觉图形，但正如图98所示，它非常适合一个简单的三维空间[102]。

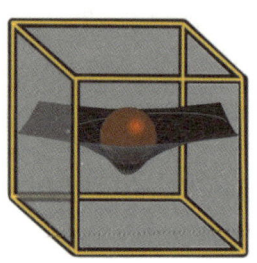

图98　妄想时空能很好地融入三维空间

爱因斯坦拒绝以太的概念，因为以太的存在会使他的狭义相对论和广义相对论失效。取而代之的是一个他称之为"时空"的蹦床（图99）。

空间和时间并不相同。而量子力学的理论"时空"并没有给我们任何额外的"第四维"。有些人会感到失望，但这是事实。对以上几点的理解将使你走上寻找能源奇迹的道路。

---

[102]　关于这个主题的更多内容，请参阅本书的时间与空间章节。

图 99 爱因斯坦在蹦床上

量子力学的不确定"零"

从前,有一个叫斯利姆的小个子男人。一天,他坐在自家的门廊上,开始了每天一小时的思考时间(图 100)。

图 100 量子力学无法定义"零"

斯利姆是一名量子力学家,自从有一天他在研究一个复杂的数学公式时,意识到自己并没有真正理解"零"的定义,他就一直深感担忧。听起来很理论化,但实际上这是一件大事,因为他第一次意识到量子力学的真正起源,而这一认识让他害怕得瘫坐在地上。

量子力学究竟是为什么产生的?是什么促使爱因斯坦在他的相对论中走得如此之远?是什么促使海森堡放弃了他的测不准原理?

斯利姆意识到所有这些问题的答案都是一样的,全都无法定义零。从一开始，工程学的主题就一直涉及动力学和静力学：运动和不运动的东西。但是量子力学没能定义静态。

公平地说，经典物理学也没能定义它。但当量子力学开始尝试摆弄原子粒子时，缺乏对"零"的正确定义真的把事情搞砸了[103]。

正是因为这个原因，量子力学家才不得不说，经典物理学遵循的是一套规则，而原子和分子现象遵循的是另一套不同的规则。100 年前不是这样，现在也不是这样。

"零"是什么？零条件或事物没有波长，没有物理宇宙位置，没有质量，没有大小，没有任何种类的测量，没有移动或不移动的粒子。这是一个比量子力学更完整的零的定义。

量子力学通过将静态（零）定义为静止的粒子而摆脱了旧有的观念。然后他们没有定义"静止"。

在这个宇宙中很少有"绝对的"。但"零"是其中之一。

"零"（或静态）没有质量，没有运动，没有波长，在空间或时间上没有位置。

如果像量子力学所断言的那样，光子是一个没有质量的静态粒子，那么它在空间或时间上就没有位置，而事实显然并非如此。

量子力学没有必要抛弃牛顿、麦克斯韦和其他物理学家。在经典物理学中一切正确的，在由原子和粒子组成的量子世界中同样正确。

但只有当你对"零"有一个准确的定义时，它才成立。

光子是一种有能量的粒子，而不是静态的。量子力学混淆了能量和零，否认了能量在空间中的位置，否认了能量在空间中传播的机制，使得在发现新能量的课题上不可能取得进展。

回归可行的机制是通往能源奇迹的道路。

量子最喜欢的运动：射击观察者

"放弃观察迄今为止无法观察到的数量的所有希望似乎是明智的……相反，试图建立一个理论量子力学似乎更合理。"

---

[103] 原文为 Screw the pooch，意为"犯下令人尴尬的错误"，来自美国宇航局的水星太空计划。

——维尔纳·海森堡

观察者说："我们知道一两件事是因为我们观察了一两件事。"

量子力学的回应是："观察者正在破坏科学。"

量子力学的一个基石是这样一个原理：你不可能直接观察或测量一个物体，而不影响测量本身。这是因为在 20 世纪早期，量子科学家无法在不破坏光子的情况下探测光子。正如前面所示，早期的量子力学并没有更努力地设计一种更好的方法来观察这些光子（这是后来的科学家完成的），而是认为直接观察光子是不可能的，更好的办法是摆脱观察和观察者（图 101）。

图 101　射击观察者（量子力学最喜欢的运动）

事实上，正是因为没有了观察者，科学的发展才停了下来。量子力学和它的分支传递的是"无望"，因为这会毁了实验。但只有通过观察和交流，人类才能获得相应的感知或理解事物。通过否定观察者，量子力学也在否定科学家。

科学上最大的骗局就是让科学家们相信观察是一种欺骗，而事实上观察是进步的唯一途径。

真实实验与思想实验

"科学的原理，几乎可以说是科学的定义：

实验是检验一切知识的标准，

实验是科学真理的唯一裁判。"

——理查德·费曼

"今天的科学家用数学代替了实验，他们在一个又一个方程式中徘徊，最终建立了一个与现实无关的结构。"

——尼古拉·特斯拉

科学与实验

实验是为了支持、反驳或验证一个假设而进行的过程。实验通过展示在受控条件下操纵特定因素会产生什么结果，从而深入了解因果关系。它的英文单词"experiment"来自拉丁语"experiri"，意思是"尝试"。实验总是依赖于可重复的程序和对结果的逻辑分析。作为工程和物理科学中科学方法的主要组成部分，实验一直是经验过程，这意味着人类可以利用直接或间接的观察和经验来获得知识。

有人十分正确地指出，科学的进步需要实验研究和理论的相互作用。没有人类提出理论，科学将是一条死胡同。同样的道理，如果没有观察和实验来证实理论的真实性或可行性，科学就会严重偏离方向。在缺乏观察或实际实验的情况下，人类所拥有的只是关于理论的理论，这种趋势对许多领域产生了不利影响。

以一名警探为例。在他20年的工作经验中，他亲自观察了数百个犯罪现场。他提出了一个理论："大多数谋杀都是由家庭成员犯下的。"这可能有用，也可能没用。这是基于他有限的观察得出的理论。一位统计学家提出要改进这一理论，"因为它没有计算出标准偏差"。你看，统计学家有一个关于理论的理论，所以他通过平均每个不同类别的谋杀数量来得到平均值，然后对每个数字减去平均值，然后对结果进行平方，然后求出这些平方差的平均值，最后取其平方根。他会得到标准差，但他会改进理论吗？完全不会。因为为了改进这一理论，需要更多更密切地观察，如果这样做了，就会揭示出家庭成员谋杀的真实比例不到20%。

量子力学是一门关于理论物理的研究。一开始并不是这样的。在19世纪末，马克斯·普朗克正在研究实际能量。可以观察到，当某些金属如铁被加热时，它们首先主要发出红光，然后是橘黄色，然后是白色，最后是蓝色。普朗克试图设计一个方程来描述每个温度下的波长曲线，但没有成功。当他无法直接测量时，他求助于一种基于统计数学的理论，但仍然与其测量相关。这种理论或多或少是准确的，但最终还是建立在观察的基础上的。

然后，在20世纪初，量子力学把简单而强大的实验机制带到了一个抽象的洞穴里，因此，没有任何善于实验的科学家会屈尊爬进去。

实验的重要性变得微乎其微，用数学公式支持的新理论来解释理论就足够了。这样的后果是，科学家甚至不再费心去尝试。

爱因斯坦在普朗克理论的基础上提出了新的理论。后来，海森堡出现了，他在爱因斯坦的理论基础上提出了进一步的理论。然后狄拉克在海森堡的理论基础上提出了理论。一步一步地，走到了今天。

但这一切都始于爱因斯坦。

思想实验：关于抽象的抽象

"有一种情况比看不见更糟糕，那就是想象自己看见了。"

——罗恩·哈伯德

"思想实验"（thought experiment）一词来自德语单词"Gedankenexperiment"。科学家恩斯特·马赫（Ernst Mach）在 1883 年用它来描述一个真实实验的想象过程。马赫会想象一个实际实验的假设结果，然后把这项工作交给他的学生，让他们通过实际实验来验证他的假设。1897 年，"思想实验"这个英语短语第一次出现在马赫著作的译本中。应该清楚的是，马赫对这个术语的使用完全遵循了上面给出的经典定义，也就是说，为了证明他的理论，他实际上进行了实验。纵观历史，人们会向自己和他人提出假设性的问题，试图弄清楚事情。这是一种非常自然的思维方式，从伽利略到亚里士多德到牛顿到麦克斯韦，每一位著名的科学思想家都使用过这种机制。

爱因斯坦是接受一种新的、奇特的、后来成为革命性的实验观点的催化剂。在几十本关于爱因斯坦的书和数百个网页中，据说他的"思想实验"诞生于他16 岁时上的一所瑞士中学，当时他按照 19 世纪早期瑞士教育改革者约翰·海因里希·佩斯泰洛齐（Johann Heinrich Pestalozzi）的教导来学习。佩斯泰洛齐相信，他可以让孩子们通过为他工作来资助自己的教育，从而防止他们辍学。这在今天被称为童工，他在教育方面的尝试以失败告终，他的纽霍夫学校（Neuhof School）在孩子和他们的父母反抗后破产了。

据称，他对爱因斯坦的后来的成就产生了影响，因此佩斯泰洛齐偶尔被称为现代教育之父。一种说法是，佩斯泰洛齐的方法促进了爱因斯坦通过"可视化图像"和参与"思想实验"来解决问题的过程。这产生了一个循环效应，爱因斯坦在这方面的怪癖可以通过"他在学校里从现代教育之父那里学来的"来正常化。

但佩斯泰洛齐并没有鼓吹这样的事情。佩斯泰洛齐的程序很简单，基本上是两步操作，首先是学生仔细感知环境中的实际事物，无论是物体、声音还是视觉，然后学生在他的脑海中创造出该事物的可视化。

佩斯泰洛齐的想法是，学生可以通过将观察到的物理事物复制到个人构建的心理图像中，从而更好地理解它。图 102 显示了佩斯泰洛齐的正确学习方法。

图 102　佩斯泰洛齐的方法是从观察真实的事物开始的

不管这种方法是否是一种有效的学习辅助工具，这都不是重点。事实是，这不是爱因斯坦所做的。爱因斯坦的"思想实验"并非始于对真实事物的观察或感知。相反，爱因斯坦从抽象中提炼出抽象，省略了第一步，从而破坏了佩斯泰洛齐的学习方法。而从这种行动中会获得怎样的"结果"，没有任何事实依据可供参考。

导致爱因斯坦提出狭义相对论的思想实验源于他在中学时的一个白日梦，当时他试图在脑海中描绘出与光束并排行驶的样子（图103）。当然，他永远不会追逐任何以光速传播的光束。所以，他只是在对一个理论进行理论化。而且这和佩斯泰洛齐先生毫无关系。

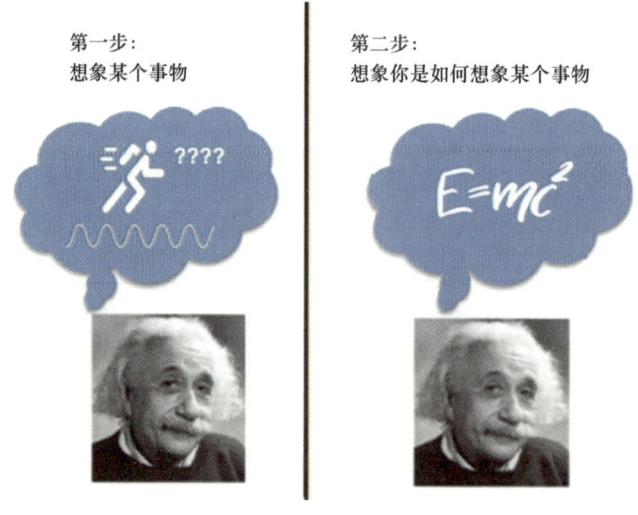

图 103　爱因斯坦对抽象事物进行抽象

在广义相对论中，爱因斯坦首先想象自己在高速行驶的电梯里加速穿越外层空间。在这个抽象概念的基础上，他继续想象一个新的抽象概念，这个概念认为引力是空间和时间的弯曲，可以在脑海中用保龄球在蹦床上滚来滚去呈现（图104）。

图104 爱因斯坦在另一种抽象的基础上抽象时空

他提出，作为"证据"，球周围没有引力场，但小球向大球移动完全是由于大球弯曲蹦床织物的方式。这就是他命名为"时空"[104] 的抽象概念。

这些抽象的抽象成为爱因斯坦事业的一个标志。多年来，他会在脑海中描绘出外太空加速的电梯、坠落的画家、在弯曲的树枝上爬行的二维盲甲虫，以及各种用来精确定位加速电子的位置和速度的精巧装置。

他的两个相对论都是关于抽象的结果。

任何人都可以在脑海中创造一幅图像。任何人都可以改变脑海中形成的图像。这是人类最伟大的能力之一。有利的一面是，爱因斯坦富有想象力；不利的一面是，他不太善于观察实际事物。爱因斯坦轻率地放弃牛顿的空间和时间概念，拒绝电磁波传播介质的存在，这不能归咎于佩斯泰洛齐。这些不幸的事件都是由于爱因斯坦喜欢对其他抽象事物进行再抽象的想象，而不是把他的科学建立在观察和实验的基础上。

现代科学对"思想实验"的运用要归功于少年时代的爱因斯坦。这可以追溯到爱因斯坦16岁的那一刻，当时他被脑海中追赶一束光的画面惊呆了。也许这种迷

---

[104] 引力是不同大小质量的物体之间的关系。GPS卫星（小质量）上的时钟与大质量（地球）物体的距离成正比减慢。这是当今最先进的测量系统之一，用来验证艾萨克·牛顿爵士的实验。

恋来自前世的一件事，他追上一束光束的结果是在一场可怕的爆炸中被炸死。不管是什么原因，它引发了一系列的事件，把所有的科学都抛到了脑后。通过使这样一个懒惰的程序合法化，爱因斯坦给了所有科学遵循他的道路的全权委托。

观察者：迷失在三个宇宙的某个地方

"将观察者与被观察的现象分离是不可能的。"

——维尔纳·海森堡

量子力学已经进入了一个令人遗憾的状态，实验室主任已无法分清楚哪个是自己，哪个是实验室的老鼠（图 105）。

图 105　实验室主任还是小白鼠

直到 20 世纪之交，所有物理学的基础都是牛顿力学，这门学科包括能量和质量的概念，对寻找能源奇迹至关重要。我们已经讨论了控制能量和电的基本定律是如何被量子力学抛弃的。同样重要的是，它们改变了观察者的概念和功能。所谓观察者，是指科学家、电气工程师或其他我们赖以发现替代能源新来源的人。

在量子力学之前，物理宇宙，包括能量，被视为或多或少独立于观察者而存在。海森堡认为，相对论改变了这一切，观察者的作用必须从不同的角度来看待。在这一点上，海森堡几乎发狂。用他自己的困惑的话来说"科学不再处于自然观察者的位置，而是将自己视为人与自然相互作用的一部分，科学的方法……改变和转换了对象：过程不再与对象保持距离。"

不管量子力学如何断言，大多数人都明白实验室主任和实验室老鼠之间的区别，至少可以说，一个是睡在床上，另一个是睡在笼子里。一个实验室主任要想在老鼠研究中有所成就，最起码要清楚地知道自己是主任而不是老鼠。他/她可能会很好地照顾老鼠，甚至变得喜欢老鼠，但为了有效，他需要与老鼠保持一定的距离。在我们生活的每一天，我们都被真实的大自然所包围。我们观察到星星、太阳、月亮和地球的存在。几乎没有人否认城市、街道、房屋、猫以及所有我们看得见摸得到的物体的真实性。我们认为开枪的人和被枪击的人是有区别的。我们可以分辨出负责宣判的法官和被定罪的重罪犯之间的区别。我们很清楚在商店里购物的女孩和货架上的狗粮之间的区别。我们知道闻花的人和花是不同的。量子力学告诉我们这些都不是真实的。许多物理学家没有意识到，现代量子力学的解释意味着能量和物质并不是独立于观察者而存在的。量子力学告诉我们，某种程度上是观察者的观察行为将观察变为现实：除非亲眼所见，否则那只猫没有死。在现代物理课程中，当涉及这个令人不舒服的话题时，教授们很快就会把它当作不重要的话题而置之不理，然而，量子力学正是基于这种观点建立起来的。正是这样的想法解释了为什么在过去的一个世纪里没有人想出更好的能源。

人们一直认识到，"观察者"的角色对物理学理论（包括量子力学）至关重要。它是爱因斯坦和海森堡所有理论的关键。但是在哈伯德之前没有人描述过观察者是什么以及他是由什么组成的。所有关于观察者的讨论都忽略了宇宙的主题。宇宙被定义为创造事物的整体系统，数量上有三种：第一个是自己的世界。第二个是物质宇宙，它是物质、能量、空间和时间的宇宙，是我们所有人的共同聚集地。第三个宇宙实际上是一类宇宙，它可以被称为"其他人的宇宙"，因为所有的"其他人"都有他们自己的宇宙。

包括物理学家在内，大多数在上个世纪受过教育的人，已经开始相信数学方程式，而非观察，是物理学最基本的特征。与此同时，观察者成为量子力学的关键复杂性之一。观察者总是与被观察的事物混淆。当我们认识到观察者有自己的宇宙，而不是物理宇宙的一部分时，许多事情得以简化。许多包含观察者的"不可解"的思想实验，在释放三个宇宙（图106）后变得"可解"。

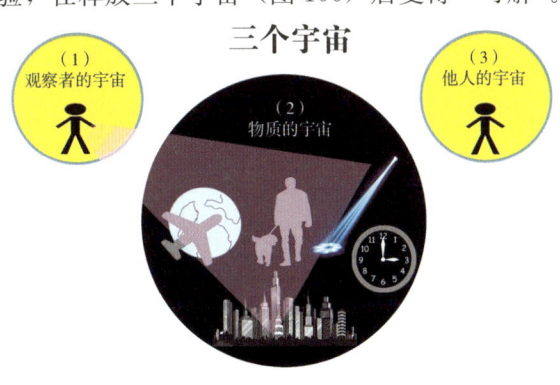

图106　三个宇宙

第一个是观察者自己的宇宙，与物理宇宙截然不同。但正是在这第二个宇宙，即物理宇宙中，我们看到了物质和能量在空间和时间上的力效应，这也是我们在本书中要讨论的。物理宇宙包含了经典物理学和量子力学的所有现象和定律。它是运动的宇宙，是原子和包括光在内的所有类型的电磁辐射的宇宙，也是能源奇迹隐藏的地方。

观察者的宇宙与物质的宇宙是分开的，不同的，仅这一点就足够了。仅仅因为一个实验室主任有能力观察和处理一只实验室老鼠，并不意味着需要他成为一只老鼠。更广泛地说，仅仅因为观察者能够观察和处理空间和时间中的物质和能量，并不意味着他是由物质或能量构成的，也不意味着他存在于物理宇宙空间中。量子力学要求只有一个由能量组成的物理实体才能观察和控制其他由能量组成的物理实体，这就等于说所有的卡车司机都必须是铁做的。为什么？他们驾驶卡车，而卡车是铁做的。因此，根据量子力学逻辑，驱动器本身也必须是由铁制成的。

在地球上，没有什么铁制物品是只能用别的铁做的东西来处理的。你的亲朋好友可以打开一听可乐，用电动工具修理东西，显然他们不是铁做的。

这同样适用于寻找新能源的科学家。一旦科学家意识到研究的不是自己而是能量，意识到自己可以观察，而不必成为被观察的对象，这些人就会对研究变得更有使命感，更有能力处理和控制能量。这就是我们需要在新能源方面取得真正进展的地方。

疯狂和对能源奇迹的追求

很多人都听过爱因斯坦的名言："疯狂是一遍又一遍地做同样的事情，却期待不同的结果。"这里只有两点是错误的。第一，句中所描述的并不是对实际精神错乱的准确描述。第二，爱因斯坦从来没说过这句话[105]。

对于一遍又一遍地做同样的事情，并期望不同的结果的行为，或许用"愚蠢"来形容更好。令人不安的是，这描述了之前寻找能源奇迹的过程。

前文表明，发电研究的进展在 20 世纪 30 年代停止了，并提出这是随着有关

---

[105] 这句话被列在普林斯顿大学出版社出版的综合参考资料《爱因斯坦的终极引语》（*The Ultimate Quotable Einstein*）中一个名为"误归爱因斯坦"的部分。这句话可以追溯到 1983 年丽塔·梅·布朗（Rita Mae Brown）的推理小说《猝死》（*Sudden Death*），她把这句话归因于一个名叫简·富尔顿（Jane Fulton）的虚构人物。

能量的量子力学理论的普及而导致的。通过改变对能源本身的理解和传播方式，这些新理论有效地阻止了对新能源的研究。

100 多年来，人们一直在教授这些没有结果的新理论，试图使用这些没有结果的新理论，即便曾经考虑过找到一种新能源的可能性，但还是建立在没有结果的理论基础上。我们是否一遍又一遍地重复同样的行为，期望得到不同的结果？如果我们想要不同的结果，有些事情必须改变。

把数百万台电脑交给数百万只猴子，并希望在数百万年后，其中的一只可能会想出一些有价值的东西，这可能没有错，但这不是科学。而人类可能没有那么多时间了。

第 9 章   科学发现与机缘巧合

本章将考察科学家、发明家在取得巨大的电能发现时所使用的几个概念和方法，但这些内容后来都被抛弃。

阳光明媚的一天，当你踏着春天的脚步，穿着干衬衫走过一座桥时，你突然发现衬衫湿透了，呼吸困难，感觉眩晕或迷失方向。

当有人指出你刚刚是从桥上掉到了河里，然后被冲到了岸边，你得出这样的结论：看来是发生了意外，接下来继续按照计划穿越峡谷。

对于那些寻找新能源的人来说：让我们回到桥上吧。

数学瘴气

"自从数学家用上了相对论，我自己也不明白了。"

——阿尔伯特·爱因斯坦

"来到这里的人，放弃一切希望吧。"

——但丁·阿利吉耶里

一个名为"理论数学"的幽灵正在科学殿堂里游荡。如今的学生被教导说，数学就是他们思考的方式——事实并非如此。他们被告知数学决定逻辑——事实并非如此。最重要的是，在寻求能源奇迹的过程中，他们被灌输了数学是准确沟通任何科学事物的唯一途径——这是一种讽刺的夸张。以上都不是真的。

麦克斯韦是这么说的："数学家可能会自以为掌握了人类语言还无法表达的新思想。让他们努力用恰当的语言来表达这些思想，而不借助符号。如果他们成功了，他们不仅会让我们这些门外汉受益，而且我们敢说，他们自己也会在这个过程中受到很大启发[106]。"

---

[106] 詹姆斯·克拉克·麦克斯韦，埃德 W. D. 尼文（2003），《詹姆斯·克拉克·麦克斯韦的科学论文》，第 328 页，Courier 公司。

几百年来，数学一直是科学的宝贵工具，并将继续如此。但它充其量是一种伺服机制——一种人们使用的工具——我们应该注意我们为它设定的任务。数学就像一把好铲子，可以挖坟墓，但它永远不会把你带到应许之地。

在任何（计算机或其他）过程中，设计和编写程序的是人。最重要的是，这将带来一些结果。如果她很优秀，程序和数据都与现实相结合，那么数学就会很有价值，这方面的例子很多。否则，你就会有 GIGO（无用输入/输出），这些天 GIGO 已经淹没了能源科学领域。

如前所述，数学的经典定义是："关于量的科学；研究大小和数量的科学，或研究任何可以测量或计数的事物的科学……数学的独特优点在于它的原理是可以证明的。"

重点是量级、数字和可论证性。在量子力学出现之前，尽管一直有一个数学分支处理"纯粹""抽象""思辨"数学，但纯抽象总是被认为是非主流活动，而主流活动处理的是可感知、可测量或可计数的事物的大小和关系，即真实的东西。测量火山的热量是数学的正确领域，而不是想象中的魔鬼呼吸的热量。只有前者才能帮助那些寻求能源奇迹的人。

理查德·费曼（Richard Feynman）在他的书《物理定律的特征》（*Character of Physical Law*）中假设："最终，物理学将不需要数学表述。最终，规律会变得很简单[107]。"

让我们朝这个方向迈出一步。

能源科学中最大的老虎：对因果关系的攻击

"科学家必须对严重的错误保持警惕。当外面有老虎的时候，担心老鼠是不合适的[108]。"

有很多老虎在科学殿堂里徘徊。发表这番评论的英国统计学家很有观察力。现在老虎经常和缺陷混淆。能源科学有大缺陷也有小缺陷，但与房间里的大老虎相比，所有这些缺陷只是老鼠：对因果关系的攻击。

在每一门科学学科中，最伟大的成就都是建立了事物的起因。科学是一条有

---

[107] R. 费曼：《物理定律的特征》，第 70 页，企鹅出版社，纽约，1992 年。
[108] G. E. P. Box，科学与统计（1976），美国统计学会学报，71（356），791−799。

成千上万这样的发现的道路，或简单或复杂，或大或小。金属生锈的原因，无线电信号的干扰源，桥梁倒塌的原因，这些发现都是历代科学进步的重要组成部分。因果理论由古希腊人提出，因牛顿而蓬勃发展，又因爱因斯坦而遭受挫折。这个过程可以被描述为一个简单的循环：

原因—距离—效果

换句话说：事出有因。有果必有因。原因（Cause）和效果（Effect）是不一样的——因果的循环必须有距离（Distance）把两者分开。当你想要发现某件事发生的原因时，沿着路径可以追溯到源头。这可能并不总是那么容易，但可行。

现代量子力学认为这是不正确的，某物可以是同一事物的原因和结果。他们称这种现象为"叠加"（superposition），这个词是他们发明的，用来描述一个物理物体"可以同时出现在两个地方"。他们否认有效序列的存在是严重不合逻辑的，如果不加以纠正，将使发现新能源的大门关闭。

地铁列车的墙上不断出现涂鸦，这是有人画上去的；列车的第二节车厢的灯不亮了，这是设备故障造成的。为了更好地解决生活、工作或环境中出现的障碍，发现原因的任务总是落在科学家身上。应对这些挑战的科学被称为应用科学或实验科学。这包括改良土壤和作物质量的农学家，绘制流星轨迹的天文学家，或者找到更好的方式将数十亿人连接到互联网的计算机工程师。它们一直受经典物理学基本定律的支配，即事物有原因，并按顺序存在。如果 A 导致 B，那么 A 发生在 B 之前。

17 世纪发生了一场科学革命，领军人物是牛顿，他是英国的哲学家、科学家，出生于 1642 年。牛顿创立了微积分这门学科，然后用它作为建立运动定律的工具。他第一次结论性地证明了太阳和行星的运动遵循物理规律。他还发现了重力。他的著作《光学》为理解光的特性打开了大门。所有这些卓越成就的核心都是因果概念，牛顿不仅将这些概念引入科学，而且将这些概念引入整个社会。平凡人第一次体会到因果关系的动态。这是牛顿带给地球的自由。

我们需要把"原因—距离—效果"的原则应用到寻找新电源的任务中。科学家可以选择在这个循环中的任一环节介入。

闪电是一个很容易开始的地方，因为它是大自然最容易展示巨大电流的地方。科学家们可以研究产生这些巨大电压的电势的基本原因。或者他们可以研究闪电事件中"因""果"之间的空间发生了什么。正如将在本书最后一章看到的，有效的闪电研究在很大程度上被前面讨论过的量子力学混乱所阻碍。

宇宙射线可能是另一个富有成效的能量数据来源。80 年前我们就知道这些高能射线的存在。我们知道它们源于遥远的外太空，确切的起点尚不清楚。最重要的是，我们知道它们是由非常小的波长组成的，它们对离开地球大气层的宇航员和电子设备构成辐射风险，但地球表面的人显然受到地球大气层、重力和磁场的某种组合的保护。为什么有这种效果？这些射线从起点到地球，这中间发生了什么？这些"射线"又是如何在如此广阔的星际空间中产生足够的能量，以至于可以伤害到宇航员？

当宇宙射线第一次被发现时，人们正确地认为它是一种频率很高、波长很短的电磁辐射，但现在情况已经不同了，量子力学甚至拒绝将其称为射线（不是射线的宇宙射线就像没有鸡的鸡汤一样说得通）。那么这些宇宙射线是如何从射线演变成非射线的呢？当它们是射线时，它们被认为是由电磁辐射的小粒子组成，这些粒子有质量。现在量子力学说它们是由没有质量的电磁辐射微粒组成；如果它们没有质量，就不可能是射线。听起来疯狂吗？是的，但这是现代科学中发现的重要的不合逻辑之一："存在"没有质量的虚构粒子，坚持要证明某人关于能量和空间的同样不合逻辑的观点。

如果科学坚持粒子没有质量，那么就没有痕迹可以追溯到它们的起源，找也没有意义。所以，如上所述，没有人发现这些宇宙射线的任何起源点也就不足为奇了。

真正的科学确定事物的原因。在科学上，我们已经达到了一个相当不错的位置，想象的理论阻碍了观察和发现。

能源奇迹障碍 1："能量永远无法被创造"

根据量子力学，这个定律在所有情况下 100％成立，除非它与量子力学理论相冲突。

我们之前提到过，当你要求一位科学家创造 21 世纪的能源奇迹时，他首先想到的是："能量永远无法被创造出来。"这可能是真的，也可能不是真的，但对于那些试图发现 21 世纪能源奇迹的人来说，这是一个令人沮丧的起点。这就像教一个学生如何骑自行车，却让他一遍又一遍地背诵：

不要在晚上骑，不要在早上骑。

如果在中午骑，请注意：

可以考虑走路或爬行，

以免你从自行车上摔下来，磕破头。

让我们来看看守恒定律的历史。1773 年，法国化学家安托万·拉瓦锡（Antoine Lavoisier，现代化学的创始人），在研究不同物质的燃烧时，注意到当他在实验中通过化学反应改变物质的状态时，变化前物质的量（基于其重量）与状态变化后物质的量是相同的。由此他得出结论：在化学反应中物质既不产生也不毁灭。这就是著名的质量守恒定律（Law of Conservation of Mass）。大约 70 年后的 1842 年，朱利叶斯·罗伯特·迈尔（Julius Robert Myer）提出了能量既不能被创造也不能被毁灭的理论，现在被称为能量守恒定律（Law of Conservation of Energy）。他是通过振动加热水来确定这一点的。这实际上表明动能能够产生热量。尽管这很有趣，但它远远不足以证明一个包罗万象的绝对能量定律。（据我所知，还没有人测量过核爆炸前后的总能量。）

又过了 60 年，爱因斯坦在 1907 年提出了狭义相对论，并将上述两个定律合并为质能守恒定律（The Law of Conservation of Mass-Energy）。这一理论假定宇宙中质量和能量的总量是恒定的。对他来说不幸的是，当研究人员测量放射性衰变过程中释放的能量时，在完全相同的衰变过程中，能量的数量变化很大，而这些数量应该是相同的。尼尔斯·玻尔（Neils Bohr）质疑爱因斯坦的理论违反了能量守恒定律，引起了轩然大波，直到另一位量子力学家沃尔夫冈·泡利（Wolfgang Pauli）凭空想出了一种新的粒子来解释这种差异。他将其命名为中微子（neutrino），"一种看不见的亚原子粒子，没有质量，速度比光速还快，在放射性衰变过程中以奇妙的方式相互作用。"这种看不见却无处不在的中微子，是在放射性衰变和其他核反应过程中实际测量到的质能不平等的量子力学答案。这带来的另一个难题涉及最近的量子力学"发现"，即宇宙正在膨胀。如果没有额外的物质和能量被创造出来，它是如何膨胀的呢？量子物理学家自己也承认，基本的量子过程违反了能量守恒定律[109]。也许最重要的是，对于那些不是基于对能量本身精确定义的能源理论，我们能相信其中的多少内容？

创造能量意味着什么？几千年前生活在地球上的人看到青铜是在混合锡和铜的爆炸性高炉中制造出来的，一定会大吃一惊，并假设能量是被创造出来的。生活在 13 世纪的中国人目睹了第一次用黑火药射击，当他们看到一枚弹丸高速飞出去时，他们知道产生了能量。如果生活在 20 世纪的人们目睹了原子弹爆炸，

---

[109] Y. 阿哈罗诺夫，S. 波佩斯库，D. 罗尔利希，量子力学中的守恒定律。美国国家科学院院刊，2021 年 1 月，118 (1)。

他们肯定会完全相信能量是被创造出来的。所有这些人都是对的。

正如我们在本书其他地方看到的，能量只是粒子在空间中位置的变化。在寻找能源奇迹的过程中，我们试图做的就是将物理宇宙的某些方面组织成模式和机制，从而激发粒子从一个地方流向另一个地方。在这个过程中，这些粒子是被创造出来还是被摧毁，这是另一回事，与这项任务无关。

与能源研究者相关的是：

（1）能量是可以无条件地创造出来的；

（2）新形式的能源创造是可用、可以被发现或发明出来的。

观测与能源研究

"我相信证据。我相信由独立观察者证实的观察、测量和推理。只要有证据，无论多么荒唐可笑，我都相信。然而，越是荒诞可笑的事情，证据就越是确凿可靠。"

——艾萨克·阿西莫夫，《不羁的思绪》

你想知道如何研究能量吗？你想开始寻找能源奇迹吗？你通过与能量交流来做到这一点。这并不意味着要和你的充电电池展开对话。如今，当我们想到"交流"时，我们通常会想到一些象征性的术语：即时通信、搜索引擎、观点、社交网络、公式。它们不是能源研究所需的通信线路。

研究交流线路与感知有关，而感知的本质是观察。你对能量提出一些问题或交流，然后观察并接收来自能量的一些交流或信息。必须自己去看，从本质上讲，交流就是观察。你对能量感兴趣，你与能量交流，尽管它可能不会回应你，但你从能量那里得到了一些感知或数据。你必须足够坦然，去面对随之而来的一切。无论如何都需要观察。

这是一个双向的命题，意味着你必须真正去观察并愿意去观察。单向命题发生在当你带着一个固定的想法看事物，并且不愿意从正在研究的事物中接受任何可能与自己的固定想法冲突的情况下。正是因为没有做到这一点，才会有那么多量子力学理论"飘"进与物理宇宙毫无关系的"梦幻城堡"。然而，只有在物质世界中，我们才能解决全球变暖问题，找到 21 世纪的能源解决方案。

闪电研究之父是一位名叫卡尔·伯杰（Karl Berger）的瑞士人。

他比任何人都更了解闪电。他是怎么实现的？他说服了一些人让他进入瑞士阿尔卑斯山山顶上的几个塔，30 年里，在闪电季节中的任何一天，你肯定能在其中一个塔上找到他，而他必定在观察、研究和测量实际的闪电。他的研究成果，尽管已有 70 多年的历史，却没有被取代。

想研究能量，就去观察它。交流和观察是本质。

当然，观察和实验需要一些必备工作。上网搜索闪电要比到山上去观察闪电容易得多。相信我，会有人试图阻止你出去观察事物。但这不就是所有量子力学的问题吗？他们不想让你观察。

最大的挑战在于你是否敢于去观察。如果你有这样的想法，一本很好地指导你开始寻找能源奇迹的书是 1779 年由查尔斯·斯坦厄普（Charles Stanhope）写的《电学原理：包含多种新定理和实验》，它包含了各种新的定理和实验，比量子力学早了一个多世纪。书中的指导和图表让你能够还原 60 多个基本电学实验。

斯坦厄普的书可以从 www. energymiracles. net 网站上下载，以及其他可能对你的探索有所帮助的数据。

能源 2×2

说到磁铁

它们都是成双成对。

涡轮机和太阳能

它们也是成双成对

核能和风能，它们无一例外

能量来源成双成对。

——现代流行小曲

我们正在寻找 21 世纪的新能源。能量由空间中假设的粒子组成，并且我们发现，每当能量产生时，都会有两个"终端"和它们之间的一条"线"。

从直流电源中可以清楚地看到这一点，能量从一个"终端"流向另一个"终端"，如果一端消失，就没有能量流。

为了使能量在空间中流动，必须建立两个终端。拿闪电来说，上空必须有暴风云，大量电荷积聚（终端 1），地面上必须有零电荷（终端 2）。少了其中任何一端，就不会有闪电般的能量流（图 107）。

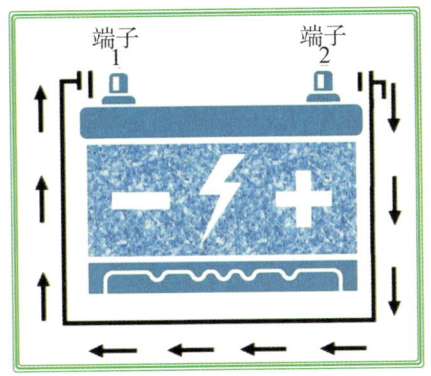

图 107　电池需要两个终端才能使能量流动

这一机制在电能和磁力的产生中充分发挥着作用。对于重力和其他所有被观测到的能量来说也是如此。要使能量流动，必须通过两端创造出提供能量流动的条件（图 108）。

图 108　任何能量流动都需要两个终端

那么，你认为哪个更重要呢？是终端还是能量流？如果你说的是终端，恭喜你答对了。为什么？因为你需要这些终端来建立能量流动的路径；没有终端就没有能量。（虽然这听起来很深奥，但事实似乎是，不知道终端的人只会看到闪电发出的光。而那些人很可能会把注意力集中在具有威胁性或不存在的粒子上。欢迎来到量子力学的世界。）任何人只要稍加注意，都会知道终端的重要性。一种简单的方法就是观察事物。

当科学家们在研究电的因果点时，他们在发电方面取得了很大的进展。当他们研究实际的元素和过程时，通过实验、测量发现了它们的个体特征，以及它们如何与其他元素和过程相互作用时，科学取得了非凡的突破。现在，我们最"前沿"的科学家专门在粒子加速器中轰击这些元素中的一些元素，"看看会发生什么"。这就像通过殴打青少年来了解他们，然后研究他们尖叫的音调和持续时间，以及他们流出的血的类型。无论他们从中"学到"什么，都不会让他们更好地理解青少年。

新能源不会来自研究一堆乱七八糟的小玩意儿。21 世纪的替代能源将由能够在它们之间产生粒子流或脉冲流的一对新型（创新的）终端组成。

简单性在能源奇迹中的重要作用

"大自然很深奥，大自然也喜欢简单。在事物的简单之处寻找真理，而不是在纷繁和混乱中。"

——艾萨克·牛顿

科学常常犯这样的错误，即认为无论何时在某种困难的情况下遇到非常复杂的问题，解决办法就必须更加复杂。然而，具有重大价值的科学发现几乎都与简单性有关。伽利略、牛顿和麦克斯韦的最伟大贡献都是把笼罩在神秘和未知之中的巨大复杂情况简化为可以理解的简单问题。

这里的"简单性"并不意味着是基本的或原始的，就像下面的例子中看到的那样。互联网可以说是我们这一代人最伟大的创造。它采用了几十种完全不同的交流方式，从电话到传呼机，到传真，到信件，到电传，到电子邮件，到广播和电视，然后把它们都放在一个平台上。以前，从一个国家给另一个国家的人打电话是件操作复杂的事，而现在，互联网成了全球通信的无缝载体。以前，说不同语言的人想要交流并非易事，而互联网使以英语为母语的人和以汉语为母语的人几乎可以轻松地跨越数千千米的距离进行交流。网上购物和社交 APP 已经融入人们的日常生活，不是什么新鲜事了。互联网不是一个"简单"的操作，这涉及数十万甚至数百万的人员和数千种复杂的技术。在这里，简单意味着一项发明将无数不协调的过程整合到一个易于访问和可用的系统中。"好吧，让我看看，这个系统又好又简单。现在让它变得更复杂。为了研究新的能源生产，你必须首先掌握暹罗字母表。接下来要知道 $E=mc^2$ 除以河鼠的平方根。如果你不能理解这一点，那么你就没有资格学习这门课，我们也不想和你有任何关系。"一个傻瓜这么说道。

现代科学并不是这种倾向的起源。量子力学专门研究如何变得越来越复杂，但他们从来没有想过，最好寻找简单的东西。简单才是能源奇迹的所在。

科学基准面应该拥抱其他数据

任何说虫洞和牛顿第一运动定律一样重要的人都忽略了数据的本质[110]。

---

[110] 图 116 中多维数据集中的推测对象是虫洞。

所有的数据不是从同一个蛋中孵化出来的。科学数据的要点是欣然接受其他数据。相反，单调值意味着每个基准与其他基准具有相同的重要性或值。我们在这本书中提到了牛顿的一些伟大发现，其中包含了很多其他数据。牛顿的第一运动定律很有价值[11]，因为它包含了成千上万的其他数据，这些数据与搬书、开车、挖沟、走路去商店和驾驶飞机有关。

法国生物学家路易斯·巴斯德（Louis Pasteur）以在疾病起因和预防方面的突破而闻名，他公布了一个包含无数其他数据的简单数据：细菌引起疾病。这一数据解决了成千上万的非最佳情况，改善了卫生，巴氏灭菌，水处理，食物保存，疫苗接种，挽救了数百万人的生命，并改善了数亿人的生活条件。这是一个简单但有充分根据的发现，包含了大量其他数据的例子。

科学定律、数据或方程式的价值在于它包含了其他数据。量子虫洞是没有价值的，因为它不包含其他数据。

在这本书中给出的能量基础包含了无数不同类型的能量创造。学习、观察并获得对这些基础知识的深刻理解将使你坚定地走上发现能源奇迹的道路。

没看懂的单词和能源奇迹

随着真正的词典在互联网时代的消失，科学家顺利地浏览科学文本的能力受到了极大的阻碍。所谓"真正的词典"是指在其定义中给出该词的所有含义，包括古语和任何专门用法，并附有示例、句子和词源（图 109）。

图 109　一本真正的词典

学生或科学家接触到的任何不能完全理解的单词或符号，都会妨碍他完全掌握他想要学习的材料。

---

[11]　一个物体将保持静止或做匀速直线运动，除非受到外力的作用而改变其状态。

以这句话为例："我们应该调查裸体停电事件吗？"

如果你对这句话感到莫名其妙，那可能是因为你对其中一个单词没有完整的理解。一旦你发现 nudiustertian 的含义[112]，它可能会变得相当清晰。

理解自己所做的事是通往成功的正道。如果你找一个刚从烹饪课毕业却不会煮鸡蛋的人，你会发现他有很多单词要么不懂，要么理解错了。被误解的词语会让学生脑袋空空。在这种情况下，任何人的首要任务就是回去弄懂所有自己不理解的词语。

参与新能源创新复兴的人们需要清楚地了解所涉及学科的基本术语。这是一个简单的过程，但对于那些想要出成果并能够充分应用他们正在研究的材料的科学家来说，理清一个学科中所有单词的定义至关重要[113]。

任何追求能源奇迹的人都应该确保他们对以下术语有一个完整的概念理解，所有这些术语都在本书的某个地方定义过：

能量

静态

动力学

物质

时空

两极

二分法

磁学

数学

经验主义

产生

发电机

线路

终端

流动

扩散

---

[112]　原句为 Should we be investigating the nudiustertian power outage? 其中的 "nudiustertian" 是形容词，指的是前天。nude：裸体的。

[113]　被误解的词是罗恩·哈伯德（Ron Hubbard）发现的第三个也是最重要的学习障碍。他的《学习的障碍》小册子可以从网上免费下载。

高压

爆炸

内爆

电力

工程师

压力

宇宙

真空

知识

最新的术语列表及其定义可在网站 www. energymiracles. net 上获得。

演示的艺术

如果你想制定一点有用的法律，

如果你不想让自己掉下去，

如果你渴望避免在稻草堆里寻找别针，

最好找到一种方法来演示或绘制。

演示：证明科学的可取之处。

演示：示范学生要如何遵守。

演示：展示你要如何使用它。

如果你不会演示，你还不如什么都不做。

科学中有一个基本的概念，如果你不能证明某件事，说明你对它的理解不够清楚，无法让它发挥作用。演示某样东西可能意味着制作它的详细比例模型，但这个过程可以简单到用黏土粗略地制作、绘图，甚至用回形针、硬币、橡皮筋和铅笔来满足你自己、你的教授或你的老板的要求。

如今，科学家们错误地认为一个数学公式正在可视化。并非如此，数学公式仅仅是符号。

已故电影制作人菲利克斯·格林（Felix Greene）曾拍摄过一部令人惊叹的电影，他在 20 世纪 60 年代初前往中国，记录了一些自豪但又倍感压力的人在建设一个国家时所面临的挑战。他最喜欢的一段视频显示（图 110），一队中国工程师负责为一条横跨 5 千米海峡的堤道建造基础。建造堤道需要石头，数以百万计的石头，但由于没有机械设备的帮助，项目启动后，他们用小帆船来运石头，一次一块。

图 110　1. 原来的系统一次投一块石头；2&3. 工程师演示他们提出的解决方案；
4&5. 行动计划在 4 秒内成功地一次投下 1000 块石头；6. 已完工的堤道。
图片已获得格林（Greene）家人的许可

他们这样工作了几个月，但随着水道的宽度变窄，穿过其中的水流增加，船只只能以 40 节的速度通过，这使得工人们不可能在船只就位的 4 秒窗口期内扔下石头。他们需要创新。

一行人花了很多心思和精力去寻找解决方案，然后进行演示：首先画在纸上，然后再制作比例模型。这些工程师知道，如果他们不能先在纸上演示，然后用比例模型，他们就不太可能得到正确的结果。演示很可能会出现不完整的计划、错误的假设、混乱或遗漏的部分。所以，如果你不能演示或画出一个概念或想法来展示你如何实际做到或使用它，你需要更多地研究这个项目或问题。很大程度上是因为这些演示详细而准确，他们避免了潜在的风险，并且在现实生活中确实有效。

影片从筋疲力尽的工人一次扔一块石头的画面，到一次扔 1000 块石头的成功解决方案。

伟大的开尔文曾经说过："我在建立正在研究的学科的力学模型之前永远不会满足。如果我成功地做出了一个，我就能理解和领悟其本质，否则不可能实现。"

科学与理解

量子力学告诉你，你越近地观察某物并与之交流，你对它的理解就越少。这是他们给科学界带来的最大的谎言之一，很难找到比这更偏离事实的说法。科学

（或其他任何领域）的理解主要是通过观察和交流来实现的。没有沟通，就不可能有理解。任何一位配得上白大褂的科学家都坚定地遵循着这样一条基本定律：他与某物交流得越多，就越有可能理解它。没有沟通，就没有理解。

通过交流，一个人可以欣赏到事物的复杂性及其真实性。观察者对一个物体的组成、结构和反应的研究次数越多，他对这个物体的理解就越深刻。同样明显的是，随着交流而来的是亲和力。试图真正理解一个物体或主体，甚至同类的人，不可避免地会对研究对象产生一些共鸣。排名前 42 位的伟大电气发明家几乎都不是专业人士，他们的主要动机也不是为了钱，这并非巧合。他们对这门学科的兴趣和好奇心促使他们潜心研究。对于能源，他们的工作通常是在长时间（包括整晚）的业余时间里充满热情地进行的。亲和力的基本方面是分享被观察对象空间的能力和愿望。这样做的能力和热情增加了一个人对事物的理解——这在科学中是至关重要的。上述任何因素都没有绝对的水平或程度。它们以梯度尺度存在。越来越多，越来越重要，或者越来越少。

要达到一定的理解水平，就必须达到相应的交流和观察水平（图 111）。不要指望一个量子力学家会让自己相信与物体的交流是理解物体的机会，或者会想出任何有用的替代能源。

> **没有沟通等于没有理解**
> **一些理解等于一些沟通**
> **更多的理解等于更多的沟通**
> **最多的理解等于最多的沟通**

图 111 科学是如何实现理解的

开始通往能源奇迹之路：学习指南

"使用总是出问题的自制仪器的学生，往往比那些使用经过精心调整的仪器的学生学得更多，后者倾向于相信仪器，也不敢把它弄坏。"

——詹姆斯·克拉克·麦克斯韦

这本书讨论了气候和发电的问题以及它们之间不可避免的相互联系，并指出有必要发展 21 世纪的发电系统——能源奇迹。现在有了一个国际机制来启动这一进程。我们把能源生产科学进步的停止追溯到量子力学理论的采用。在这里，我们不对这些理论是正确的还是错误的给出答案。需要指出的是，当它们被采用时，能源生产的创新就停止了。与此同时，我们已经确定了在电气创新陷入停滞时被废除和抛弃的特定科学原理，并建议重新审视这些想法是打开 21 世纪能源奇迹之门的合乎逻辑的方式[114]。

在接下来的几页中，我们将对能源的基本定义和作用进行综述。一旦熟悉了这些，能源奇迹的探索者应该开始研究前文表 2 中列出的"前 42 位电气发现"中的内容。阅读珀西·邓希思（Percy Dunsheath）的《电气工程史》（费伯出版社，伦敦，1962 年），或戴维斯（L. J. Davis）的《舰队之火：托马斯·爱迪生和电气革命的先驱》（拱廊出版社，2003 年）。跟随他们的思路，像他们一样研究电和磁与其他形式的能量的关系。这些人中的大多数，一旦心中有了火花，就会全身心地投入到电气研究中去。有些人在晚上和周末下班后做研究，有的人奉献了一生。

然后研究他们的实验室实验，并试图复制这些过程。大多数最伟大的进步都是通过廉价和容易建造的设备实现的。软木、铁球、玻璃瓶、丝线和风筝是本杰明·富兰克林进行电学实验所需的所有配件，这项实验产生了能源科学中最重要的发现之一。斯坦霍普的 62 个电子实验可以被任何人复制，令人大开眼界。法拉第和麦克斯韦的实验至关重要。这些都可以在 www. energymiracles. net 上下载。

当你完成了上述实验，就开始研究特斯拉的理论吧。

能量、空间和时间的基础

你想在能源奇迹挑战中领先一步吗？这可以实现。学习并理解本书中给出的能量的基本定义和描述。这里有一个简短的综述，包括罗恩·哈伯德著作中的定义和原则。哈伯德主要以作家和哲学家的身份为人所知，他也是一位船长、飞行员、园艺师、摄影师、音乐家和人道主义者。也许最被低估的，是他对物理学的贡献。1932 年，他在乔治华盛顿大学学习时，参加了美国最早的核物理课之一。这门课当时被命名为"原子与分子现象"，这门课激发了他对能量力学的兴趣，他一生都保持着这种兴趣。我很荣幸认识他，他对科学和能源的兴趣也启发了我。

就能量而言，哈伯德清楚地看到，创造电流的最有效顺序是在空间中确定或

---

[114] 麦克斯韦，J.C.，《麦克斯韦论分子和气体》，E. 加伯，S.G. 布拉什，C.W. 埃弗里特编辑，麻省理工学院出版社，1986 年，第 113 页。

建立位置，确保有从一个地方到另一个地方放电的东西。只需要这样做，就有了电流。

我们生活在这样一个时代，威权主义和教条主义如此彻底地掩盖了科学的重要部分，以至于尽管我们迫切需要新的、清洁的、丰富的和廉价的能源，但在这些领域进行研究需要非凡的决心。要想在追求能源奇迹的过程中取得成功，需要一种真正的科学方法，而哈伯德是这种方法的狂热支持者。到目前为止，寻找能源奇迹的个体研究人员一直被淹没在抽象意识形态的重压之下，与过度资助的研究兴趣相冲突。

不出所料，尽管有数十亿美元的粒子加速器和对撞机，但在新型能源生产方面没有任何进展。

静态与动力学

物理学可以说是对静力学和动力学的研究，但这是什么意思呢？现代物理学家会看着实验室桌子上的一个小立方体说："它不动，所以它是静态的。"先别着急下定论。如果它在地球表面，它已经有六种不同的运动了。一种是地球绕太阳旋转的运动——这是一种每秒 30 千米的可变运动；然后是地球绕地轴旋转，速度是每秒 460 米；还有地球绕太阳系中心旋转的速度，每秒 200 千米。如果你想看看这个小立方体的内部，你会发现组成它的分子和原子在疯狂地运动。你必须是一个比物理学家更好的魔术师才能把有这么多运动的东西称为静态，因为静态，根据定义，就是没有运动的东西。更具体地说，如前所述，静物是没有质量，没有运动，没有波长，在空间或时间上没有位置的东西。

另一方面，动能是能量粒子的流动，它可以存在于从 $1/\infty$ 到 ∞ 的任何波长。但是当你说它的波长为零的时候，它就变成了静止的，不再有波动。

成功的能源奇迹探索者需要研究静力学和动力学之间的区别。

能量

能量由空间中假定的粒子组成。我们不量化它们。它们可以大也可以小，但都是粒子，也有质量，需要空间，要么在运动，要么不运动。能量是一种行动，也可以成为一个对象。这种情况有三种：流动、传播和脊（ridge）。这是三种能量，也是能量的三种作用。

能量的三个特性如图 112 所示。

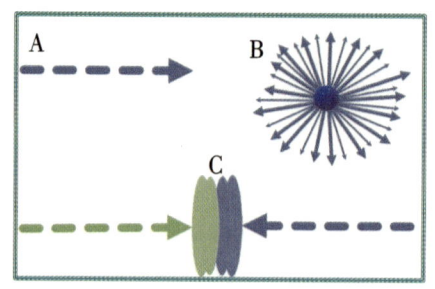

图 112　三种基本能量特性：A. 流动；B. 传播；C. 脊

流动（图 112 中标记为 A）是有方向的粒子流。这可能是一个平滑的波，一个正弦波，也可能是一个更嘈杂的波，或者是一个复杂的波。它可以是任何波长或振幅。所有流动都可以绘制成图形，比如一股水流、一束光、一种稀疏/凝聚波（如穿过空气的波）或一种粒子（如从 X 射线机发射出来的粒子）。直线必然是一种波，因为波本质上是一条流动的路径。

脊（图 112 中标记为 C）是第二种能量，驻波是其中一例。两辆高速相撞的汽车在直接碰撞点形成一个"驻波"。两股相互碰撞的气流形成了一种连续的物质状态。如果你拿两桶水，把它们扔向对方，你会有两股水流在半空中相遇，如果你有一台频闪相机来捕捉那个瞬间，你就能研究它们形成的图案：两股水流相互碰撞形成一堵墙。

山脉是另一个例子。当巨大的流动或分散作用推动大陆块形成新的高峰时，山脉就形成了，这些高峰在形成它们的原始流动之后持续了很长时间。在大气、无线电或网络信号的电子干扰中可以看到瞬间脊线，这些干扰会导致静电或嗡嗡声或接收不良。水力工程师会告诉你，产生波浪的不仅仅是介质的组成。两种不同密度的流体或物质相遇的任何地方都会形成波。海浪是由密度较大的水撞击相对较低密度的空气形成的。当一辆汽车撞到一只猫时，猫在路上的飞溅可以被认为是脊的结果——尽管不是很美观。

能量的第三个特征是传播（在图 112 中标记为 B），即物质或能量从中心点向外呈球形分布（通常是爆炸性的）。这是一种特殊的流——多重流。例如核爆炸或太阳的日常活动。在传播下，我们也对内爆进行分类。内爆可以被称为反向扩散，所有周围的物质都被吸到一个点上。这些是粒子在空间中行为的真实描述。黑洞就是一个例子，就像一艘失控的潜艇被远在海面以下的巨大压力压碎一样。

当两股流相互碰撞时，是脊形成的最佳时机。两个能量传播相互碰撞的影响也会形成一个脊状结构，内爆和爆炸的结合也会形成一个脊状结构，从而实现电子流动的持续湍流，并形成更多的脊。

对这三种类型的能量进行简单的验证显示出大量的相互作用：当一块物质（比如壁炉里的木头）吸收了足够的热量而"突然燃烧起来"时，热流就会引起扩散。两支军队互相攻击（来自不同阵营的两支分散部队）可以在他们的冷兵器碰撞时形成脊，而任何一方都没有足够的力量压倒另一方。柏林墙就是这样一个例子。

物质

物质和固体都是分组的粒子（图 113）。根据粒子凝结的程度，物质通常被认为以三种状态之一存在：固体、液体、气体[115]。

固体　　　　　　　　液体　　　　　　　　气体

图 113　物质的不同状态取决于粒子的密度

为了给自己一个理论解释失败的后门，量子力学现在说宇宙中 99％ 以上的物质处于等离子态，而等离子态甚至不是物质状态（见脚注 119）。在过去的 20 年里，量子力学也一直在说宇宙是由 68％ 的暗能量和 27％ 的暗物质组成的。如果这是真的，那就意味着爱因斯坦的相对论只适用于实际宇宙的不到 5％。尽管如此，爱因斯坦让自己陷入与现实最矛盾的地方是在处理物理宇宙的另外两个组成部分：空间和时间。

空间

简单地说，空间是一个维度的观点。无论你在看什么维度，那都是你的空间。你说："我想知道怎么去那里。"这需要获得二维空间（长度和宽度但没有深度），至少需要三个点（图 114）。

---

[115]　受量子力学影响太大的教科书会将等离子体加入其中，但等离子体并不是一种不同的物质状态。它只是一种粒子带电荷的气体。

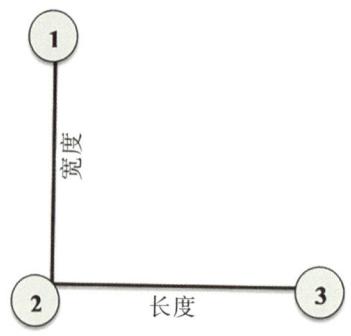

图 114　二维空间需要三个点

房间的 8 个角（图 115）是三维空间的一个例子。

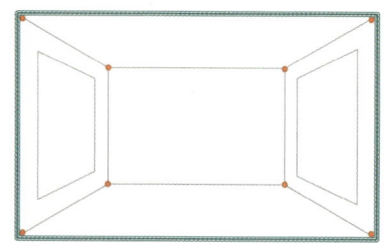

**图 115　由房间的各个角落勾画出的三维空间的例子。8 角的房间仍然只有
3 个维度：长、宽、高**

如果你只放两个点出来，你就得到了一维线性空间。

不同的观察者观察不同的维度。它们都是同等有效的。数学家教会了我们一维、二维和三维空间。这些观测是准确的，它们覆盖了宇宙中的所有空间。尽管 Photoshop 和任何新的科学绘图应用程序都能够绘制出一些非常漂亮的图画，但它们不存在于三维空间中。图 116 显示了一个假想的 n 维空间中的量子虫洞，虽然是非常棒的图形，但可以看到它只适合立方体的三维空间。

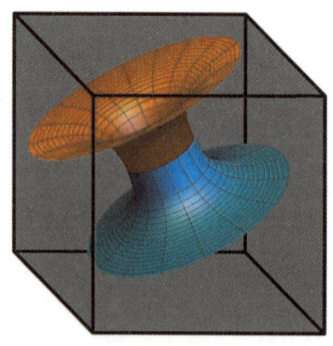

图 116　n 维弯曲空间中的量子虫洞非常适合立方体的普通三维空间

维度的数量，以及划分维度的点的数量，对许多科学领域都至关重要。如图117所示，单个点没有维度，因此没有空间。正如本书其他地方所示，单点也没有电荷。这使得量子力学在试图将假想的无量纲单粒子（dimensionless single particle）的特性理论化时陷入困境。

空间与维度

（没有维度=没有空间）

维度	0	1	2	3	
点或粒子的最小数量	1	2	3	4	
空间是维度的体现			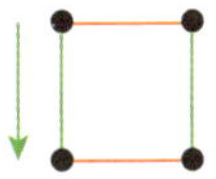	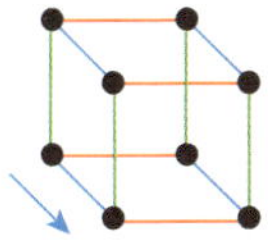	X Y Z
空间？	无	有	有	有	

图117 单点没有维度，也没有空间

时间

爱因斯坦陷入了时间是否"相对"的难题（图118）。他在想天上是否有一个巨大的原子钟，它以不变的节奏滴答作响，每个人都跟着它跳舞。他正确地得出了这个问题的答案：不存在的，所有的时间都是相对于观察它的人而言。

图118 有许多时间系统，在量子时间的描述中，圆圈代表了无限数量的相互连接的时钟

上面的"量子时间"描述显示了所有的时钟相互连接，但实际上，有大量的时间系统。你可以说"我的猫的 6 岁生日"或"他毕业 3 年后"或"就在事故发生之前"或"五代人以前"或"在铀的半衰期结束时"。这些都是有效的时间系统，它们与时钟几乎没有关系。

时间不是一个滴答作响的时钟，时钟既不创造空间也不创造时间。时间是物质和能量持续存在的前提。时间标志着粒子的相互作用或粒子在空间中位置的变化。时间的公分母是变化，而变化是时间的首要表现。如果粒子不存在或不移动，就没有时间。一个移动的粒子，改变它在空间中的位置，例如图 119 中的狗，就体现了时间。

图 119　时间标志着粒子在空间中位置的变化

稀疏与凝聚

能源奇迹的第五个关键很容易被忽视，指的是能量通过媒介传播的手段或机制。自从能量粒子被错误地定义，介质的概念被抛弃以来，这已经成为科学中被遗忘的元素。在本书的前面，我们提供了早期科学文献的参考资料，这些文献明确指出光波的传播原理与水波的传播原理是相同的。几年前因对光波的观察而获得诺贝尔物理学奖的 LIGO 人员证实了光波的行为就像水波（脚注 96）。

如果不理解光波，就像是把绳子的一端系在树上，然后轻弹另一端。电磁波不是这样传播的。如果非要这么做，还需要在本地电视发射机和屋顶上的电视天线之间放一根绳子，然后确保电视台的人员不停地拨动那根绳子。

电磁波（包括光波）利用稀疏/凝聚机制在空间中传播。在这个术语中，我们前面介绍的脊可以被理解为物质或能量的凝聚，而流动和分散可以被视为稀疏的现象（图 120）。

稀疏/凝聚机制是普遍存在的。正如前面所解释的那样，这对于充分理解双缝实验至关重要，并且在杰拉尔德·波拉克（Gerald Pollack）的著作《水的第四阶段》（the Fourth Phase of Water）中描述的几乎所有现象中都有体现。在那本书中所谓的禁区（exclusion zone）是凝聚，即水分子的压实。周围的水由更稀薄的分子组成，允许更活跃地流动和传播。波拉克发现，正是进入系统的辐射驱动了电荷运动（能量）。这在水和雷云中都成立，甚至被证明是布朗运动的原动力。波拉克是一位老派科学家，他礼貌地谴责现代量子方法放弃了对简单性的追求。他努力寻找简单统一的真理，很明显，他在一本被称为本世纪最重要的科学发现的书中找到了一些。

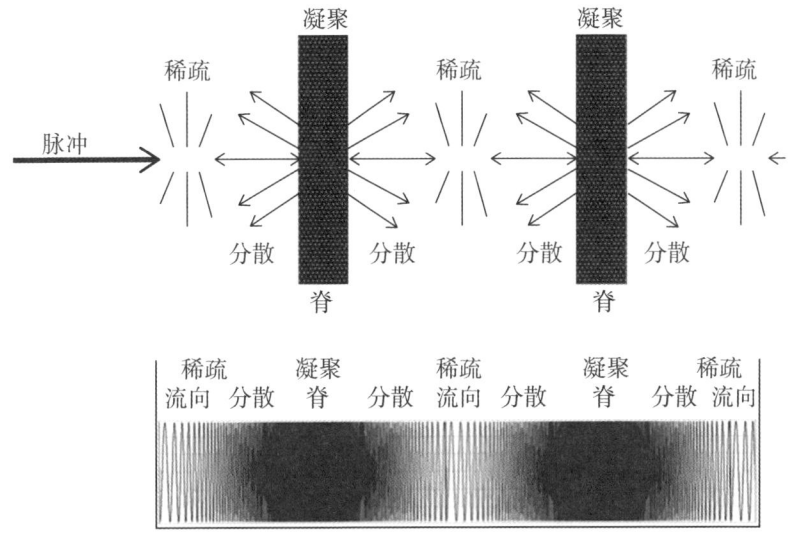

图 120 能量从左到右。脊是凝聚；流动和传播是更稀疏的颗粒

能量的基本模式如图 120 所示。在沿着铜线的稀疏/凝聚波中，发生的是电子的稀疏/凝聚。电子不会移动很远，也不会像一滴水一样沿着导线流下来，而是稀疏/凝聚。图 121 显示了这与粒子的关系。在上面的框架中，你可以看到粒子到处都是，且均匀分布。这些粒子只是安静地运动着——它们还没有发生任何变化。

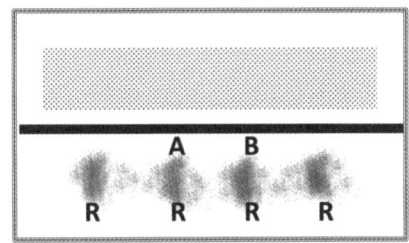

图 121 上图：未受影响的颗粒；下图：波中的粒子

在最下面的坐标系中，我们让一个波穿过这些粒子。你可以看到它们聚集了起来。标记为"R"的部位有胚胎脊（embryonic ridge）。这些脊就是粒子的凝聚。稀疏区是指粒子较少的地方。一个完整的波是节点（标记为 A 和 B）之间的距离。但请注意，这是三维球体。

如果通过频闪观测器去观察稀疏凝结流中的粒子流，会得到一些微小的模式，这些模式会证明，在任何给定的时刻，稀疏和凝聚都在发生，在稀疏和凝聚之间的一些粒子突然膨胀，一些粒子撞进去，粒子作用的模式与图 121 的底部框架中看到的近似。

这也解释了驻波。假设稀疏凝聚波足够好，足够重，然后让相反的气流进入并阻止它。如果仔细检查图 121 中 R 的模式，或多或少会变成图 120 中凝聚的模式，脊没有变化。

稀疏/凝聚不仅描述了电线上的电流流动模式，也描述了空间中的电磁流动模式。它也是星系的模式和原子的模式。似乎你在宇宙中几乎任何地方都能找到这种机制的证据[116]。

对那些希望发现能源奇迹的人的最后建议

知道我们做错的第一件事是什么吗？

跟着量子之歌走。

专注于目标。绝不松懈。

知道我们做的第一件事是什么吗？

当我们挑战光速的时候。

专注于目标。绝不松懈。

——传统经典

坚持不懈是我们最伟大的能力之一，在所有职业中都受到赞赏，在寻找能源奇迹的过程中同样重要（图 120）。

能源奇迹山

图 122　坚持战胜阻力

探索没有捷径。欲速则不达。我打扫房间的速度很快，收拾脏衣服和铺床只需要 5 分钟。而我的妻子打扫同一个房间要花两小时。结果是不一样的，完全不

---

[116]　关于稀疏/稀薄的更多信息可以在下一节闪电和 www.energymiracles.net 找到。

一样。她用抹布把每一个角落和缝隙，甚至是家具的背面都打扫干净，还要跪下来擦洗地板，借用梯子清扫高高的窗台。这些动作都不是我的"打扫"中的一部分，而每次她"打扫"后，屋子看起来、住起来和闻起来都很好，这让我想起一个尴尬的事实，那就是她真的打扫了房间，而我没有。

对于那些寻求能源奇迹的人来说，这是一个至关重要的教训。首先，你需要很好地掌握能量的基本知识。在最后一节有一个建议的学习课程。建议的步骤之一是先从 www. energymiracles. net 网站上下载书中给出的实验。这是一个完全可行的任务，但不可能在 5 分钟内完成。然而，我可以保证有人会在 5 分钟内浏览那本实验书，然后决定"我已经完成了"。小心别太快了。目前，有一款应用程序可以让你查找一本书，并在 15 分钟的阅读时间内获得"要点"。如果你连这些都懒得读，被囚禁在应用程序中的 AI 虚拟人声会读给你听。想象一下，四个专家花了 5 年的时间研究一些重要的东西，处理所有的数据，丢弃 95％ 的数据，并进一步将剩余的内容精简到 300 页，不能再少了，包含了足够的信息，让读者对主题有一个合理的了解。然后有人走过来说"嘿，人们没有足够的时间去读一本 300 页的书。我可以进一步缩短到 15 分钟，让他们了解要点。"然后"读者"读得很快，其实什么都没记住。

我对电的兴趣始于 65 年前，当时我上二年级，我决定更好地了解墙上的电源板有什么用，并计划做一个实验来研究它。那天晚上，我从妈妈的化妆台上借了一个金属发夹，第二天在学校，就在午饭前，我把它弯成一个合适的角度，把发夹的两端插入两个插槽。砰！在随后的爆炸中，当整个学校的电力系统瘫痪时，我发现了比我预想的更多的东西。我的手指灼烧了一个月，身上被熏黑的肉的味道伴随了我好几年。我不建议你尝试这样的事情，但你必须亲自做些实验，以掌握什么是能量，并成为创造新能量来源的大师。这包括理解本章前面章节中列出的每一个单词，并用自己的双手去"玩"电。请放心，成为专家绝对不会花费你 65 年的时间，但也不可能在 5 分钟内完成。

你肯定会在学习中遇到障碍，在实验中遇到障碍，最后在创造新能源时遇到障碍。但如果你意志坚定，你就会取得成果。这个目标可能是这个特定时期地球上最重要的目标。所以，坚持下去，继续创造。

专注于目标，决不松懈。

祝好运。

第 10 章　　通往能源奇迹之路

能源奇迹的五个关键已在第 6 章中阐述。历史上几乎每一个伟大的电学发现（见第 5 章的表 2）都是基于这五点。

理解了这五个关键，能源奇迹就触手可及。以这些内容为指导，有许多途径可以有效地应用它们（图 123）。下面是一些最令人兴奋的方式：

图 123　通往能源奇迹之路

热电

对于寻求能源奇迹的人来说，热电是一个听起来很棒的词：它的意思是"热产生的电能"，事实上，1821 年爱沙尼亚物理学家托马斯·约翰·塞贝克（Thomas Johann Seebeck）发现，不同金属之间的温差会在导线周围产生电动势（电压），从而在电路中驱动电流[117]。他还发现电压随温差的大小而变化，因此温差越大，产生的能量就越大。在实验室中，在室温下使用普通材料，这样的电压是用微伏来表示的。但温度差异会导致大风暴的形成，以及大风、闪电和冰雹。很明显，两个物体之间的温差有可能直接产生电能。温差产生了一种正负

---

[117]　亚历山德罗·沃尔特（Alessandro Volta）早在塞贝克之前 20 年就发现了同样的现象，但它还是以塞贝克的名字命名。

极——就像产生雷击的电压差异一样。这种潜力是可以利用的。

这种关系被称为塞贝克效应或热电效应，是热电偶的物理基础，通常用于温度测量。但除了热电偶，这个概念在过去的 165 年里基本上被忽视了。

热力学已经让位于地热（来自地球的热量），地热包括将热能转化为机械能，方法是将地下的蒸汽带到地面上为发电机提供动力，或者利用地下热水为家庭供暖（图 124）。

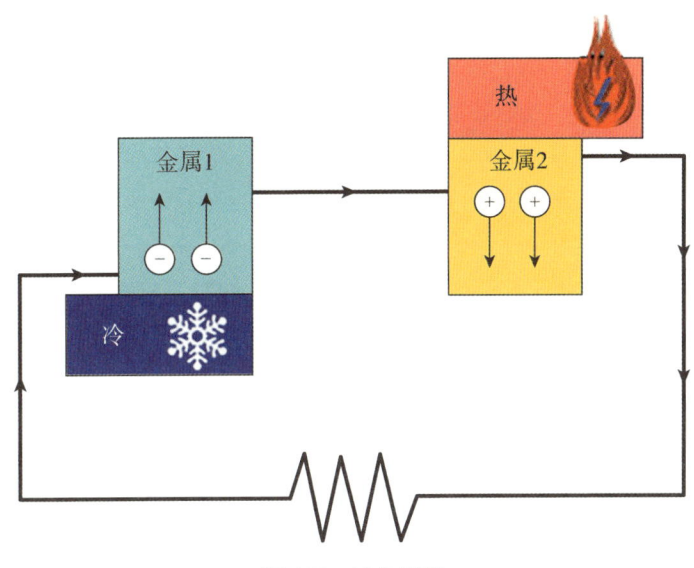

图 124　热电能源

如果我们有近似无限的极端热源，当它与另一个温度低得多的物体放在一起时，可以直接产生电流，那会怎么样？如果我们不需要挖煤，不需要烧煤，不需要用大量的水作为蒸汽来驱动涡轮机，却能产生同样的电流，那会怎么样？

热源是存在的。科学家估计，地球核心的温度可能高达 6000 ℃，和太阳表面一样高。地核距离地面 6371 千米，但我们不必挖那么深。

图 125 是地球的横截面积图。地壳的平均厚度为 35 千米。在地壳和地幔之间的边界温度范围为 500 ℃～1000 ℃。在与外核接壤的地幔深处，温度上升到4000 ℃。

我们挖过的最深的地方是地表到地幔距离的三分之一。但我们可能根本不用挖。有几种方法可以到达地幔而不用穿过地壳。海洋底部的地壳通常比大陆地壳薄得多，在大西洋海底（佛得角和加勒比海之间）有一些地区，地幔暴露在海面以下 3 千米处，没有任何地壳覆盖，面积达数千平方千米。

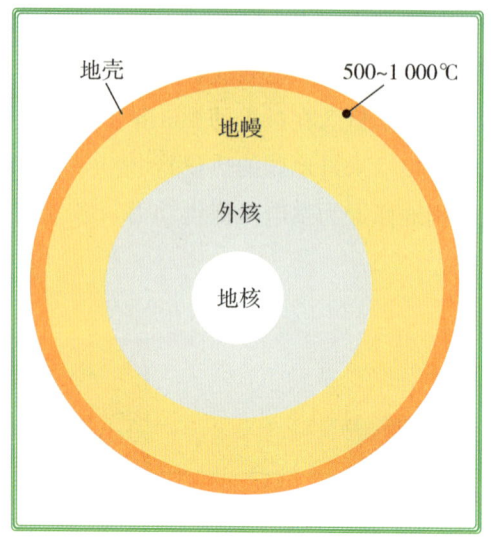

图 125　地球的横截面和温度

我们知道温度强烈影响海水的导电性[118]。通过掺杂从 1000 ℃的地幔延伸到 15 ℃的海洋表面的盐水柱，这两个温度水平之间的差异可以产生足够的能量来满足地球的大部分需求。

活火山提供了接近几乎无限的极端热源的直接途径。人们需要采取一些精心的设计和一些巧妙的材料科学应用，但从地球上每一座活火山产生电流的潜力是存在的。碳化钽（TaC）和碳化铪（HfC）等材料已经开发出来，可以承受4000 ℃的温度。

海洋热能转换（OTEC）

这是热电发电的一种变体，它利用相对温暖的海洋表面和海洋特定区域深处较冷的海水之间的温差来产生能量。目前，人们已经利用了 9.7 ℃和 28.0 ℃之间的差异。这 18.3 ℃的微小差异估计能够产生高达 88 万亿千瓦时/年的电力，而不会损害海洋的热结构。

这个概念是在 1881 年发明的。目前，日本在冲绳岛运营着唯一的 OTEC 设施（图 126）。

---

[118] Dauphinee，T. M. & Klein，H. P.，温度对海水电导率的影响。深海研究第二部分：海洋学专题研究 24，891－902（1977）。参见：Assiry，A. M.，Gaily，M. H.，Alsamee，M. & Sarifudin，A.，海水在通电加热过程中的电导率。海水淡化，2010，9－17。

图 126　日本冲绳的海洋热能转换

氢

氢被认为是未来潜在的无污染燃料，因为：

（1）氢不含碳；

（2）在所有已知的燃料中，每单位质量氢的能量含量最高；

（3）氢燃烧的唯一副产品是水。

在自然界中，氢几乎总是作为另一种化合物的一部分被发现的，比如地球上的水中蕴藏着大量的氢。因为需要高温蒸汽来分离它，世界上 95% 的氢是由燃烧化石燃料产生的。

目前正在开发几种分离氢气用于汽车燃料的技术，挑战是在不燃烧化石燃料的情况下生产它。

超导和电子发生器

这可能既是一种潜在的能源，也是一种储存替代能源的潜在方式。作为一种动力源，它具有比原子能更快的速度和更大的潜在应用，而且没有任何有害副产物。作为一种能量储存装置，它具有无限的潜力。它被称为电子发生器，自1911 年荷兰物理学家海克·卡末林·昂内斯（H. K. Onnes）首次观察到超导性以来，科学家们已经绕着它的边缘走了 100 多年。这种技术从来没有成为焦点，因为科学家们从来没有把它与基础物理学联系起来。

当某些金属接近开氏零度或接近绝对零度时（−273 ℃），它们的导电性几乎是无限的，而它们的电阻接近于零，磁性能被抵消。在这个温度下，物体几乎没有运动，可以把电导入其中。事实上，因为它没有电阻，它有接近无限的容量。哈伯德假设，如果你把这些金属降到尽可能接近−273 ℃，你就可以不断地向其导入电流，直到它们含有一个非常大的电荷——也许是数十亿兆伏。当用于存储时，它将具有几乎无限的容量。

在−273 ℃时，如果铝没有外壳，它几乎是粉末状的。

任何一种金属当被降到这个极低的水平时，其容量是无限的。只需要把电存储容器保持在−273 ℃附近，当你想释放它的一些能量时，加热一下就好。这不是一件容易的事，一旦它开始加热，它就开始释放电流。这是一种非常强大的力量，可以在很短的时间内释放出来，并且可以容纳在很小的空间里。

根据康奈尔大学（Cornell University）和布鲁克黑文国家实验室（Brookhaven National Laboratory）的研究，脊的存在抑制了超导性的使用。当他们用扫描隧道显微镜（scanning tunneling microscope）观察超导材料时，他们发现电子形成了脊状结构（多行或少行电子交替排列），就像声波中空气分子的交替压缩。扫描隧道显微镜可以通过读取电子的能级来扫描比原子宽度还小的表面。他们认为这些脊是一种异常现象，没有意识到它们实际上是三种基本能量形式之一，他们所观察的是一个凝聚/稀疏过程。

有了这些知识，有人可以利用这种机制在 21 世纪的能源生产中取得突破。

尼古拉·特斯拉的自由能源

当爱因斯坦被记者问及成为地球上最聪明的人是什么感觉时，爱因斯坦回答说：

"我不知道。问问尼古拉·特斯拉。"

特斯拉的传记作者们乐于指出他一些更奇特的个人特征，但这些都无关紧要。从童年起，他就有了"利用自然的能量为人类服务"的目标，他一生都在追求这一目标，并且成功了（图 127）。

特斯拉的多相交流电发明改变了世界。该系统可以通过高压线路远距离传输和分配电力，使电力既便宜又容易获得。他的多相发电机可以制造出比以前更高的功率水平和转速，成本更低，需要的维护也更少。

图 127　尼古拉·特斯拉展示他对能量的控制

特斯拉线圈利用两个或多个振荡电路的共振产生高电压和高频电流。

他设计了一种通过两个电极之间的电弧产生照明的灯，并获得了专利。他申请了高压和高频电流驱动的灯的专利，其中一个或两个电极放置在真空中。他发现可以通过稀释气体中的高频电流来产生照明，尽管荧光灯管已过时，但这一发现的重要性与能源奇迹有关——高频电流会导致管子里的气体电离。他相信，用高频电流电离大气层上层的气体，照亮整个世界是可能的。

只有对能源和电力有深刻理解的人才能想象出这样的系统，更不用说把它们变成现实了。当时没有人能与他对电的理解和控制相提并论。在他的纽约实验室里，他会徒手操纵发光的纯电能球体，有时把它们递给他的朋友马克·吐温（Mark Twain），以证明交流电的"无害"。在 1893 年的芝加哥世界博览会上，特斯拉把自己变成了一个人体导体，让电流通过他的身体把巨大的涡轮和发动机连接起来。

但他最重要的工作是无线电信号和电力的无线传输。他发现，如果你向水中发射一个无线电波，它会向各个方向传播——为了接收信号，你所需要做的就是在水中插入一根电线并"听"它。通过地球发送的信号也是如此。早在 1899 年，他就想到了这点。他计划利用地核作为传导介质，以低廉的成本向地球上的每一个地方发送大量的电力和数据信号。他的主要想法是用一个足够强大的发射器发射电磁波，使其完全传播到地球表面。当波到达对面时，它们会反射并与最初传播的波结合，形成驻波。世界上任何地方的用户都可以通过廉价的接收器从驻波中获取能量。

怀抱这个想法，特斯拉在 1899 年至 1900 年间去了科罗拉多斯普林斯市。他的一个朋友是该市电力公司的董事，后者为他的实验提供了无限的电力。特斯拉在城外建了一座塔，然后开始工作。当时，已经有许多实验人员实现了小规模能量的短距离无线传递。其中最成功的是马可尼（Marconi），他曾将无线电波传输到 3.2 千米外。但在这方面，特斯拉遥遥领先，已经将无线电波发送到 48.3 千米外。1897 年，他还在麦迪逊广场花园展示了一艘无线电控制的船，方向、速度和灯光的控制通过无线电信号频率的"调谐"（tuning）完成。特斯拉比地球上任何人都更了解这个过程，事实上，他获得了这方面的第一个专利。但他对发射无线电波不感兴趣，认为这是浪费。他对远距离无线配电更感兴趣。

利用地核作为大电流的导体与通过大气层发送无线电信号面临着不同的挑战。通过空气发送的无线电信号也向四面八方传播。有了合适的设备，从纽约发往华盛顿的信息可以被伦敦窃听到。把这些频率想象成在同一空间中同时运行的不同路径。但是，由于空气中的粒子比水或地核等物质中的粒子密度小得多，因此用于信号的频率变得至关重要。

在斯普林斯市，他心中有一个更大的目标。他建造的巨大的无线电发射塔不是用来广播无线电波的。它是用来发电的（图 128）。

图 128　科罗拉多斯普林斯市的特斯拉实验室

有一种叫作圣埃尔莫之火（St. Elmo's fire）的天气现象，它发生在存在强电场的情况下，比如雷暴中的电场。特斯拉的塔楼建成并投入使用后，整个社区每晚都被圣埃尔莫的火焰照亮。不仅如此，如果金属物体靠近消火栓，该市的消火栓还会产生电弧。特斯拉所做的是将电直接泵入地球。他正在开发一种他称之为机械振荡器（mechanical oscillator）的东西，一种带有独立动力装置的发电机，不依赖于外部蒸汽机。换句话说，他发明了一种没有蒸汽的蒸汽涡轮机。他认为该发明是一种利用地球本身传播强大电流的方法。凭借巨大的电子信号，特斯拉将灌溉沙漠，改变气候，在夜间照亮海上航道，并为世界上的每个人提供无限量的免费电力。

对于无线电波，我们要处理的频率是每秒数万到数百万个周期。传输电力则不同，用特斯拉自己的话说就是：

这一革命性原理的实际应用才刚刚开始。到目前为止，人们一直局限于使用在介质中快速衰减的振荡。尽管如此，这也引起了普遍的关注。更难的是不随距离减少的波浪所能达到的效果。

对于一个外行人来说，很难理解电流是如何传播几千千米的距离而不减弱。其实，这很简单。距离只是一个相对的概念，是物理限制在头脑中的反应。对电现象的看法必须摆脱这种错觉。不管多么令人惊讶，一个小弹珠对水流的阻碍比整个地球都要大，这是一个事实。因此，可以在这样一个小球体上进行的每一个实验，同样可以在我们生活的这个巨大的球体上进行，而且要完美得多。这不仅仅是一种理论，而是在大量精心进行的实验中建立起来的真理。当地球受到机械撞击时，就像某些强大的地球剧变一样，它会像钟一样振动，其周期以小时为单位。当它被电击中时，电荷大约每秒振荡 12 次。

通过在地球上施加一定长度的电流波，肯定与它的直径有关，地球就像一根电线一样陷入共振振动，形成静止的波，其节点和腹侧区域可以用数学精确地定位。由于这一事实和地球的球体形状，可以很容易地获得许多非常准确的、具有科学和实用价值的大地测量和其他数据……如果适当地利用这种干扰，就可以使波以所期望的任何速度在地球表面上传播，并且可以在任意地点产生电效应，还可以根据简单的三角规则精确地确定其地理位置。

这种远距离传输电能的方式不是一般意义上的"无线"，而是通过导体进行传输，而且这种传输方式比任何人造导体都要完美得多。传导的一切障碍都是由于电通量和磁通量被限制在狭窄的通道中而产生的。地球上没有这样的束缚和阻碍。它是一个理想的导体，因为它的巨大、空间上的孤立和几何形状。它的单一性只是一个表面上的限制，因为通过在它上面施加许多互不干扰的振动，能量的流动可以通过任何数量的路径来引导，这些路径虽然在物理上是相连的，但却像许多电缆一样完全不同和独立。因此，任何可以通过一根或几根电线在明显有限的距离上操作的仪器，同样也可以不用人工导体，在不受地球物理尺寸限制的距离上以同样的便利和精度工作。

他的想法很优雅。他将电极嵌入地球，然后向其发射电脉冲。起初，他会受到当地电力公司提供的电力的限制。但当脉冲从世界的另一端返回时，他相信可以再次发射它，通过地核传播。此外，他还计算出，现有水资源的水力发电足以为他的系统在全球范围内提供动力。

"但是，我们不能仅仅满足于改进蒸汽机和内燃机，或者发明新电池；我们有更好的工作要做，有更大的任务要完成。我们必须发展从取之不尽、用之不竭的储存中获取能源的方法，发展到不消耗和浪费任何材料的完善方法。多年来，为了这个我早已认识到的伟大的可能性，为了这个对人类意义重大的伟大问题，我一直在集中精力，我的一些快乐的想法激励我去尝试最困难的事情，并在逆境中给予我力量和勇气……我已经取得了进步，并且已经度过了仅仅依靠对已知事实、结论和计算的勤奋研究而得出的信念的阶段。我现在确信，这个想法的实现已经不远了；即利用介质的能量在地球上任何一点上使发动机运转的能源。"

他设想，有了一个简单、容易制造的设备，消费者就可以用无限的电力为自己的房子供电。一旦他的塔和设备安装好，他就准备好进行测试了。他穿着厚厚的橡胶底鞋，站在离设备有一段距离的地方。在他的信号下，助手打开了发电机。一个 1.8 米高的闪电从塔顶飞了出来（伴随而来的雷声在 35 千米外都能听到）。随着测试的继续，闪电的强度和长度增加到 39.6 米。在那一刻，塔和整个科罗拉多斯普林斯市陷入黑暗——当地的发电站已经烧毁。

他毫不畏惧地回到纽约，坚信自己即将发现人类历史上最强大的力量。他从 J. P. 摩根那里借了一笔钱，在长岛买了一块叫作沃登克利夫（Wardenclyffe）的土地，开始建造一座新的、完善的、57 米高的电力塔（图 129）。

图 129　纽约长岛的沃登克利夫

他再次明确表示，他不打算使用无线电波，因为它们太弱，效率太低。他发表的几篇论文描述了他打算做什么，但没有透露具体方法。我们知道他的特斯拉线圈是一个非常强大的装置，可以放大电力，他声称"特斯拉电流"的效率将达到 90%。另一位电气天才开尔文也来了，他听了特斯拉的讲解，会后成为了一个坚定的支持者。

特斯拉的投资者在发电厂投入了大量资金，他们无意支持"人人享有免费电力"的想法。他们告诉特斯拉，他们给他的钱只能用于无线广播游艇、赛马比赛结果以及股票行情。当特斯拉拒绝时，他的资金来源一夜之间蒸发。特斯拉不干了，1917年，沃登克利夫塔被炸成废铁。

特斯拉的说法并非狂人之言。他是最后一批能够将能源梦想变为现实的人之一。

在特斯拉的出生地——克罗地亚斯米连，你可以在他的博物馆里看到一些设备运行的例子，而在该国首都萨格勒布的尼古拉·特斯拉技术博物馆可以找到更多、更全面的设备展示（图130）。

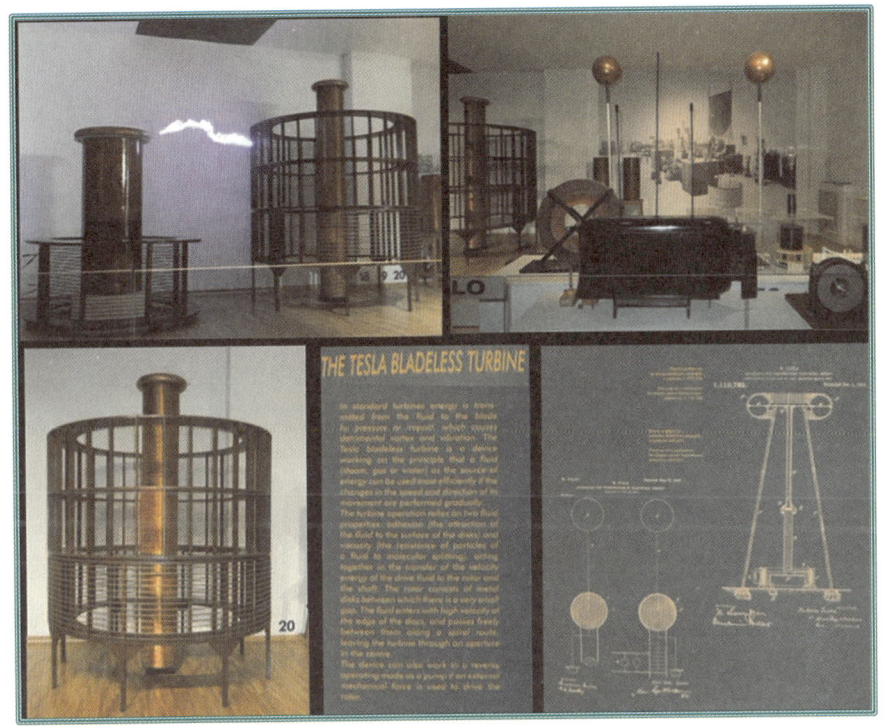

图130　萨格勒布的尼古拉·特斯拉技术博物馆

他的工作成果特别适用于能源奇迹。浓缩并获得电力的最快方法之一是将其射穿铜。这就是为什么铜在发电机和配电中被广泛使用的原因。特斯拉最先意识到根本不用任何电线，需要的只是气流的强度和可以穿过空气或地球这个介质的波长。特斯拉做到了，不仅是无线电波，还有电。他能够在48千米的距离外无线打开灯泡。不幸的是，他在这个梦想完全实现之前就去世了。但这是一项可以被重新拾起的研究，可能会成为能源奇迹。

特斯拉的许多图纸和文件都已公开。有些可以在 energymiracles.net 网站上找到。但是，1934 年，美国政府在一时的偏执中，担心他的作品可能被用作武器，于是没收了三十箱加几捆的文件。1943 年 1 月 7 日，特斯拉去世后，美国司法部的外国人财产部门（Alien Property Section）立即搬进了他的实验室和公寓，没收了他所有的科学研究成果，包括他对沃登克利夫的研究和对电离层的研究。总共有 80 箱材料和他的实验机器（其中一些是可操作的）。用了两辆卡车才把它们运到纽约市的曼哈顿仓储公司（Manhattan Storage and Warehouse Company），这些材料就存放在这里。联邦探员对每份文件都进行了拍照，归司法部所有。对于要求公布这些材料的众多要求，司法部的回答是，他们"不知道这些材料在哪里"。

为了全人类的利益，联合国应该要求找到他的所有资料，并立即公布和公开。司法部声称对这些材料拥有权力的部门——外国人财产部门——实际上可能没有这个权力，因为特斯拉是归化的美国公民，而不是外国人[119]。

重新分配水力发电任务

在现有的可再生能源中，水坝的水力发电胜过一切。世界上最大的九个正在运行的发电厂都是水力发电厂。这九座大坝中有四座在中国（包括迄今为止最大的位于四川三峡的大坝）。三座在南美洲（包括排名第二的伊泰普大坝，位于巴西和巴拉圭边境）。美国有大古利（Grand Coulee），第九名在俄罗斯的哈卡斯共和国。

正如上文在特斯拉电流一节中所讨论的，他的"自由能源"的关键是产生一种完全正确的波，具有精确的频率和波长。他需要某种传统的发电厂来为他的系统供电。他尝试了科罗拉多斯普林斯的发电厂，但这还不够。他相信，当时现有的水力发电资源足以运行他的全球电网，尽管在特斯拉去世时，上面列出的九座大型水力发电厂中只有一座在运行（大古利）。

这意味着，如果特斯拉的自由能源被重新发现（或者其他类型的潜在电力来源，需要加强才能运行），现有的水力发电大坝可能是一种潜在的方法，因为它们不排放废气，可再生，可靠，廉价，可以大规模运行。

它们可以被逐步重新分配任务，为新的自由能源系统提供动力。

---

[119] 更多关于特斯拉的数据，包括特斯拉的原始资料，以及与美国司法部的通信，可以从 energymiracles. net 网站下载。

磁力

20 世纪 80 年代，在弗吉尼亚理工大学，格哈德·拜尔（Gerhard Beyer）和霍华德·约翰逊（Howard Johnson）对磁铁周围的磁场进行了开创性的研究。他们发现磁铁能够像枪一样发射出能量爆发，而这些力量可能比基本磁铁的强度高出 1000 倍。他们能够证明一块小磁铁可以无限期地为一辆小型汽车提供动力——汽车的轴承比磁铁更容易磨损。磁场的功能比我们所学的要复杂得多，考虑到地球本身就是一个巨大的磁铁（图 131），它的潜力是无限的。

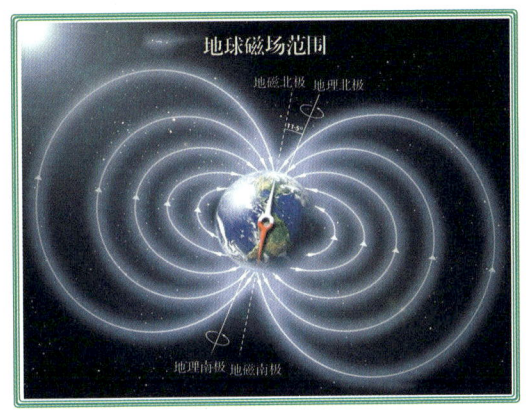

图 131　地球移动的磁场。有时场地指向中心，有时它指向另一边

核裂变和核聚变

裂变和聚变是改变原子产生能量的两种方式。核聚变把两个较轻的原子变成一个较重的原子，而裂变把一个较重的原子分裂成两个较轻的原子。核聚变的潜力是裂变的许多倍，但也有一些令人遗憾的问题，包括对反应堆和连接结构的能量辐射损害，放射性废物，需要保护接触它的人，以及生产武器级钚 239 的可能性，这些增加了核扩散的威胁。今天，所有的商业核电站都在使用核裂变，核裂变本身比燃烧煤炭等化学反应的威力大数百万倍。所涉及的剧烈爆炸要求在核反应堆中控制这两个过程。核电厂的高成本、安全问题和危险的废物似乎使它无法成为能源奇迹的竞争者，但或许存在一项能够消除这三个缺点的技术。比尔·盖茨创办的 TerraPower 公司正在研究这样一种解决方案。该公司首席技术官约翰·吉兰德（John Gilleland）表示："比尔·盖茨和他的同事们研究了太阳能、

风能，以及你能想到的任何一种能源，并确定它们都很重要，它们都有自己的作用。然而，核能是唯一能提供我们在全球范围内所需的大量能源。"他们的产品被称为行波反应堆（Traveling Wave Reactor），据说比现有的核电站更便宜、更安全，而且产生的核废料也少得多，但尚处于研究阶段。

替代燃料

电动汽车是乘用车、公共汽车和卡车短距离行驶的解决方案。用电池驱动飞机、货船和运输大量货物的 18 轮卡车是不现实的，因为电池太大了。对于长期应用来说，需要某种廉价的替代燃料。乙醇是第一个这样的燃料，但现在有更多的燃料，由不是作为食物种植的植物制成，以避免肥料，这是碳排放的主要来源。

太阳能和其他零碳燃料

尽管前面讨论过太阳能电池板的局限性，太阳为我们提供了潜在的无限能源。太阳在一小时内照射到地球上的能量超过了七大洲一整年所消耗的能量。如果我们能利用其中的一小部分……

植物每天都在把阳光转化为化学能。这被称为光合作用，科学家们可以将其用于更大的目的。一家公司正在利用阳光分离水中的氢原子，然后将它们与二氧化碳结合，从而直接从太阳中获得太阳能燃料。这是另一项正在进行的工作，因为到目前为止，这样做的成本使其不适合大规模应用。为了降低成本，他们需要创造或发现新的材料。

另一个相关的想法是在大片沙漠上覆盖由塑料电池制成的人造草皮，这些塑料电池能够捕捉阳光来制造燃料。每个电池都含有水和催化剂，能够加速生产氢或碳基燃料所需的化学反应。迄今为止，选择一种可行的催化剂一直是个问题，因为最好的催化剂（如铂）也是最贵的。但这是一个可以克服的障碍。有人致力于用风能和太阳能生产零碳燃料。这样产生的燃料可以转化为电能。

碳管理

碳管理是一套旨在显著减少或消除化石燃料发电厂和工业设施温室气体排放

的技术。这包括碳捕获、利用和储存（CCUS）以及二氧化碳去除（CDR）。CDR 可以直接从空气中吸收二氧化碳。直接在空气中捕获碳并不是一个新想法。它已经在潜艇上使用很多年了。但到目前为止，对于大规模部署来说成本过高。所有碳管理技术的一个优点是，二氧化碳可以安全地储存在地下或转化为有用的产品。

之所以使用煤炭，是因为它便宜而且容易获得。50 年来，燃烧"清洁煤"一直是人类的一个梦想，在某种程度上，已经有了实现这一目标的技术，但从未被部署，因为相关技术将使用煤炭的成本增加 1～3 倍。在真正的能源奇迹出现之前，这只是权宜之计，但在此期间，它可能对社会有益。

储能

我们需要可靠和可以广泛使用的方法来储存可再生能源，可储存数天、数周或数月。热能存储技术有可能实现这种要求。其中一个系统像热泵一样运作，将可再生能源的热量储存在熔盐中，并通过放电模式产生电力。

营救躲在山洞里心惊胆战的天才们

我知道这听起来很奇怪，有些人已经开始寻找能源奇迹，取得了实质性的进展，但他们担心如果把结果公之于众会给自己带来麻烦。这是他们的妄想症还是真正的威胁并不重要。以能源奇迹之名公开发出国际请求，他们的安全可以得到保证，并鼓励这些人能够站出来。在过去的几年里，我自己就听过三个这样的案例，是真实可信的。

附录 1　闪电的下行急剧放电新模型

闪电是自然能量最伟大的展示。它无处不在。在过去的 80 年里，对闪电的研究与对新能源生产方法的研究遭遇了同样的命运，也出于同样的原因。关于闪电的这一节是对 IEEE 主办的 2021 年国际防雷会议（ICLP）和国际防雷研讨会（SIPDA）联合会议论文的相对非技术扩展。

闪电是从哪里来的？几个世纪以来，在欧洲，对这个问题的答案几乎是一致的，这种一致超越了欧洲国家及其宗教之间通常的分歧。英国人和法国人，意大利人和西班牙人，新教徒和天主教徒都一致认为闪电是恶魔造成的。解决办法就是敲响教堂的钟声。不幸的是，这个理论只是理论与可观察到的事实相冲突的又一个例子（图 132）。在仅仅 33 年的时间里，仅在德国，闪电就损坏了 400 座教堂塔楼，导致 120 名敲钟者触电、被碎片压碎、被炸成原子或以其他方式被送往来生[120]。

图 132　恶魔不会引起闪电

---

[120]　Davis，L. J.，舰队之火，拱廊出版社，纽约，2003 年。

雷电流模型

关于闪电的概念一直很模糊，直到 18 世纪 50 年代，本杰明·富兰克林才将其作为更广泛的电学研究的一部分。他提出电实际上是作用于两个不同电位之间的单一力，而闪电是电荷。这些深刻的发现引发了电力创新和闪电研究的大量进展。可以说，到 20 世纪 30 年代中期，这两个领域的进展都受到了严重阻碍，许多目前被接受的闪电理论并不比魔鬼模型准确多少。闪电专家马丁·乌曼（Martin Uman）和约瑟夫·德怀尔（Joseph Dwyer）在 2014 年发表了一篇关于闪电物理学的综合论文，他们在论文中指出，具有讽刺意味的是，我们可以对半个宇宙之外的事物了解得如此之多，却不了解在我们头顶上方几千米处发生的闪电过程。

这是有原因的，它被称为固定观念（fixed idea）。在历史上的不同时期，科学进步被一种固定的观念所阻碍——一种强烈的信念，可能在纸面上看起来很好，但实际上并没有实际意义。在闪电科学中寻找这样一个罪魁祸首，让我们看到了多种长期存在的误解，其中人们对闪电最喜欢的行动：回闪（Return Stroke）。

我们将根据实际观测和基础物理学提出一个新的更简单的闪电模型。

首先快速回顾一下目前公认的闪电模型：

1. 在风暴云中某个地方的初步电荷击穿会产生相对于地面的高电压电位（据信这与云层中冰晶的形成、运动和碰撞有关，但我们对这一过程还没有确切的了解）。

2. 负电荷通过一系列步骤降到地面（这被称为梯级先导）。当向下的引线接近地面时，静电过程诱导带正电荷的流从地球向上发射。当向下移动的梯级先导接触到其中一个向上移动的放电（距离地面几十米）时，先导尖端与地电位连接。

3. 然后，当高度发光的第一次回行冲程时，先导通道被放电，连续地传播回先前电离和带电的先导路径（这被称为回闪）。

闪电在世界各地发生，每天发生数百万次。几乎所有人都亲眼见到过，包括正在读这篇文章的你。去问任何一个人，"闪电的力量是从天空到地面还是从地面到天空？"他要么会有点奇怪地看着你，好像你疯了一样，要么会有点狡猾地怀疑你是不是在问他一个恶作剧的问题。你向他保证你是认真的，他会说："当然是从天上落到地上的。"闪电科学家的答案不会这么简单。他会告诉你关于正闪和负闪，回闪和向上的闪电。最新的国际闪电标准宣称，存在两种基本类型的闪电：由从云到地面的向下引线引起的下行闪电；由一个从接地结构到云层的向上引线引起的上行闪电[12]。

世界各地的闪电科学家一致认为，90％影响地球表面的闪电是负闪（Cloud to Ground，介词"to"在这里的意思是"朝的方向"）类型。到目前为止，一切顺利。但现在我们必须引入一个新术语：回闪。没有什么比定义回闪的各种尝试更能清楚地说明围绕闪电主题的量子困惑了。在教科书或网络上查一下这个词，你会发现以下定义：

1."闪电中的主要放电"（即没有方向的充电）；

2."我们看到的非常明亮的闪电"（即没有电荷，只是照明）；

3."电荷的运动从与地面接触的点开始，并迅速向上移动"（即向上移动的电荷）；

4."可见的闪光与快速向下移动的电荷有关"（即可见性与向下移动的电荷有关）；

5."雷击中的主放电，将主电流从地面向上输送到云层中"（即电荷和电流向上移动）。

那么，到底是哪一个呢？你可能会惊讶地发现，专家们的普遍共识是"5"：闪电电流的主要放电从与地面接触的点开始，回到云层。但这是一个相当新的理论。

理解闪电需要理解能量和光。1750 年以前，人们普遍认为光是由沿直线运动的小粒子组成的，而电是两种完全不同的电作用力之间的相互作用。本杰明·富兰克林不顾当时几乎整个科学界的意见，提出：①光通过波在介质中传播；②电实际上是两个不同电位之间的单一力；③闪电是电荷。这些深刻观点引发了电学研究的进步和创新。这种进步一直持续到 1938 年左右才突然停止。

闪电是研究人员最容易获得的自然能量的表现形式。因此，这个主题被包括在本书中。尽管在过去的 100 年里，没有任何一种自然现象受到如此多的研究，但一个世纪前困扰科学家的关于电荷分离、传播和附着的同样问题，今天仍然没有得到解决。近一个世纪以来，许多有能力的人对闪电进行了严密的研究，但闪电却没有得到更好的理解，这是有原因的。

虽然这一节可能不会立即回答关于闪电的每一个问题，但很可能使用这里所做的一些观察将使研究人员能够说服相关机构，让其透露更多保存得更好的秘密。

---

[12]　《IEC 62305 - 1》附录 A。

回闪

在百科全书式的《闪电：物理和效果》中，乌曼和拉科夫将回闪称为"被研究最多的闪电过程[122]"。由于人们普遍认为它是闪电现象的中心，这是这里要讨论的第一件事。当代关于闪电的书籍和文章在描述回闪时，都会让我们想起在它之前出现的阶梯式闪电，它在云和地面之间创造了一条导电的路径。这句话之后总是会有这样的语句：回闪穿过从地面到云电荷源向上的先导路径并中和负先导电荷[123]。

我们并不总是这样描述闪电的。在 20 世纪 30 年代之前，术语"回闪"从未出现在物理课本中。在 20 世纪前 25 年，闪电被简单地理解为："云层和地球之间的巨大电火花[124][125]。"

当闪电被颠倒过来

"回闪"的现代定义是在 20 世纪 30 年代由一位名叫卡尔·麦凯克伦（Karl B. McEachron）的美国电气工程师提出并推广的。麦克伦当时在通用电气公司工作，他使用查理斯·博伊斯（Charles Boys）设计的一种所谓的"超高速扫描摄影机"（streak camera），通过记录帝国大厦的雷击来研究闪电放电。

1914 年至 1922 年，麦凯克伦曾在俄亥俄北部大学和普渡大学担任电气工程讲师，之后他去了通用电气，成为避雷器研发部门的负责人。他在通用电气的老板是杰出的德国物理学家和发明家卡尔·施泰因梅茨（Karl Steinmetz）。施泰因梅茨在 19 世纪 80 年代和 90 年代作出的最大贡献，包括通过用简单的代数过程代替以前使用的复杂的基于微积分的方法，革新了交流电路理论和分析。该公式至今仍用于电机的设计和测试。在通用电气，施泰因梅茨是人造闪电的先驱，他是第一个在足球场大小的实验室和高塔里制造人造闪电的人，因此称为创电者。

1922 年，当他遇到麦凯克伦时，斯坦梅茨已经深深沉迷于量子熵和爱因斯

---

[122] V. A. Rakov 和 M. A. Uman，《闪电：物理与效应》，英国剑桥大学出版社，2003 年版。143。

[123] Baba，Y 和 Rakov V，"对回闪的当前理解"，《闪电原理、仪器和应用》第一章，Betz，HD（编），施普林格科学与商业传媒有限公司，2009。

[124] G. C. 辛普森，《论闪电》，《伦敦罗伊社论文集》，A 辑，1926 年 3 月 17 日。

[125] J. A. Culler，《普通物理学教科书：电、电磁波和声音》，J. B. Lippincott 公司，费城，第 272 页，1914 年。

坦的相对论[126]。在 1923 年去世之前的一年多时间里，施泰因梅茨一直是麦凯克伦的老板和导师。很明显，施泰因梅茨的量子困惑影响了年轻的麦凯克伦。仅仅几年后，麦凯克伦开始声称，最具破坏性的闪电类型是从地面到云层的向上闪电[127]。该研究成果并没有得到普遍认可。与他同时代的人对"颠倒闪电"并不感兴趣。布鲁斯和戈尔德发表了一篇文章，批评了麦凯克伦的方法和结果[128]。戈尔德拒绝在他的综合著作《闪电》中引用麦凯克伦的任何资料[129]。

尽管马伦更加圆滑，但他也不会在自己的书和文章中引用麦凯克伦的内容[130]。勒布这样评价他："他的数据没有得到很好的控制，不用再讨论了[131]。"

麦凯克伦毫不气馁，他制作了一部电影来普及他的"回闪"理论，之后他被称为"霹雳猎人"。

这部 1938 年由通用电气发行的电影没有激起任何浪花："与我们一直以来的想法相反，真正具有破坏性的闪电是从地球到云层……因此，科学研究迫使我们修改一些关于雷击时发生了什么、何时发生以及如何发生的固有观念……[132]"量子逻辑的阴影。

虽然没有可信的证据支持这部电影中的内容，但自 1938 年以来，我们就有了回闪的说法。事后看来，证明闪电电荷的实际方向是很容易的。专家们一致认为，高达 90% 的闪电从未击中地球——它在云层中从同一云的一个点发射到另一个点，或者从一个云发射到邻近的云。所以，当电荷在云层中积聚时，只有 10% 的概率会在地球表面放电（图 133）。这是合乎逻辑的，因为要击中地面，闪电必须克服云层和地面之间的空气阻力。邻近云之间的距离比云到地面的距离短得多。更短的距离意味着更小的阻力，这使得闪电电荷更容易在云

[126]　例如，施泰因梅茨在 1912 年发表的文章"能量的死亡和热力学第二定律"，以及他在 1923 年指导麦凯克伦，并于生命的最后一年发表的"四讲相对论和空间"。

[127]　《地球百科全书》，文章：McEachron, Karl B.，作者：IEEE, Creative Commons Corp 2007。

[128]　C. E. R. Bruce 和 R. H. Golde，"闪电放电"，发表于《电气工程师杂志》，第 88 卷，第二部分，第 6 期，1941 年 12 月。

[129]　R. H. 戈尔德，《闪电》，学术出版社，伦敦，1977 年。

[130]　D. J. 马兰，闪电物理学，英国大学出版社，伦敦，1963；D. J. Malan 和 B. F. J. Schonland，"闪电放电间隔中的电过程"，载于《伦敦罗伊学会学报》，A 辑，第 206 卷，第 1085 期，1951 年 4 月 19 日，第 145 - 163 页；D. J. Malan 和 B. F. J. Schonland，"雷暴附近闪电的直接相关摄影和电学研究"，载于《伦敦罗伊学会学报》，A 辑，第 191 卷，第 1027 期，1947 年 12 月 3 日，第 485 - 503 页。

[131]　L. B. Loeb，对雷击机制的贡献，《天气月刊》，第 95 卷，第 12 期，1967 年，第 828 页。

[132]　《霹雳猎人：科学之旅》，由通用电气公司制作和发行，1938 年。

层中消散。

图133　90%的闪电是在云层中放电的，10%从云到地面。没有地对地闪电

现在，如果电荷起源于地面并从地面流向云层，那么也应该有一些（如果不是很多的话），"地对地"雷击，即起源于地面的闪电在地面上近距离自行放电。如果地对地闪电出现的次数达到一定比例，或许就可以证明闪电从地面向上传播到云层的论点。即使是个单例也会很有趣。当然，从来没有报道过这种"地对地"闪电。

向上还是向下？光学的力量

云对地雷击是向上传播还是向下传播？这不是一个骗人的问题，尽管对于那些已经思考过这个事情的人来说，这个问题听起来很有煽动性，但它引起了人们足够的兴趣，促使著名的马丁·乌曼教授发表了一篇题为《云与地面之间的撞击是向上还是向下？》的文章[133]。

麦凯克伦可能是被他使用的照相机的光学效果误导了。图134是用类似于麦凯克伦使用的超高速扫描摄影机拍摄的照片[134]。这种相机用两个单独的镜头聚焦在单个移动的胶片上，由此可以直观地推断出闪电过程中发光部分的方向和速度。A−B线（图134）显示了向下移动的阶梯前导发光，但几乎没有。B−C线

[133]　1998年在佛罗里达州坦帕市的一个展览会上发行，题目是《来自佛罗里达中部的石化闪电》，文章最初发表于《关于闪电的一切》，M. A. Uman，纽约，多佛出版社，1986年。

[134]　D. M. Jordan, V. A. Rakov, W. H. Beasley, M. A. Uman，"自然闪电中激射导流和回闪电的亮度特征"，《地球物理学报》，1997，第8期，第1025-1032页。

显示了向上移动的高发光波，这被普遍称为回闪。第一个也是最亮的闪光出现在底部的 B 点。最后一个也是最不亮的点在顶部的 C 点。

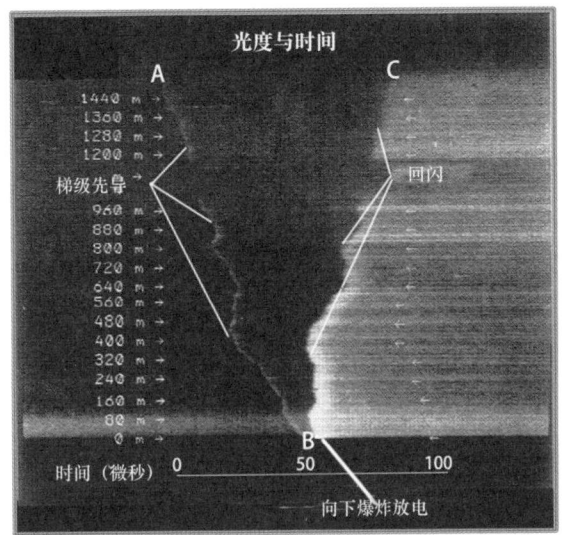

图 134　云对地雷击的超高速扫描摄影机照片（摘自 Jordon 等人）

从图 134 来看，闪电是向上传播的，但照片本身并不能证明一切。超高速扫描摄影机的局限性在于它只能产生随时间变化的亮度图像。朔恩兰解释说："用这种相机研究闪电放电的照相方法具有独特的优势，可以在空间的两个维度和时间的一个维度上给出关于闪电放电事件的直接信息……然而，它所记录的发光事件是次要的过程，而引起它们的电荷的主要运动只能推断出来[135]。"

马丁·乌曼教授和诺贝尔奖得主理查德·费曼都指出，光学可能会给闪电"向上或向下"的概念起到混淆作用[136][137]。美国国家海洋和大气管理局（NOAA）制作了一个清晰的动画演示，显示电荷从闪电通道底部涌出，同时亮度向上移动，可以在其网站上观看[138]（图 135）。

[135]　B. F. J. Schonland，D. B. Hodges 和 H. Collens，"渐进闪电 V. 放电过程的照相和电学研究的比较"，《伦敦大学学报》，A 辑，第 166 卷，第 924 期，1938 年 5 月 4 日，第 56 页。

[136]　M. A. Uman，《关于闪电的一切》，纽约，多佛出版社，1986 年。

[137]　F. R. Feynman，《大气中的电》第 9 讲，费曼物理学讲座第 9 讲，艾迪生-韦斯利出版公司，雷丁，马萨诸塞州，1964 年。

[138]　NOAA 网站演示：http：//www. lightningsafety. noaa. gov/science/science _ return _ stroke. shtml。

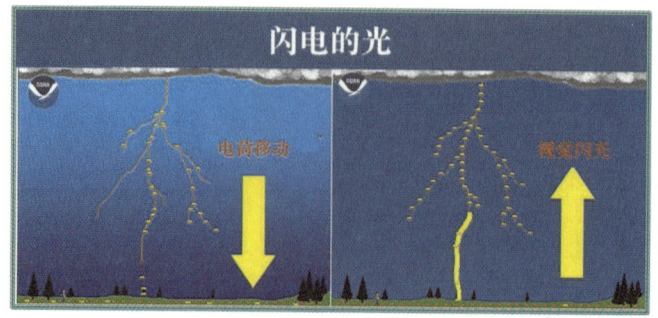

图 135　NOAA 动画演示。实际电荷是向下移动的，只有视觉闪光向上传播

麦凯克伦的超高速扫描摄影机照片显示了闪光的亮度，但这并不能证明他关于云-地闪电是从地到云的断言是正确的。随后，他们也没有建立数学模型，试图推断（静电或其他）在没有测量过闪电电流的情况下，可能回闪的电流量。

卡尔·伯杰——他是怎么说回闪的？

幸运的是，闪电科学有自己的百科全书，《拉科夫与乌曼的闪电：物理与效果》引用了 5000 多本书籍和文章，研究了闪电在物理上的各个方面。对于回闪，文中说："卡尔·伯杰（图 136）最完整地描述了回闪，这种类型通常击中平坦的地形和中等高度的结构，高度小于 100 米……伯杰等人的成果（Electra 41，1975）仍然在很大程度上被用作防雷和雷电研究的主要参考资料。"国际大电网会议（CIGRE）在 2013 年的 549 号技术公告中重申了这一说法[139]。

图 136　圣萨尔瓦多山（瑞士），卡尔·伯杰花了 30 多年的时间研究、测量和记录闪电

伯杰是一位瑞士科学家，被认为是闪电研究之父。在他的 Electra 41 文章

---

［139］　国际大电网会议 549 号技术公告，雷电参数的工程应用，巴黎，2013 年 8 月。

中，他分析并将闪电分为 4 种基于极性的基本类型；讨论了多次闪电和持续电流；观察了峰值电流、波形、闪光持续时间和电荷；计算了这些参数的平均值。但在这篇总结了 32 年电磁和摄影闪电研究成果的具有里程碑意义的文章中，伯杰从未提到"回闪"这个词。一次都没有[140]。

回闪的真正起源：斯坦霍普伯爵三世

术语"回闪"确实有一个起源。查尔斯·马洪，第三代斯坦霍普伯爵，英国科学家、政治家和哲学家，在 1779 年创造了这个词。斯坦霍普的《电学原理》一书记录了他在电学和磁学领域进行的 71 项实验。在实验 16 中，斯坦霍普发现，将电流置于初级导体（PC）中，会感应磁化附近的金属制品（AB）（图 137）。

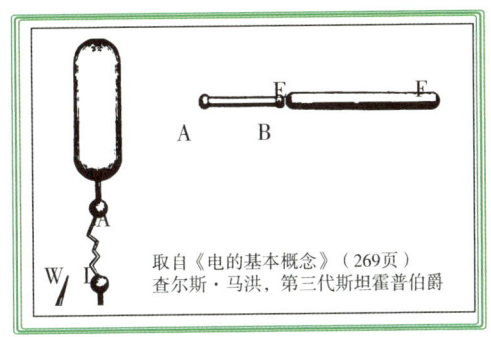

取自《电的基本概念》（269 页）
查尔斯·马洪，第三代斯坦霍普伯爵

图 137　斯坦霍普的第 16 号实验

当他将第二个金属制品（EF）与第一个金属制品（AB）首尾相连，相距约 2.5 mm 时，他观察到了三件事：①随着电压的增加，两个金属制品（B 点和 E 点）之间会产生火花；②当主导体（PC）充满电并接地时，会引起力爆炸；③爆炸之后，一个明亮的火花在 B 点和 E 点之间发出，但方向相反。

在他的书的第 148−149 页，斯坦霍普将这些发现与闪电联系起来，区分所谓的"从雷云到地面"的闪电主击和回闪……他指的是一个小概率事件，指的是将一小部分电荷返回到云中。

50 年后，迈克尔·法拉第在他著名的"环"中观察到了同样的现象，这是世界上第一个直径只有 15 厘米的变压器。他首先通过连接电池建立了电流，他发现当他切断电流时，可以观察到与主流相反方向的电流瞬间闪现。就闪电而言，关于存在实际向上传播的闪电回击的证据，库雷（Cooray）的报告显示，

[140]　K. Berger, R. B. Anderson & H. Kröninger，"闪电的参数"，载于 CIGRE ELEC-TRA 第 41 期，第 23−37 页，1975 年，可于以下网址下载：www.energymiracles.net。

"在文献中没有直接证据[141]"。在云和地面之间已经形成的电离通道上，会有一些扰动反向传播，这是合理的。但它不会很强大。任何电子振荡都会被显著地抑制。称其为"向上传播的回击"使一个基本简单的过程变得复杂，并干扰了对闪电的清晰理解。

一些关于回闪的真正解释

用牛顿定律和真空理论可以更好、更准确地理解回闪现象。在空间中传播的任何能量都遵循牛顿定律——每一个作用力都有一个大小相等、方向相反的反作用力。当闪电击中地面时，就会发生爆炸。任何爆炸的峰值功率都在其涡流处，相关研究证实，雷击的峰值功率确实是在大部分雷击电流接近地面时产生的[142]。据保守估计，雷击产生的能量为 1500 亿焦。当集中在一个点上时，这是相当大的能量，但这些能量从撞击点呈球形散开（图 138）。大部分电荷都在附近的地面上消耗，但也有一些会沿着已经电离的路径流回云中。这个小流量就是回闪。从云层到地面的电离路径的横截面积只有几厘米宽。这使得它的大小约为半径 2米的爆炸球体的 1/20000。因此，可以估计只有大约 1/20000 的雷击能量在回闪中返回到云中（图 140 右下框）。

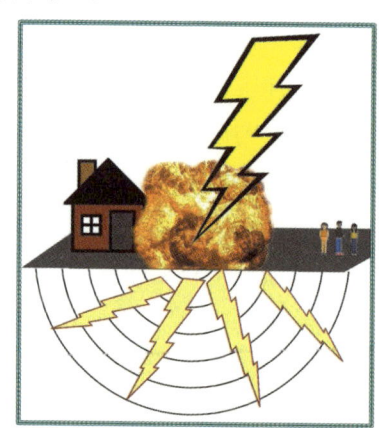

图 138 向下爆炸（DED）产生的绝大部分能量发散至地面和周围环境中

另一种解释回闪的方法是用真空来解释（图 139）。自从 2300 年前亚里士多德意识到这一点以来，学生们就一直被教导，大自然厌恶真空。当能量粒子经过

---

[141] V. Cooray（编），闪电，工程与技术学会，英国，2003，第 159 页。

[142] E. P. Krider 和 C. M. Guo，"回闪辐射的电磁功率峰值"，《地球物理学报》，第 88卷，第 13 期，第 8471-8474 页（1983 年 10 月 20 日）。

时，就会产生真空。真空只是一种相对状态。拿香槟来说，酿造葡萄酒的人知道，他们必须使用相对更坚固的酒瓶；比普通红葡萄酒或白葡萄酒的容器强度要高得多。原因是香槟的制作过程中，瓶内压力可以达到 200 千帕，是瓶外环境压力（101 千帕）的两倍。当你打开软木塞的时候，内部的压力意味着巨大的能量，如果没有坚固的瓶子，就会导致瓶子爆炸。

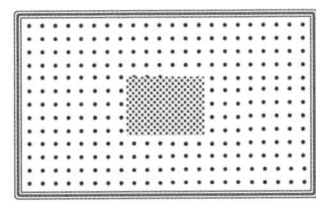

图 139　真空：两个密度或压力不同的相邻空间

真空的现象和影响广泛存在。这是一个任何人都可以做的实验，但请注意安全。如果火车经过时，你站在铁轨旁边，即使闭上眼睛，你也能感觉到火车行驶的方向。当最后一节车厢经过时，你会感觉到气流的短暂逆转。火车从左向右行驶，但在它经过的瞬间，气流从右向左短暂地逆转。这是因为火车的能量在它后面创造了一个真空，这个真空会吸引粒子，直到两个压力相等[143]。

铜线上的电流也是一样。它从左向右流动，直到电荷消散，流动中断；在那之后的一瞬间，它所产生的真空将会导致气流的逆转。

至于闪电，当闪电电荷沿着闪电通道向地球移动时，它在闪电通道后面创造了一个真空，能量试图填补这个真空。在这种情况下，闪电电荷实际上准备回落到它刚刚创造的真空中。闪电电荷在其背后的空间中散布了真空，这些能量完全有能力转过身来，沿着闪电通道返回。闪电的巨大能量创造了巨大的真空，而能量有一种可怕的趋势，会填满这些真空，导致被称为"回闪"的发光事件。

闪电的向下爆炸放电

云到地闪电是一种电荷从雷雨云转移到地面的现象——因此得名。如前一节所示，对回闪机制的普遍描述是一种误解，即使是学者也可能理解有误。

在网上搜索"回闪"，你会看到来自一所著名大学的著名教授（不透露其姓

---

[143] 警告：高速行驶的火车产生的真空可能很强。许多人的死亡是由于火车经过后把人拉到轨道上造成的。如果你站在高速公路旁，集装箱卡车疾驰而过，也可以观察到同样的现象。如果要尝试这个实验，一定要站在坚固的栏杆后面，或者把自己牢牢地绑在一棵树上或柱子上。

名）的话："当梯级先导接近地面时，电场变得非常强，以至于经常在附近的一些高架导电物体上开始放电，并与梯级先导相遇。一旦在地面和云基之间建立了导电路径，称为回闪的电流浪涌就会沿着由梯级先导定义的通道向上移动……"

那爆炸呢？

当提出了一个闪电模型，却没有规定向下爆炸放电（downward explosive discharge，DED）是闪电的关键要素，就像教帆船操作而不提帆一样。

1915 年，德国工程师和发明家威廉·施密特（Wilhelm Schmidt）博士观察到闪电会产生真正的爆炸。在研究产生的"爆炸波"时，他用设备能够估计出，尽管闪电总能量的大部分转化为热和光，但在放电附近产生的长而听不见的压力波造成了最大的机械损伤[144]。

在梯级先导和回闪之间的最前端是闪电的向下爆炸放电。这应该被贴上回闪的"主要事件"标签。更重要的是，这代表雷击的一个主要周期的完成。由于我们处理的是几百兆伏的电位差，而地面又不是完美的导体，雷电电荷的中和会导致或大或小的爆炸。

和任何爆炸一样，爆炸产生的力和能量呈球形向各个方向扩散。你可以在各种爆炸的高速照片中观察到这一点，从核爆炸到地球表面的常规炸弹爆炸，再到科学实验室里的实验都是如此（图 140）。

图 140　爆炸呈球形向外传播。左上角是闪电爆炸的前三分之一，右下角显示
　　　　了电离通道的相对直径（1~20000）

[144]　W. Schmidt：《雷电：为解决这个问题而进行的理论和实验》，《科学美国人》增刊第 2045 期，1915 年 3 月，第 175 页。

左上方框的闪电爆炸中（Tom Splietker 拍摄），只有球体的顶部三分之一是可见的。闪电的力、能量、热量、辐射等沿回闪通道向上穿越的百分比虽然很大，但只占 DED 电荷的很小一部分。右下框显示了一个回闪的相对直径。

虽然 DED 以前可能没有得到充分的重视，但它的功能绝不应该被忽视。乌曼教授多次提到："当（由向上的流线）与梯级先导接触时，一个猛烈的大电流放电到达地面[145]。""当梯级先导接触到向上移动的放电（并通过它附着在地面上）时，引线底部的负电荷猛烈地向地面移动，造成大电流流动，并且靠近地面的梯级先导的通道变得非常明亮[146]。"理查德·费曼也评论过这种现象："当梯级先导接触地面的那一刻，我们就有了一条导电'线'，它一直延伸到云端，充满了负电荷。最后，云中的负电荷可以简单地逃逸。先导底部的电子是最先散发出去的……所以，所有的负电荷以一种快速而有活力的方式从整个柱中流出[147]。"

DED 不同于回闪，当我们验证它时，我们就打开了一扇通往许多关于闪电的新发现和新理解的大门。

闪电的极性

本杰明·富兰克林是第一个正确地提出电荷的正负性质的人。他也是第一个认识到闪电是电的一种形式的人。随着时间的推移，他的理论被许多实验和观察所证实，并带来了许多进一步的发现。

随着越来越多的仪器对闪电的研究越来越仔细，越来越多的极点被发现是闪电过程的内在要素。厄尔·威廉姆斯（E. R. Williams）首先证明了"三极"[148][149]。图 141 显示了目前普遍认为存在于风暴云内部的主要电场变化。

---

[145] M. A. Uman，《闪电》，纽约：多佛出版社，1984 年。

[146] M. A. Uman，"关于闪电你想知道却不敢问的一切"，《星期六晚邮报》，1972 年 5 月 13 日，第 37 页。

[147] F. R. Feynman，《大气中的电》第 9 讲——费曼物理学讲座：主要是电磁学和物质——第 9 讲，艾迪生-韦斯利出版公司，雷丁，马萨诸塞州，1964 年。

[148] E. R. Williams，雷暴的电气化，《科学美国人》，1988 年 11 月，第 97 页。

[149] J. Howard, M. A. Uman, C. Biagi, D. Hill, V. A. Rakov, M. D. Jordan，"近距离闪电引线阶电场导数波形的测量"，地球物理研究，Vol. 116，D08201，2011。

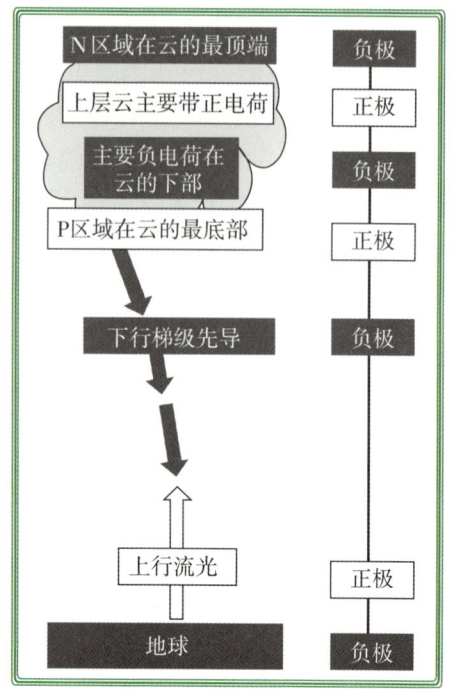

图 141　在大多数云对地闪电中，主极性反转

梯级先导的负电荷可以解释 5 号磁极，但在阶梯式先导体的每一个台阶的连接处都发现了正极[150]。假设一个梯级先导闪电只有 5 个步骤（实际上可以有更多），加上向上的流线和地球本身的负电荷，在一个云到地闪电事件的一次放电中，磁极变化的总数至少为 15 个（表 4）。这种模式并非巧合。这些交替的磁极是闪电过程的经线和纬线。

表 4　闪电的极性变化

序号	位置	正负极
1	N 区域在云的最顶端	负
2	上层云主要带正电荷	正
3	云的主负电荷	负
4	P 区域在云最底部	正
5	向下梯级先导—步骤 1	负
6	梯级先导的尖端—步骤 1	正
7	向下梯级先导—步骤 2	负

[150]　W. R. Gamerota，M. A. Uman，J. D. Hill，T. Nigin，J. Pikey，D. M. Jordan，"触发闪电的电场导数波形"，《地球物理研究大气学报》，第 119 卷，第 18 期，2014 年 9 月 27 日。

表 4（续表）

序号	位置	正负极
8	梯级先导的尖端—步骤 2	正
9	向下梯级先导—步骤 3	负
10	梯级先导的尖端—步骤 3	正
11	向下梯级先导—步骤 4	负
12	梯级先导的尖端—步骤 4	正
13	向下梯级先导—步骤 5	负
14	向上流道	正
15	地球	负

麻省理工学院的厄尔·威廉姆斯教授赞同德怀尔和乌曼的观点，指出闪电行为的许多方面都无法通过理论预测和模型复制。在研究闪电物理中的当代问题时，威廉姆斯意识到，大多数突出的问题都与正负极性的行为差异有关。这在诸如负极和正极闪光将电荷转移到地面的方式不同的事情上是显而易见的。负闪是通过离散的多次闪动来实现的，而正闪（通常）只有一次闪动，随后是连续的电流。

威廉姆斯认为，这些差异是由他所谓的"自由电子和正离子迁移率的微观不对称[15]"引起的。他用一个图表（图 142）说明了这个想法，显示电子在电场的一端聚集，而在另一端发散。

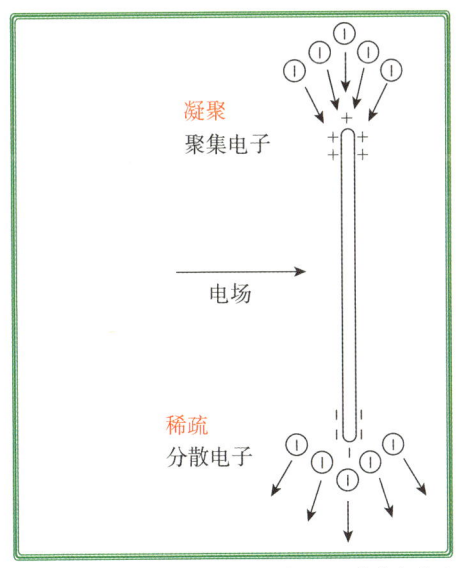

图 142　凝聚/稀疏波中的电子（威廉姆斯）

[15]　E. R. Williams,《闪电物理学中的问题——极性不对称的角色》。等离子体源科学与技术，2006 年第 15 期，S91—S108。物理研究所出版社，2006。

图 143 是一个更具体的例子，显示了一架飞机被闪电击中——这是一个有点不寻常的事件，但这里引用是因为它很好地展示了极性变化的物理机制。

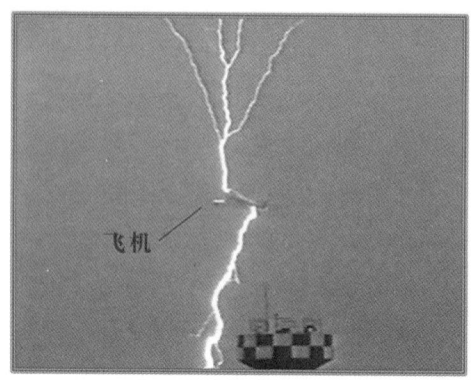

图 143　飞机被闪电击中

你可以看到闪电在飞机平面上方向上传播，在飞机平面下方向下传播。虽然不可能单独从照片中确定具体的极性，但可以肯定的是，极性不对称是这张照片的决定性因素。一个值得提及的问题是，飞机在产生极性变化中起了什么作用？

与正极和负极的行为差异同样重要的是产生这些极的潜在机制。对这些极性交替变化背后的物理过程的识别，将对解开闪电之谜大有帮助[152]。

梯级先导

如果在云和地面之间没有电离通道，电荷就不可能流动，就不可能发生向下爆炸放电（DED）。梯级先导是一种机制，它在一系列大约 50 米长的快速发光梯级中创建通道——因此得名。它一步一步地建立通道，最终将跨越云和地面之间的距离。在连接完成的精确时刻，向下爆炸放电将能量从云层转移到地面。极性变化是主要因素之一。

现有梯级先导模式存在的问题

向下运动的梯级先导的电荷分布不能直接测量。到目前为止，模型在解释梯级先导过程方面还存在不足。一些人假定梯级先导模型的电荷沿通道均匀分

---

〔152〕　参见下一节脊的数据。

布[153]，另一些人则假设从雷云到先导尖端的电荷密度呈线性变化[154]，还有一些人提出了关于回闪所消耗的电荷的复杂关系[155]。D. 贾莱勒和他的同事在研究这些不同类型的模型计算的电流和电磁场时指出，由于电流测量只可能在通道基础上进行，因此这些模型都无法进行实际检验，而且"没有一个模型考虑到附着过程，因此它们可能不能非常准确地模拟闪电放电早期的电磁场[156]"。

在研究了所有可用的模型后，梅森得出结论，在过去 100 年里提出的理论中，没有一个"能够以足够的速度产生和分离电荷，以解释观察到的闪光频率和伴随它们的电场变化[157]"。

马兰和朔恩兰的建议

马伦和朔恩兰为我们提供了一个直接而不复杂的视角，让我们看到了梯级先导的过程。朔恩兰提供了图 144 中的图表，显示了初始负导元的阶梯式推进。A 和 B 之间的黑暗区域是上一个（已完成的）先导步骤。马兰发现了三个关于梯级先导的事实，它们在今天和 1963 年一样具有启发性[158]：

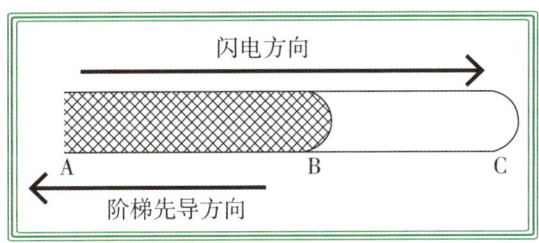

图 144　朔恩兰的图说明了最初的阶梯式推进。
A−B是最后完成的步骤，B−C是下一步

---

[153]　R. H. Golde，《闪电》，伦敦，学术出版社，1977 年。

[154]　V. Cooray, V. Rakov 和 N. Theethayi，《雷击距离——再考察》，《电学杂志》，2007 年第 6 期。

[155]　B. F. J. Schonland，"闪电和长火花中的先导通道"，《社会科学进展》，伦敦，A 220，25，1953。

[156]　D. Djalel, H. Ali 和 C. Fayçal，"电磁场源中雷电电流的回程"，应用科学学报，4（1）：42-48，2000。

[157]　J. Mason 和 N. Mason，"雷暴的物理学"，《欧洲物理杂志》，2003 年第 24 期，p. S101。

[158]　D. J. Malan，《闪电物理学》，伦敦，英国大学出版社，1963 年。

（1）梯级先导的每一步之间都有一个短暂但明显的"静止"期（图 144 中 B 点）。在这一点上，电场下降到某个阈值以下过程停止，直到有什么事情发生。

（2）每个负步骤的尖端（B）产生一个正电荷。

（3）在新的负步骤开始的瞬间，发光条件变为电弧条件，并发生爆炸，照亮尖端（B）的点以及它后面相当长的通道（从 B 到 A，再到更远……）。

在这些步骤的交叉点发生了什么？就好像"梯级先导"的每一步都有自己的"回闪"。也许可以从飞机的照片中窥见一二。撞到势垒（barrier）的电荷会不会造成极性反转？下一节将讨论确切的机制。

闪电是电磁辐射

闪电是（或产生）电磁辐射并不是一个新发现。30 年前，威廉姆斯是这样描述的："一旦雷雨云带电到电场超过当地大气的介电（即支持电荷分离的大气强度）的程度，闪电就会产生……在这几分之一秒的时间里，积累电荷的静电能转化为电磁能[159]。"

闪电发出的波几乎在电磁频谱的每一部分都有振动，从兆赫的无线电波到千兆赫的微波，包括太赫的可见光，一直到埃兹（exahertz）的 X 射线和伽马射线。这就把闪电牢牢地归入了电磁能源的范畴。在考虑闪电电荷的传播时，这一点很重要。

电磁辐射的传播——经典视图

在包括 20 世纪前 25 年在内的 180 年里，人们提出了各种各样的理论来解释光和电磁能的传播。他们都有一个共同点，那就是电波是在介质的基础上运动。

光的波动理论（光通过介质以球形波传播）是由荷兰数学家和科学家克里斯蒂安·惠更斯（图 145）发现的，他于 1678 年发表了《论光》[160]。两百年后，闪电科学之父本杰明·富兰克林完全赞同这一理论。

---

[159] E. R. Williams，雷暴的电气化，《科学美国人》，1988 年 11 月，第 97 页。

[160] C. Huygens，《论光》，海牙，1678 年，S. P. Thompson 译为英文，芝加哥大学出版社，1912 年。

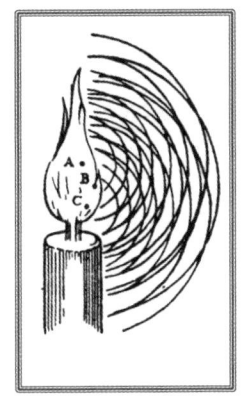

图 145　光通过介质的惠更斯传播

从富兰克林时代一直到 20 世纪前 25 年的教科书都用清晰而直接的术语解释说，能量以波的形式通过一种介质传播，而光波和声波之间几乎没有区别（脚注 36 和脚注 37）。1938 年前后，由于一些混淆，闪电的基本概念变得模糊不清，主要是：①闪电是粒子还是波；②它是否需要一种媒介来传播？

闪电传播

1915 年，威廉·施密特博士从激波、凝聚和稀疏等方面解释了闪电的电荷转移过程[161]。根据施密特的说法，波通过产生一系列凝聚和稀薄，使电离通道的粒子传播。当波浪压缩颗粒时，凝聚/稀疏就会出现（图 120 中的暗区）。粒子较薄的区域称为"稀疏区"。图 142（威廉姆斯）显示了这一特征——当电子被导电通道中的波凝聚时，电荷在一系列步骤中水平移动。该机制与梯级先导过程非常吻合。

史密斯同样清楚地指出，闪电是一种通过介质传播的电磁波。"在波浪运动的所有情况下，必须有一种能使波在其中传播的介质……波动的特点是在弹性介质中由某一源发出的扰动，从一处传递到另一处。这些扰动以一定的间隔相互跟随，从而保持波动，将能量从一点转移到另一点。介质中的单个粒子围绕它们的正常静止位置来回移动，而波形只向前移动。扰动的传播需要介质，而扰动从一个地方传播到另一个地方需要一定的时间[162]。"

---

[161]　W. Schmidt，《雷霆：为解决这个问题而进行的理论和实验》，载于《科学美国人》增刊第 2045 期，1915 年 3 月，第 175 页。

[162]　A. W. Smith，《应用物理学的要素》，麦格劳-希尔图书公司，纽约，1923 年，第 250 页。

拉科夫和乌曼选择在他们的开创性著作《闪电：物理和效应》中，以马兰对闪电过程的基本定义作为开端，这个定义既是描述性的，也是功能性的："电活性雷云可以看作是悬浮在低导电性大气中的静电发生器[163]。"这个定义将闪电归结为两个基本要素：能产生高电压的装置，以及阻抗较高的传输介质。为了进一步简化，闪电是一种通过介质的放电。

闪电通道中的电子不会移动很远。乌曼注意到："在闪电持续时间相对较短的情况下，从云层到地面的相对较大的距离内，个别电荷不会降低。相反，任何流向闪电通道顶部的电子（主要的电荷载体）都会导致其他电子在通道的其他部分流动，就像通道是导线一样。"因此，在通道中单个电子仅移动几米的时间内，库仑的正电荷或负电荷可以有效地转移到地面[164]。CIGRE 在 2013 年的一份报告中证实了这一点[165]。至于电子，乌曼重申："没有一个能走得很远。所有的电荷转移都是'有效的'[166]。"拉科夫进一步强调了"有效"一词："你可以将有效电荷转移看作是一种多米诺骨牌效应[167]。"

几乎所有在电学领域取得的重大进展都是在电磁波通过介质传播的特定背景下取得的。但到了 20 世纪 30 年代，教科书开始说电磁波（包括闪电）的辐射和传播没有物质的干预[168]。

今天，我们的学生被教导说："电磁波不需要物质媒介就能存在[169]。"但是，仅仅因为这种观点出现在厚厚的教科书中，并不意味着事实就是如此。闪电电荷以波的形式传播，沿着空气中的电离通道传播，自由电子是导体。

原始空气

为了与量子力学理论相结合，现代关于闪电的论文发明了一个新名词：原始空气（Virgin Air）。这不仅不是一个科学术语，甚至不是正确的英语。然而，它已经成为当前许多闪电研究的基础。例如，在 2016 年对 33 篇关于闪电传播的论

---

[163] D. J. Malan，"雷暴电路的物理学"，《富兰克林研究所学报》，1967 年第 6 期。

[164] M. A. Uman，《闪电放电》，奥兰多，学术出版社，1987 年，第 10 页。

[165] CIGRE 技术公报 549，雷电参数在工程应用中的应用，巴黎，2013 年 8 月。

[166] 乌曼与作者的私下交流。

[167] 拉科夫与作者的私下交流。

[168] R. J. Stephenson，《物理学探索》，芝加哥大学出版社，1935 年，第 96 页。

[169] J. Walker，《物理学基础》（Halliday & Resnick，第 10 版），Wiley & Sons，霍博肯，新泽西州，2014 年，第 445 页。

文进行的同行评议调查中，"原始空气"一词被使用了 22 次，但没有对其进行定义[170]。

这是一个不常与闪电联系在一起讨论的话题，但它应该是，因为几乎每一个电学历史上的杰出人物都拒绝任何这样的概念。让-雅克·安培、本杰明·富兰克林、海因里希·鲁道夫·赫兹（第一个证明电磁波存在的人）、开尔文、亨德里克·洛伦兹、詹姆斯·克拉克·麦克斯韦和尼古拉·特斯拉都认同电磁波传播介质的概念。不幸的是，这对闪电科学的学生和研究人员是不利的，这个概念不再在大学里教授。

凝聚/稀疏过程

要理解闪电的凝聚/稀疏过程需要理解能量，这是本书前面部分讨论的主题。我们在这里不再重复这些材料，记住能量只是空间中各点之间粒子或脉冲的运动。自牛顿以来，每一位伟大的发明家都认同这个定义，但该定义在 20 世纪初受到挑战，最终在 20 世纪 30 年代被抛弃。

利用上述定义，可以看出能量表现出三个主要特征：流动，传播和脊（图 111 和图 146）。在这些特性中，我们可以发现所有已知的能量现象，包括闪电、伽马射线、X 射线、可见光的传播，以及许多其他现象，如边界层、亲水状态、排除区、电化作用和表面张力。

传播是从一个点 360°球形发散出来的爆炸。脊可以被理解为物质或能量的凝聚，这是由流动和传播相互碰撞而产生的，并创造了物质的持久状态。

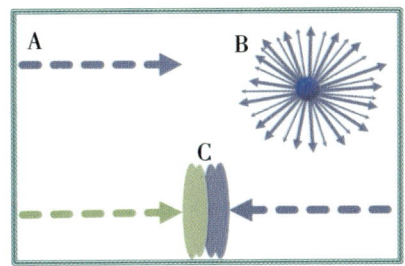

图 146　三种基本能量特性：A. 流动；B. 扩散（爆炸）；C. 相反的
　　　　能量流形成脊

---

[170]　Tran，M. D. 和 Rakov，V. A.，用高速摄像机观察云对地闪电的产生和传播。Sci. Rep. 6，39521；doi：10. 1038 / srep39521（2016）。

空气中的闪电也是如此。在能量沿着它传播之前，必须先创造一条路径。这条路径的直径可能只有几厘米[17]。梯级先导的基本功能是创造这条路径——在云和地面的潜在电荷差之间形成一个有界的电离空间。图 147 显示了一系列凝聚/稀疏过程，以及它们在梯级先导每一步的极性变化。

理解了能量是通过介质传递的，我们就可以继续研究闪电电荷在云和地面之间穿行的过程。我们通过恢复对这一过程的经典解释来做到这一点：疏密波。闪电波通过一系列粒子凝聚和稀疏现象在介质中传播。当波压缩粒子时，就会产生密度或"凝聚"。当密度达到一定的阈值（在几微秒内），就会发生小爆炸（传播）。随着一些区域变得更密集，失去粒子的区域变得稀疏（单位空间体积的粒子更少）。如图 147、图 148 所示。

闪电的频率如此之高，以至于闪电流动、传播、脊的循环可以在一秒内重复多次。这种机制也解释了闪电的极性变化。

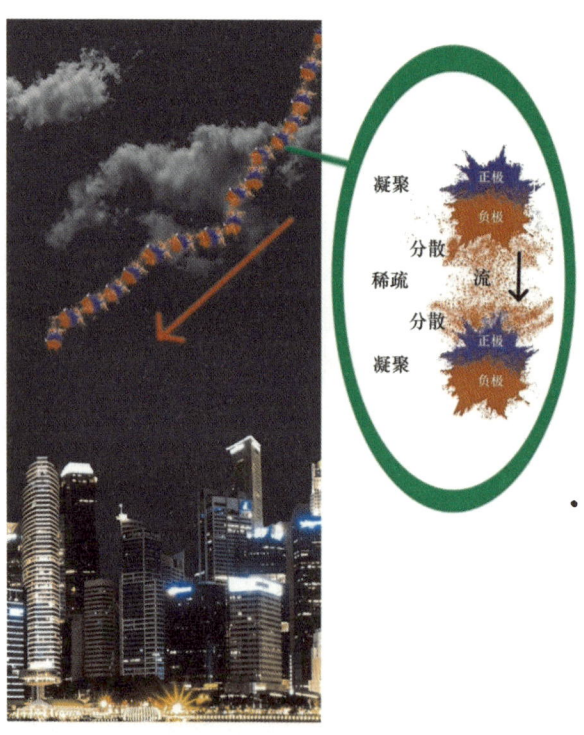

图 147 梯级先导。一系列的凝聚/稀疏过程从云层到地面逐级流动。右边的图像是一个放大的极性变化

［17］ M. A. Uman,《闪电》，纽约：多佛出版社，1984 年。

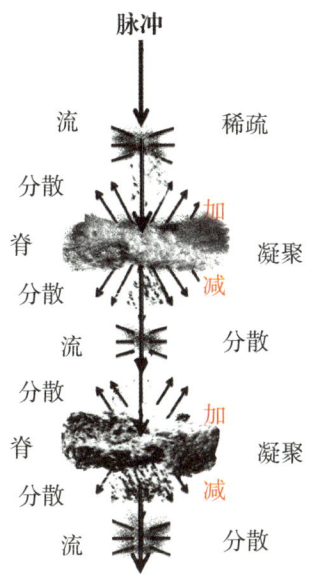

图 148　雷击中的粒子在做什么

结论

对于那些希望在这方面取得成功的人来说，重新评估一些最近的闪电理论，如"回闪"和"在原始空气中传播"，并将调查建立在本书中讨论的更基本的物理原理之上，将会是一个有价值的目标。

在 1938 年以前，科学对闪电的解释是直截了当和透明的。当科学家们被允许持有这些观点时，闪电在科学上得到了很好的理解。再次利用这些观点，是提高我们对迄今为止尚未完全掌握的闪电奥秘的一种肯定方式。

附录 2 　热带气旋：自然界最具破坏性的力量

若前文所述的"能源奇迹五大关键"构成真正的科学根基，那么理论上，它们应当能够深化人类对自然界关键领域的认知，并赋予我们更高效的调控能力，最终服务于人类福祉。事实也的确如此。

本篇我们将探讨自然界另一剧烈气候现象：热带气旋（也被称为飓风和台风）。

热带气旋作为全球最具破坏性的自然现象，目前尚未在任何地区形成可落地的控制方案。这一现状的根源何在？本附录首次揭示了以往控制尝试失败的核心原因。通过运用"能源奇迹五大关键"理论框架，找出这一对城市和生命具有毁灭性打击的自然现象中从未被察觉的固有弱点。鉴于该"致命短板"已明晰（且提出了利用"致命短板"的新方法），人类首次具备"驯服"它的可行性。

为何热带气旋（TCs）仍能在全球多地肆虐？这类灾害广泛影响南北半球多个地理区域。据统计，1970 年以来的 370 次热带气旋已造成 1.5 万亿美元经济损失及超过 78 万人死亡，且其发生频率与强度仍在持续攀升[172]。

过去，人类依靠希腊神话里的宙斯和中国的龙王等神灵来帮助控制天气，如今我们则寄希望于气象学家。气象学（含研究天气事件内在机制与物理过程的大气物理学）本应是掌控这些热带气旋的科学，但其当前实践多局限于预测领域。技术进步已使美国国家飓风中心（NHC）能够发布精准的 5 天飓风预警，2024 年的预警准确率更是创下历史峰值[173]。此类预测虽有助于优化风暴应对措施、

---

[172] 美国环境保护署，《气候变化指标：热带气旋活动》，数据来源：美国国家海洋和大气管理局，2023 年；韦基·克努森，2011 年；网络更新时间：2024 年，访问日期：2025 年 1 月 15 日。https://19january2017snapshot.epa.gov/climate-indicators/climate-change-indicators-tropical-cyclone-activity_.html.（注：该数据已从当前美国环境保护署官网移除）

[173] C. 瓦加斯基，《飓风预报比以往任何时候都更精准，但美国国家海洋和大气管理局的预算削减或会改变这一局面》，保险杂志，2025 年 5 月 6 日，https://www.insurancejournal.com/news/southeast/2025/05/06/822669.htm.

减少不必要的疏散行动，却远未实现对热带气旋的主动控制。

人类在减轻热带气旋破坏性影响力方面为何进展有限？为解答这一问题，本文将简要回溯热带气旋改造的历史脉络，包括其核心理论依据、过往尝试的失败案例及深层原因；在揭示热带气旋未为人所知的"阿喀琉斯之踵"（阿喀琉斯之踵，原指荷马史诗中的英雄阿喀琉斯的脚后跟，因是其身体唯一一处没有浸泡到冥河水的地方，成为他唯一的弱点。"阿喀琉斯之踵"后来比喻为致命的弱点、要害）后，进一步提出一种可实现有效控制的技术路径。

天气调控/热带气旋调控

气溶胶-云相互作用

人类有史以来的记载中，存在大量调节天气的尝试。本文仅聚焦其中一个目标：阻止热带气旋。热带气旋是形成于热带暖洋上空的强烈圆形风暴，以低气压、强风及暴雨为特征；在风速超过 119 千米/小时的情况下，根据发生区域不同被称为飓风或台风。鉴于热带气旋的破坏性影响，众多气象学家致力于抑制其生成与发展，所采用的核心手段为气溶胶。在这里，气溶胶是指通过地面操作或航空器有意释放至大气中的细颗粒物，旨在改变雨云或热带气旋的结构与功能。

1946 年，通用电气实验室的三位科学家发现，气溶胶可促使特定类型云层以雨或雪的形式释放水分，这一发现使人工增雨与热带气旋调控产生了紧密关联。当气溶胶被用于播云以实现人工降雨或阻止热带气旋时，该过程被称为气溶胶-云相互作用（ACI），亦称核化作用——其机制为在过冷云中引发冰核形成，使冰晶生长至足以沉降的尺寸，最终以雨或雪的形式抵达地表。

受限于篇幅，本文不展开阐述气溶胶-云相互作用在人工降雨领域的应用，亦无法全面回溯其从纽约斯克内克塔迪实验室的初步探索，到在越南战场上空云层中进行热带气旋调控尝试的复杂历史。需指出的是，相关实践主要基于1943—1983 年间美国军方的六个项目（Cirrus，Scud，Cyclops，Baton，StormFury，and Popeye）。尽管这些项目在利用气溶胶-云相互作用增强降水方面取得了部分积极成果，但均未能成功改变热带气旋的生成、强度或路径[174]。

其他热带气旋调控尝试

20 世纪 80 年代末，美国军方终止了对上述项目的资助。由于对气溶胶-云相互作用（ACI）在热带气旋调控中不了了之的结果不满，其他气象学家转向了新的研究方向，并认为找到了突破性方法。

热带气旋存在一个确凿事实：其生成与存续依赖于下方的温暖海水，海水即使仅降温几度，也会导致热带气旋无法维持[175]。2007 年，工程师斯蒂芬·索尔特在比尔.盖茨的支持下，研发出一种通过冷却热带气旋下方海水以减弱飓风的设备并获得专利。他的计算显示，仅需降温 2～3 度即可降低飓风强度[176]，但该方法无法实现海水的充分冷却。此后不久，盖茨推出改进版专利，通过驳船连接的管道冷却表层海水，但其可行性同样未得到验证[177]。曼彻斯特大学的约翰·莱瑟姆及其同事（包括索尔特）提出另一方案：利用无人驾驶船队向大气喷洒海水以冷却海

---

[174] H. E. 威洛比、D. P. 约根森、R. A. 布莱克、S. L. 罗森塔尔，《"暴风 FURY"计划：1962－1983 年科学纪事》，美国气象学会公报，1985 年 5 月，第 66 卷第 5 期，https：//doi. org/10. 1175/1520 - 0477（1985）066％3C0505：PSASC％3E2. 0. CO；2；"暴风 FURY"计划（http：//en. wikipedia. org/wiki/Project _ Stormfury）（访问日期：2025 年 4 月 15 日）；H. R. 拜尔斯，《气候调控史》，收录于《天气与气候调控》，W. N. 赫斯主编，约翰·威利父子出版社，纽约州纽约市，1974 年，第 3－44 页；E. 卡明斯，《"菠菜"行动：美国政府将天气用作战争工具》《大众机械师》，2018 年 3 月 20 日，访问日期：2025 年 6 月 6 日，https：//www. popsci. com/operation-popeye-government-weather-vietnam-war/；（美国国务院）历史办公室，1967 年，《美国对外关系文件（1964—1968）》，第 28 卷《老挝》，第 274 号文件，《负责政治事务的副国务卿帮办（科勒）致国务卿腊斯克的备忘录》，主题：在北越和老挝实施的气候调控（"菠菜"计划），访问日期：2025 年 5 月 15 日，https：//history. state. gov/histori-caldocuments/frus1964-68v28/d274.

[175] 美国国家海洋和大气管理局，《海洋探索》栏目，《海洋如何影响飓风》，访问日期：2025 年 5 月 15 日，https：//oceanexplorer. noaa. gov/facts/hurricanes. html.

[176] C. 米姆斯，《飓风防控：热带气旋可被阻止吗?》，科学美国人，2009 年 10 月 23 日，访问日期：2025 年 5 月 15 日，https：//www. scientificamerican. com/article/can-tropical-cyclones-be-stopped/；本津加新闻网，《比尔·盖茨本可以阻止"伊恩"飓风吗?》，2022 年 9 月 30 日，ht-tps：//www. benzinga. com/general/topics/22/09/29080703/could-bill-gates-have-stopped-hurricane-ian-the-machine-he-patented-to-control-storms；K. 伊曼纽尔，麻省理工学院大气科学荣誉退休教授，引自美国广播公司新闻台采访，《飓风平息技术? 比尔·盖茨有方案》，2009 年 7 月 17 日。

[177] 美国专利 2009/0173386A1.

洋[178]。2019 年，中国开展了两项相关尝试：一项来自上海东华大学[179]，计划通过建造人工岛船队干扰海洋表面风切变；另一项来自中国南方[180]，在莱瑟姆方案基础上改进，利用无人驾驶飞机在热带气旋预测路径播云以冷却海水。尽管理论上冷却热带气旋下方海水可发挥作用，但实践中存在难以克服的障碍：需冷却的海水体量过大，且任何冷却手段都需应对活跃飓风伴随的巨浪、强风与闪电。

气溶胶-辐射相互作用（ARI）

2023 年，为应对日益严峻的热带气旋灾害风险，米勒（Miller）等人发表了一篇关于潜在干预措施的详细分析报告[181]。该研究[182]回顾了近年来多项关于气溶胶-辐射相互作用（ARI）的研究，这是一种混合干预方法：其使用的气溶胶类型与 ACI 不同，可通过散射和吸收太阳辐射减少到达地表的太阳辐射量，但其核心目标仍是改变对流降低热带气旋下方的海洋温度[183]。米勒的研究指出，尽管在现实大气与海洋条件下，冷却热带气旋下方海水的可能性较低，但有意使用气溶胶仍是拦截热带气旋最具潜力的策略。

热带气旋的能量来源

热带气旋下方海水中的"误导因素"

"红鲱鱼"（red herring）不仅是一种鱼类，更可指代那些误导或分散人们对

---

[178] 《大气科学快报》，第 13 卷第 4 期，第 231 – 237 页，https：// rmets. onlinelibrary. wiley. com/doi/epdf/10. 1002/asl. 402.

[179] 中国专利申请号 CN201811520085.0.

[180] 中国专利申请号 CN201811366714.9.

[181] J. 米勒、A. 唐、L. T. 陈、R. 普林斯利、M. 豪登，《热带气旋干预的可行性与治理》，气候风险管理杂志，2023 年第 41 卷，第 100535 页，https：//doi. org/10. 1016/ j. crm. 2023. 100535.

[182] 陈（T. L. Tran）2025a——T. L. 陈、J. W. 范、D. 罗森菲尔德、Y. W. 张、H. 克卢、A. M. 霍格、R. 普林斯利，《热带气旋生成对气溶胶干预的敏感性研究》，地球物理研究杂志。

[183] N. 贝卢安、H. B. 余，第 11 章《气溶胶-辐射相互作用》，收录于《气溶胶与气候》，爱思唯尔出版社，2022 年，第 445 – 487 页，https：//ntrs. nasa. gov/api/citations/ 20230002445/downloads/Bellouin_ Yu _ chapter _ 5 _ ari _ science-final. pdf；J. C. 库尼亚尔、R. P. 古莱里亚，《气溶胶-辐射相互作用的研究现状：综述》，气溶胶科学杂志，2019 年第 130 卷，第 45 – 54 页，https：//doi. org/10. 1016/j. jaerosci. 2018. 12. 010.

核心问题注意力的线索——热带气旋下方的温暖海水中便存在诸多此类干扰因素。气象学文献中常见表述如"热带气旋的能量源于风暴下方海水中的热量"、"温暖海水为热带气旋提供动力，是其发展的关键因素"[184]，虽广为流传，却具有误导性。其流行的原因在于，美国国家气象局（NWS）等机构的研究已证实，热带气旋形成与维持的必要条件之一是风暴下方海水温度需超过27℃。这一数据虽正确，却未能完整阐释飓风的形成与发展机制，仅揭示了部分事实。例如，米勒研究中的图149及其注释提到，"径向环流将海洋表面的暖湿空气输送至低层大气中的气旋中心，沿眼壁上升后由高层大气向外输送"，该描述无误，但忽略了能量产生的核心机制——极点（在这里，极点指热力学系统中的关键温度极值点）。

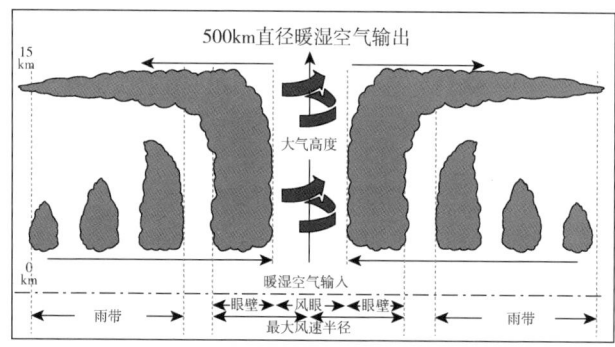

图149 取自米勒研究的北半球热带气旋简化结构，该图在各方面均准确，但遗漏了作为热带气旋能量基础的极点

〔184〕 美国国家海洋和大气管理局气候网站，C. 兰德西，美国国家海洋和大气管理局国家飓风中心科学与业务官，佛罗里达州迈阿密市，《气候变暖会使飓风更强吗？》，2010 年，https：//www. climate. gov/news-features/videos/does-warmer-world-make-hurricanes-stronger.，访问日期：2025 年 1 月 15 日；B. 库什曼-罗辛，1994 年，《地球物理流体动力学导论》，普伦蒂斯·霍尔出版社，320 页；J. R. 霍尔顿（主著），2004 年，《动力气象学导论（第 4 版）》，学术出版社，535 页；美国国家航空航天局 2025a，J. 霍尔沃森，美国国家航空航天局飓风科学家，《飓风 / 探索能量》，获取日期：2025 年 1 月 15 日，http：//svs. gsfc. nasa. gov/vis/a010000/a010600/a010664/G2010-128 _ ESW2010 _ Hurricanes _ appletv. m4v；美国国家海洋和大气管理局 2024b（国家海洋局）， 《风暴的"燃料"》，最后更新日期：2024 年 8 月 8 日，https：//oceantoday. noaa. gov/every-full-moon/episode11-hurricane/welcome. html；A. 尚卡苏米、T. 冼、L. P. 王，《基于 COAWST 模型的南海台风及其海洋响应研究》，地球科学，2023 年 6 月 19 日，http：//dx. doi. org/10. 3389/feart. 2023. 1102957；J. A. 张、P. G. 布莱克、J. R. 弗伦奇、W. N. 德伦南，《飓风边界层焓通量的首次直接测量：CBLAST 项目结果》，地球物理研究快报·大气科学，2008 年 7 月 30 日，https：//doi. org/10. 1029/2008GL034374.

极点的作用

所有能量的产生均遵循"极点对立"机制：能量在两个极点之间流动，而这一对相互作用的对立面通过动态关系引发运动。这一机制是所有能量产生的基础。正如本书前文所示，麦克斯韦方程组已证实其适用于电与磁现象。第 6 章图 53（基于手头最新中文译本编号）列举了常见实例，如电的正/负极、磁的南/北极。这一原理在电池运作中尤为显著：能量仅在极点间流动，不存在"单极电池"。

气象学家普遍认可该机制在海风形成中的作用：海风作为从海洋吹向陆地的地方性风，其成因正是海面（极点 1）与相邻陆地（极点 2）的温差[185]。

要全面理解热带气旋，其科学定义需涵盖形成、演变及消亡的全过程。克·伊曼纽尔 1991 年提出的"飓风理论"便满足这一要求，其里程碑式定义指出"热带气旋本质上是由海面（极点 1）与对流层（极点 2）之间的温度失衡驱动的热机"，至今仍被广泛接受[186]。他通过计算提出，仅需将海洋与对流层顶的平衡温度降低 2.5℃，就可能导致飓风数量增加或完全消失。小泽（Ozawa）关于气旋热力学的研究进一步强化了这一概念："热带气旋是由热带海面的高温（极点 1）与对流层顶部的低温（极点 2）[187] 之间的温差驱动的大规模对流系统"。图 150 直观呈现了这一原理。

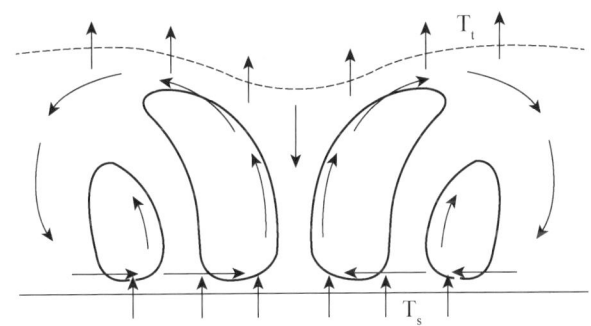

图 150　小泽绘制的热带气旋横截面示意图，空气在海面被加热（温度为 Ts，即极点 1），在对流层顶部被冷却（温度为 Tt，即极点 2）

[185]　例如，参见《美国气象学会术语表》。

[186]　K. A. 伊曼纽尔，《热带气旋的海气相互作用理论（第一部分）：稳态维持》，大气科学杂志，1985 年 10 月 29 日，第 43 卷第 6 期，https：//doi. org/10. 1175/1520-0469（1986）043％ 3C0585；AASITF％3E2. 0. CO；2；K. A. 伊曼纽尔，《飓风理论》，流体力学年度评论，1991 年，第 23 卷，第 179－196 页，访问日期：2025 年 6 月 6 日，https：//texmex. mit. edu/pub/emanuel/PA-PERS/Ann＿rev＿1991. pdf.

[187]　H. 小泽、S. 下川，《热带气旋热力学：自驱动对流系统中机械能的产生与耗散》《泰勒斯·动力气象学与海洋学》，斯德哥尔摩国际气象研究所，2014 年 10 月 19 日，https：//doi. org/ 10. 3402/tellusa. v67. 24216.

图 151 更清晰地展示了热带气旋"热机"如何将温差转化为机械能，并通过物理运动产生实际功。其运作机制为：海洋表面作为"热库"提供热量，热量流入对流层顶"冷库"后温度降低，由此产生的能量会增强热带气旋风的涡度。2008 年，在美国国土安全部（DHS）与美国国家海洋和大气管理局（NOAA）主办的研讨会上，有报告提议在飓风上方大气中播撒气溶胶，即通过吸收太阳辐射加热特定区域，缩小飓风热库与冷库的温差以减弱风暴[188]。但该提议因资金不足未获实施[189]。近期，澳大利亚国立大学科学家在米勒研究中证实了这一思路的合理性："热带气旋的能量源于大气上下层之间的热量失衡"。

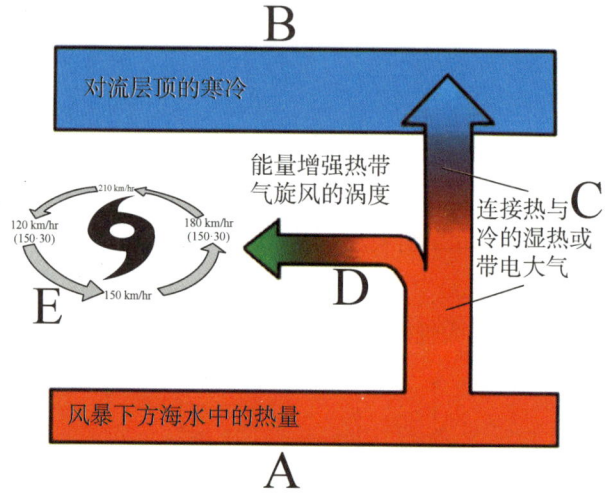

图 151 热带气旋热机结构。（A）风暴下方海水中的热量（极点 1）与（B）对流层顶的寒冷（极点 2）之间产生的能量，形成（D）机械能，进而（E）增强热带气旋的风力。注：（C）是连接热与冷的关键环节，中断这一环节可减弱热带气旋

尽管该原理对热带气旋的适用性已获普遍认可，但其重要性仍被低估。能量的产生绝不可能仅涉及单一极点：若称热带气旋"由海洋热能驱动"，本质上是海洋热量与风暴系统上方相对寒冷环境之间相互作用的结果。

为强调这一核心机制，我们提出如下定义（见图 152）：

---

[188] M. 阿拉马罗，《我设计天气的历程》《无限连接新闻》，2009 年，https://web.archive.org/web/20090820024920/https://alum.mit.edu/news/WhatMatters/Archive/200906；R. N. 霍夫曼，《控制飓风》，科学美国人，2004 年 10 月，第 291 卷第 4 期，doi:10.1038/scientificamerican102004-6o7Ip3Jj7K7x1eLwGgji7d；B. 朗德，《飓风：从工程视角看其结构与消亡策略》，收录于《湍流、热量与质量传递 8》，K. 汉贾利奇等主编，贝格尔出版社，纽约市，2015 年。

[189] 霍夫曼，2025 年致本文作者的私人通信。

热带气旋是一种剧烈的热带风暴，其特征为风涡度增强，当温暖海水与对流层顶的寒冷温度这两个极点被时而带电且始终湿润的导电粒子连接时，二者的相互作用会引发风涡度增强。

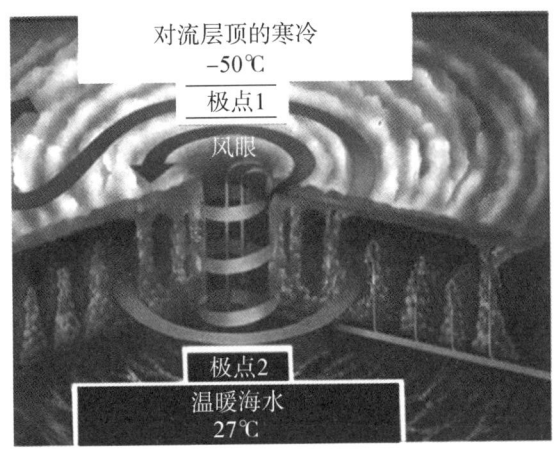

图 152 极点是热带气旋的能量来源（即产生能量的核心要素），飓风结构取自美国国家海洋和大气管理局

基于气溶胶-云相互作用（ACI）的热带气旋调控实验均建立在同一核心假设之上：热带气旋的调控关键在于调控气旋眼区外部云层的对流状态[190]。其工作假说明确指出，气旋眼周区域处于动力学不稳定状态，云层中富含过冷水滴，通过播撒作业可触发该不稳定机制，进而改变对流活动特征并促使眼壁发生外向迁移[191]。事实上，若研究团队当时能够认识到对流过程仅为次级现象，而极点间的温差才是需重点干预的核心要素，实验的成效或许会显著提升。

热带气旋的"阿喀琉斯之踵"

2024 年，热带气旋的一个关键弱点被揭示，为直接控制其活动提供了依据。

[190] 《气候调控》，第 742 号出版物，华盛顿哥伦比亚特区，1959 年，https://climate-viewer. com/downloads/report-of-the-skyline-conference-on-the-design-and-conduct-of-experiments-in-weather-modification. pdf.

[191] R. H. 辛普森、M. R. 阿伦斯、R. D. 德克尔，《1961 年"埃丝特"飓风播云实验》，美国商务部气象局（出版方），1962 年，https://library. oarcloud. noaa. gov/noaa_documents. lib/NOAA_historic_documents/WB/National_Hurricane_Research_Project_Report/NHRP_60_1962. pdf.

由于中美洲与墨西哥[192]上空出现大型静止热穹，大西洋飓风季的开局速度创下10 年来最低（热穹是一种极端高温天气现象，由低层大气将热空气束缚在约 9～10 千米及以下高度形成）。尽管这对墨西哥及美国南部、西部居民造成了不利影响，但 2024 年的热穹还产生了另一效应：在 6 月"贝里尔"飓风至 9 月底"海伦"[193] 飓风期间的飓风季高峰期，几乎连续三个月抑制了强热带气旋的生成与发展。这一现象揭示了热带气旋的两个核心事实（如图 157 所示）。

在所有已知热带气旋案例中，以下（a）、（b）条件均同时满足：

（a）热带气旋所关联的对流层顶温度为−50℃或更低

（b）热带气旋所关联的海水温度为+27℃或更高

二者的绝对温差为 77℃。

反之，通过冷却热带气旋下方海水或加热其上方大气，上述条件将被打破，新的热带气旋无法形成（若已存在，则会迅速消散）。

具体实例如下：

若热带气旋下方海水从+27℃冷却至+20℃，温差从 77℃降至 70℃，热带气旋无法形成；

若热带气旋上方大气从−50℃升温至−45℃，温差从 77℃降至 72℃，热带气旋无法形成；

若热带气旋上方大气温度低于−50℃，或下方海水温度高于 27℃，则 77℃的最小温差得以维持，热带气旋甚至可能增强。

攻击热带气旋的弱点

根据萨菲尔-辛普森飓风等级，飓风按持续风速分为五级，风速越高等级越高。索尔特与盖茨的研究显示，仅将海水与对流层顶的温差减少 1℃，即可使飓风强度降低一个等级（如从 4 级降至 3 级）。朗德从热力学角度计算得出，仅将热带气旋眼壁下方海水冷却 2.5℃，就能阻止能量传输增强；即便仅冷却风暴中心下方海水 1℃，也会对风暴强度产生显著影响。伊曼纽尔提出，将温差减少

————————

[192] （美国国家航空航天局）美国国家航空航天局地球观测站地图，数据来源于美国国家航空航天局-美国国家海洋和大气管理局"苏米"NPP 卫星上的可见光红外成像辐射仪套件传感器，https：//earthobservatory.nasa.gov/images/152843/derecho-darkens-houston&quot.

[193] 美国国家飓风中心，《2024 年大西洋飓风季》，https：//www.nhc.noaa.gov/data/tracks/tracks-at-2024.png and https：//www.nhc.noaa.gov/data/tcr/index.php? season = 2024.

4.5℃可彻底消除飓风（但他对从海水层面干预的可行性持怀疑态度）。当前的核心问题在于：如何利用这一关键结论，同时避免重蹈以往冷却狂暴飓风下方海水的失败覆辙。

另一个极点

解决方案在于关注另一极点——对流层顶的寒冷区域。在赤道 10 度范围内，该区域温度通常稳定在−50℃左右[194]。若无法通过冷却下方海水消除热带气旋的温差，为何不转而加热其正上方的大气？如前所述，潜在热带气旋上方的热穹所产生的热量会干扰其形成所需的温差。攻击这一弱点，热带气旋便不再是不可阻挡的自然力量。2024 年的热穹事件已证实，加热风暴上方区域可减弱或摧毁热带气旋。如图 153 所示，这正是热带气旋的"阿喀琉斯之踵"[195]。

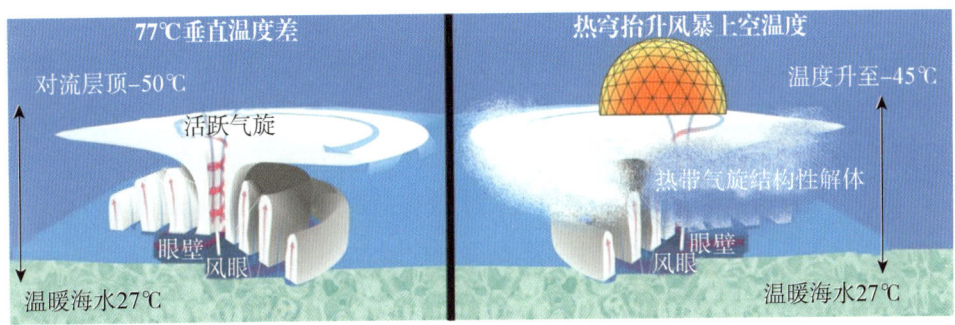

图 153　热带气旋的"阿喀琉斯之踵"——左图显示，在所有已知案例中，热带气旋的形成与存续需满足其上方对流层顶的寒冷与下方海水的热量之间存在至少 77℃的温差；右图显示，当这一条件被打破（如热穹导致热带气旋上方大气升温）时，热带气旋将无法维持。飓风结构数据源自美国国家海洋和大气管理局

[194]　E.G. 艾伯特，《对流层顶案例研究》，第 6 号科学报告，纽约大学工程学院研究部，AF19（604）-1958；瑞士联邦气象局，《对流层与对流层顶》，访问日期：2025 年 6 月 7 日，https：//www. meteoswiss. admin. ch/weather/weather-and-climate-from-a-to-z/troposphere-and-tropopause. html ♯：～：text ＝ The％ 20tropopause％ 20has％ 20an％ 20average％ 20temperature％ 20of％ 20around，degrees％ 20Celsius％ 20depending％ 20on％ 20the％ 20region％ 20and％ 20season；美国国家海洋和大气管理局，《大气的分层》，2024 年 8 月 20 日，https：//www. noaa. gov/jetstream/atmosphere/layers-of-atmosphere.

[195]　注：使用不同仪器在不同高度、纬度及条件下测量的温度会产生一系列结果，这些结果均为对流层顶或与之相连的热带气旋眼壁"实际"温度的有效参考值。此处 15％～20％的温差变化对本文论点无任何影响。为便于说明，本文以−50℃作为对流层顶的平均稳定温度，并将其与海水温度（＋27℃，更易测量）进行对比。

热带气旋调控的解决方案：人工热穹

为防止热带气旋形成（或在其生成后降低强度），研究团队探索了在小尺度范围内人工重现热穹的可行性，且该热穹仅局限于新生热带气旋的上空区域。太阳辐射与普通沙子的组合提供了一种实现路径：通过向热带气旋眼壁上方大气播撒廉价硅砂（硅砂可直接吸收太阳能并转化为热量），可显著提升风暴上空区域的温度，从而切断下方暖海水热量与上方大气冷量之间的能量连接。播云技术虽已形成成熟产业，但其常规应用是通过化学物质冷却云层以促成降水；而热带气旋控制则需要相反的作用机制——加热。

针对播云技术的反对意见多源于对人口密集区倾倒有毒化学物质的安全担忧，但此类顾虑不适用于本气旋控制方案：一方面，热带气旋形成于海上而非人口密集区；更重要的是，本方案播撒的硅砂无害，其唯一功能是直接吸收太阳能，并暂时加热新生热带气旋上方数平方千米的大气。硅砂（SiO_2）由硅和氧元素组成，二者为地壳中含量最丰富的元素。沙粒/尘埃进入大气是地球数千年来的常见现象。例如，北非一场仅持续 5 天的沙尘暴即可向大气释放超 2000 万吨沙粒/尘埃[196]，这一数量远超热带气旋控制所需；且当气旋得到控制后，沙粒会无害落入海洋。

太阳辐射

尽管太阳辐射覆盖整个电磁波谱，但图 154 显示，地球大气层在辐射抵达地

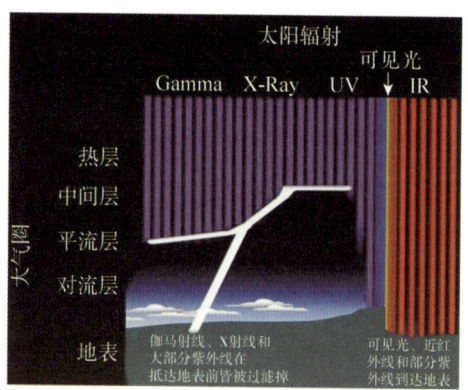

图 154 大气层对可见光、近红外线和紫外线范围内的大部分辐射几乎透明，这些辐射可直达地球表面并产生热量（数据源自 NASA）

---

[196] D. 布·卡拉姆等，《与撒哈拉低压相关的沙尘排放与输送：2007 年 2 月案例》，地球物理研究杂志，2010 年，第 115 卷，https://doi.org/10.1029/2009JD012390.

表前已过滤掉几乎所有危险的伽马射线(Gamma)、X 射线和紫外线（UV）。大气中的气体会吸收部分波长的电磁辐射，但对另一部分波长呈透明状态，最终到达地表的主要能量形式为可见光、紫外线和近红外线（IR）。大气主要成分（氧气和氮气分子）对这一波段辐射[197]几乎透明，仅通过吸收或反射[198]过滤 3％的太阳辐射波长，使其成为加热地球的关键波段[199]。

地表固体物质吸收太阳能后通常以热量形式释放，而这一过程同样存在于高层大气：对流层上部和对流层顶的较大固体颗粒能够且确实会捕获太阳辐射。例如，穿越对流层顶的飞机机身向阳面温度显著高于背阴面；一项针对低海拔太阳辐射产热的研究称其"强度极高"，并指出多数飞机机身涂为白色的核心原因是通过反射太阳辐射减少表面热量[200]。在 8 千米高度，太阳辐射可将飞机外部温度从 −51℃ 升至−1℃[201]；近地轨道卫星的外壳因太阳辐射加热，温度可高达 37℃[202]。

强调这一事实的原因在于：若要通过破坏海洋热量与对流层顶冷量的温差来减弱热带气旋，需在其上方部署能与太阳能充分相互作用的物质。

---

[197]　K. A. 伊曼纽尔，《飓风的最大强度》《大气科学杂志》，1988 年 4 月 1 日，第 45 卷第 7 期，https：//doi. org/10. 1175/1520-0469（1988）045％3C1143；TMIOH％3E2. 0. CO；2；K. A. 伊曼纽尔，麻省理工学院大气、海洋与气候项目，第 2 讲《热带大气物理学（一）》，1998 年 4 月 13 日，访问日期：2025 年 6 月 6 日，https：//wind. mit. edu/~emanuel/geosys/node3. html＃SECTION00030000000000000000；K. E. 特伦伯斯、J. T. 法苏洛、J. 基尔，《地球全球能量收支》，美国气象学会公报，2009 年 3 月，https：//doi. org/10. 1175/2008BAMS2634. 1.

[198]　N. 贝卢安、H. B. 余，第 11 章《气溶胶-辐射相互作用》，收录于《气溶胶与气候》，爱思唯尔出版社，2022 年，第 445－487 页，https：//ntrs. nasa. gov/api/citations/20230002445/downloads/Bellouin_Yu_chapter_5_ari_science-final. pdf.

[199]　W. S. 钱伯林、N. 肖、M. 里奇，第 9. 3 章《太阳如何温暖地球》，收录于《我们的世界海洋：认识地球上最重要的生态系统》，蓝色星球出版社，富勒顿学院，2023 年。

[200]　P. 坎普夫，《飞行中客机机身的典型温度是多少？》，航空问答平台，2015 年，访问日期：2025 年 3 月 15 日，https：//aviation. stackexchange. com/questions/23747/what-is-the-typical-temperature-of-an-airliners-hull-during-flight；Y. 张、Z. 郭、L. 刘等，《太阳辐射与传热耦合作用下的机舱微气候研究》，巴西物理杂志，2024 年，第 54 卷，第 47 页，https：//doi. org/10. 1007/s13538-024-01423-z.

[201]　《美国采暖、制冷与空调工程师学会手册》第 13 章《航空器设计条件》，图 1《环境剖面图》，访问日期：2024 年 12 月 15 日，https：//handbook. ashrae. org/Handbooks/S16/SI/s16_ch13/s16_ch13_si. aspx.

[202]　A. M. 埃尔沙伊尔等，《近地轨道小型卫星的热控制》，埃及遥感与空间科学杂志，2023 年 11 月 26 日，https：//doi. org/10. 1016/j. ejrs. 2023. 11. 007.

沙子的调控特性

沙子是实现这一目标的"天然选择"：其一，沙子分布广泛；其二，已有证据表明普通沙子可通过吸收太阳能产生高达 58℃ 甚至更高的温度。沙子高效产热的核心原因是其主要成分为硅砂（二氧化硅，通常以石英形式存在）。即便是普通干沙，其高密度（1631 kg/m³）、低比热容（670 J/kg·K）和 0.9 的发射率也使其极适合吸收太阳辐射并转化为热量——低比热容意味着只需少量太阳能即可升温，高密度可储存大量能量，高发射率则保证优异的散热能力。用于热带气旋控制时，深色沙子更优（因其吸收更多太阳光线），其中黑沙（含碳）为大气中[203]吸收性最强的物质，在全球数十个火山海滩均可发现（此类沙子温度足以灼伤皮肤）；但黑沙并非仅源于火山，亦可由其他矿物形成。

对沙子的加工可提升其效率，例如混合碳、加深颜色或通过其他方式减少反射，以最大化吸热和储热能力。美国国家可再生能源实验室已测试并推荐廉价硅砂作为直接储存太阳热能的介质[204]。

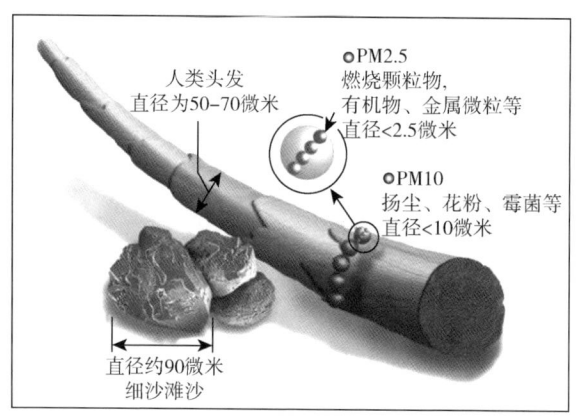

**图 155　细沙滩沙的粒径约为有害 PM2.5 颗粒物的
40～50 倍（图片源自 EPA）**

图 155 显示，细沙滩沙粒径约 90 微米，远大于可能进入血液并引发健康问题的 PM2.5（粒径≤2.5 微米）。潘的研究提出，海洋上空播云的最佳气溶胶密度为

---

[203]　J.C. 周等，《黑沙尘的光吸收特性》，应用光学，2000 年 9 月，第 39 卷第 24 期，https：//doi. org/10. 1364/AO. 39. 004232.

[204]　美国国家可再生能源实验室，2020 年第 26 届国际太阳能热发电与化学能储存大会，《用于热能储存的二氧化硅热稳定性研究》，P. 达文波特等，2020 年 10 月 2 日，https：//doi. org/10. 1063/5. 0085641.

$1.5\ \mu g/m^3$，远低于世界卫生组织规定的 PM2.5 健康风险阈值（$15\ \mu g/m^3$）[205]。

研究表明，粒径 70～100 微米的沙子在对流层顶以下释放后，可在大气中停留 5 天至 3 周[206]，足以应对单个热带气旋，且对人类健康或气候无威胁[207]。普通沙子能直接吸收太阳辐射，并根据斯特藩-玻尔兹曼定律转化为热量。

缩小目标范围

显然，类似覆盖美国西南部和墨西哥大部分地区的热穹可解决飓风问题；向 3000 平方千米大气播撒沙子也能达到目的，但所需数十亿吨沙子使其不切实际且毫无必要。

强热带气旋通常形成无云、风平的中心（称为"风眼"），其周围为眼壁：一个约 16 千米（10 英里）厚的圆柱形屏障，是风眼最活跃、能量最集中且湍流最强的部分。风眼壁亦是眼区最冷的区域，直接与 $-50℃$ 的对流层顶相连（图 156 显示，风眼壁温度约 $218°K$ 即 $-55℃$，与对流层顶 $-50℃$ 接近）。[208] 此外，有记

[205]　Z. 潘、D. 罗森菲德、Y. 朱、F. 毛、W. 龚、L. 臧、X. 卢，2021 年，《基于地球静止卫星的气溶胶对深厚对流云生命周期特性增强作用的观测量化》《地球物理研究杂志·大气》，2021 年 5 月 16 日，第 126 卷第 9 期，https：//doi. org/10.1029/2020JD034275；世界卫生组织，2021 年，《世界卫生组织全球空气质量指南》，涵盖颗粒物（PM2. 5 与 PM10）、臭氧、二氧化氮、二氧化硫及一氧化碳，https：//www. who. int/news-room/questions-and-answers/item/who-global-air-quality-guidelines.

[206]　W.M. 弗兰克，《炭黑粉尘作为大规模对流层热源的特性》，科罗拉多州立大学大气科学系，第 195 号论文，美国国家科学基金会项目（GA-32589X1），1973 年 1 月；W.M. 格雷，《热带扰动与风暴的全球视角》，月度天气评论，1968 年，第 96 卷，第 669 - 700 页，https：//doi. org/10.1175/1520-0493（1968）096％3C0669：GVOTOO％3E2.0.CO；2；E. A. 马特尔，1970 年，《大气痕量成分的输送模式与停留时间随高度的变化》，化学进展丛书，第 93 卷，美国化学公司，华盛顿哥伦比亚特区，第 421 - 428 页，https：//doi. org/10.1021/BA-1970-0093. CH009.

[207]　美国国家航空航天局 2010 年，戈达德太空研究所，研究论文：《气溶胶：从风中的火山灰到烟囱里的烟雾》，2010 年 4 月 16 日，访问日期：2025 年 3 月 15 日，https：//www. giss. nasa. gov/research/features/archive/201004 _ aerosols；美国国家海洋和大气管理局 2016 年，《大气尘埃的真相》，2016 年 7 月 22 日（原文"1016"应为"2016"），获取日期：2025 年 5 月 9 日，https：//www. nesdis. noaa. gov/news/the-dirt-atmospheric-dust；K. 舍潘斯基，《矿物粉尘的输送及其对气候的影响》，地球科学评论，2018 年，第 8 卷，第 151 页，https：//doi. org/10.3390/geosciences8050151.

[208]　K.R. 克纳普、C.S. 费尔登、A.J. 维默斯，（美国国家海洋和大气管理局），《热带气旋眼区的全球气候学研究》，美国气象学会月度天气评论，2018 年 5 月 4 日，https：//doi. org/10.1175/MWR-D-17-0343.1.

录显示对流层热源可降低风眼壁内侧风速并改变风暴强度。[209]

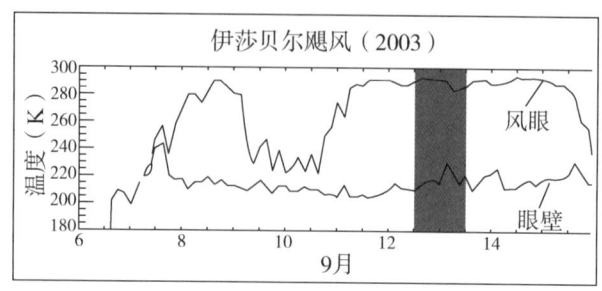

图 156　风眼壁实测温度（下图）显示其相对稳定在 218°K（约−55℃），与 对流层顶的−50℃接近（Knapp 2018，NOAA）

　　成熟热带气旋风眼壁横截面积差异显著，大到 1200 多平方千米，小到仅 5.7 平方千米（2025 年威尔玛飓风，美国国家飓风中心数据）。湍流和风力最 强的区域位于最内侧眼壁表面，从眼区延伸至分隔眼壁内外侧的第一道"护城 河"[210]。

　　视觉和雷达观测证据显示，飓风卷层云外流主要源于眼区附近的小型对流上 升"烟囱"（北半球通常位于右前象限），且低层流入环流输送的大部分物质通过 不超过 16 千米×32 千米的"烟囱"逃逸至外流层。这意味着播撒目标可限定在 500 平方千米内，不足通常受破坏性风力影响区域的 1%[211]。NASA 数据显示， 北半球眼壁右前象限为风暴中最具破坏性的区域，成熟后平均面积达 430 平方千 米以上，但早期干预仅需覆盖 25 平方千米[212]（见图 157）。

　　[209] C.M. 罗佐夫、W.H. 舒伯特、J.P. 科辛，《热带气旋同心眼壁的若干动力学特 征》,《英国皇家气象学会杂志》, 2008 年 5 月 14 日, https：//doi. org/10. 1002/qj. 237.

　　[210] C.M. 罗佐夫、W.H. 舒伯特、J.P. 科辛，《热带气旋同心眼壁的若干动力学特 征》,《英国皇家气象学会杂志》, 2008 年 5 月 14 日, https：//doi. org/10. 1002/qj. 237.

　　[211] R.H. 辛普森、M.R. 阿伦斯、R.D. 德克尔，《1961 年"埃丝特"飓风播云实验》, 美国商务部气象局（出版方）, 1962 年, https：//library. oarcloud. noaa. gov/noaa _ docu- ments. lib/NOAA _ historic _ documents/WB/National _ Hurricane _ Research _ Project _ Re- port/NHRP _ 60 _ 1962. pdf.

　　[212] （美国国家航空航天局）美国国家航空航天局地球观测站地图，数据来源于美国国 家航空航天局-美国国家海洋和大气管理局"苏米"NPP 卫星上的可见光红外成像辐射仪套件 传感器, https：//earthobservatory. nasa. gov/images/152843/derecho-darkens-houston&quot.

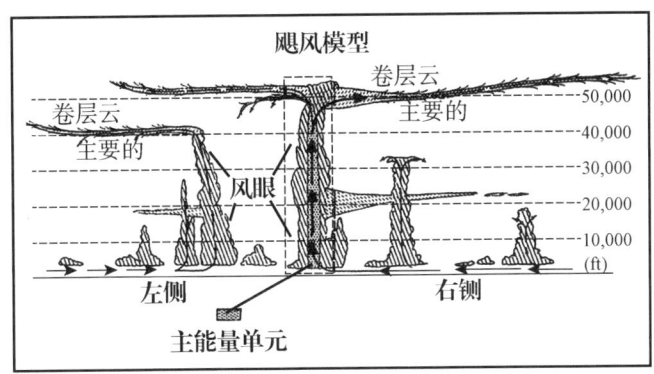

图157 目标区域：主能量单元（对流烟囱）位于虚线框内（最内侧风眼壁），在北半球，右前象限是北美风暴中能量最集中、破坏性最强且最冷的部分（示意图源自 Simpson）

美国国家海洋和大气管理局对 1982—2015 年热带气旋的研究显示，仅略超一半的热带气旋形成实际"风眼"，但有眼气旋的平均风速是无眼气旋的 3 倍[213]；且眼区越小，风湍流通常越强[214]。因此，核心目标为有眼热带气旋，具体而言（北半球）是其眼壁右前象限。这一准则可将需关注的热带气旋数量减半，同时聚焦潜在最危险风暴，降低所需沙子量。

美国国家海洋和大气管理局数据显示：所有有眼风暴的"眼"会在追踪开始后 6.6 天内出现；更关键的是，90% 以上的案例中，从风暴达到 34 节风速（命名为飓风的阈值）到首次观测到"风眼"的时间不足 4.25 天，50% 的风暴在命名后 45 小时内形成首个"风眼"[215]。这意味着 90% 的案例中存在 2~4 天的窗口期以应对新生热带气旋。

沙子用量估算

本部分估算在新生热带气旋眼壁右前象限的气柱内实现 10 K 温度变化所需的沙子量。格雷（Gray）的研究显示，气溶胶吸收的 94% 热量会传导至空气，

[213] K.R. 克纳普、C.S. 费尔登、A.J. 维默斯，（美国国家海洋和大气管理局），《热带气旋眼区的全球气候学研究》，美国气象学会月度天气评论，2018 年 5 月 4 日，https://doi.org/10.1175/MWR-D-17-0343.1.

[214] W.X. 沈，《飓风眼区大小是否影响其强度？》，地球物理研究快报，2006 年 9 月，第 33 卷第 18 期，https://doi.org/10.1029/2006GL027313.

[215] K.R. 克纳普、C.S. 费尔登、A.J. 维默斯，（美国国家海洋和大气管理局），《热带气旋眼区的全球气候学研究》，美国气象学会月度天气评论，2018 年 5 月 4 日，https://doi.org/10.1175/MWR-D-17-0343.1.

其余 6% 被其他气溶胶重新吸收[216]。以三个 4 级和 5 级飓风（中小型眼区）为基准计算平均面积：2005 年威尔玛飓风（超强台风，登陆风速 290 千米/小时）眼区直径 3.2 千米[217]；4 级飓风艾达眼区直径 27 千米；2024 年米尔顿飓风（大西洋盆地最强飓风之一）眼区直径 5 千米。三者平均眼区面积为 129 平方千米，假设内侧眼壁厚度为眼区半径的一半，可计算出眼壁平均横截面积不足 200 平方千米，右前象限面积约 50 平方千米。为覆盖更多场景并留有余地，按近 5 倍面积计算（即 225 平方千米）。

假设加热 150 hPa 至 200 hPa 高度层、15 千米×15 千米范围内的空气，对应空气质量为：

$$250 \text{ kg/m}^2 \times 10 \text{ K} \times 15 \text{ km} \times 15 \text{ km}$$
$$= 562,500 \text{ kg } (5.62 \times 10^4 \text{ kg}) \tag{1}$$

空气在恒温下的比热容约为 1×10^3 J/kg·K，因此所需能量为：

$$1 \times 10^3 \text{ J/kg} \cdot \text{K} \times 5.62 \times 10^4 \text{ kg} \times 10 \text{ K}$$
$$= 5.6 \times 10^9 \text{ 焦耳} \tag{2}$$

假设播撒的沙子吸热能力为 670 J/kg·K，则所需沙子量为：

$$5.6 \times 10^9 \div 6.7 \times 10^3 \text{ J/kg}$$
$$= 8.4 \times 10^5 \text{ kg} = 840 \text{ 吨} \tag{3}$$

一架波音 747 载重量为 140 吨，因此对目标区域的一次完整播撒需：

$$840 \text{ 吨} \div 140 \text{ 吨}$$
$$= 1 \text{ 架波音 747 飞行 6 次}$$
$$= 2 \text{ 架波音 747 飞行 3 次}$$
$$= 3 \text{ 架波音 747 飞行 2 次} \tag{4}$$

沙子成本低廉：按此用量，商用细沙价格可低于 50 美元/吨；而在常受热带气旋影响的国家，政府土地上的沙子储量达数十亿吨，其成本仅略高于开采和运

---

[216] W. M. 格雷，《热带扰动与风暴的全球视角》，月度天气评论，1968 年，第 96 卷，第 669 - 700 页，https://doi.org/10.1175/1520-0493（1968）096%3C0669：GVOTOO%3E2.0.CO；2；W. M. 格雷、W. M. 弗兰克、M. L. 科林、C. A. 斯托克斯，《通过炭黑粉尘吸收太阳能实现气候调控》，应用气象学与气候学杂志，1976 年 4 月 1 日，第 15 卷第 4 期，https://doi.org/10.1175/1520-0450（1976）015%3C0355：WMBCDA%3E2.0.CO；2.

[217] 美国国家飓风中心报告称，2005 年"威尔玛"飓风在加勒比海西北部达到 5 级飓风强度时，其眼区宽度仅为 2 海里。约一天后，该眼区被另一个宽度为 40 海里的眼区取代，在"威尔玛"飓风存续的剩余时间里，其眼区宽度始终维持在 40～60 海里之间。访问日期：2025 年 4 月 28 日，https://hurricanescience.org/history/storms/2000s/wilma/.

输至项目场地的费用。米勒等人对高空播撒成本的近期研究估算，单个热带气旋的处理成本低于 1000 万美元；格雷（Gray）亦得出类似结论。但这些计算未考虑沙子的独特优势与易获取性。这可使成本降低 70% 以上。

未来方向：热带气旋控制项目

本研究提议建立跨国气旋控制项目，该项目将组建一支配备专用播云设备的机队，基地选址于热带气旋常见生成地的覆盖范围内的机场。飓风季前需保证沙子储备充足，期间飞机将在夜间进行维护，机组人员则在日间处于待命状态，一旦气象雷达或卫星数据探测到新生热带气旋出现"眼"，即可立即部署。

飓风季期间，将设立一个控制中心，负责整合与评估现有气象数据，并统筹机队行动。除飞行机组、地面保障人员及控制中心工作人员外，另设气溶胶小组，专职负责气溶胶（沙子）的供应、储存及飞行间隙的快速补装。

项目的核心目标是尽早识别热带气旋的"眼"，一经确认便即刻行动。识别完成后，飓风控制流程启动：飞机沿风暴路径在目标区域播撒沙粒，播撒位置通常为眼壁右前象限的上方、天气系统之外，以规避风暴动态应力的干扰。沙粒将预先加热以提升初始效率，播撒后即开始吸收太阳辐射；通过对流作用，受热沙粒会加热气旋上方大气，切断其与对流层顶冷量的能量连接。

热带地区夏季的日均日照时长为 12~14 小时。播撒至大气中的沙粒在日落后仍会短期释放储存的热量，但由于沙子导热性较低，热量将在夜间耗尽，次日日出后重新启动吸热过程。每日累计 16~18 小时内，太阳能通过沙粒持续释放到周围大气，干扰极点温差以削弱飓风能量，播撒作业将持续至风暴得到控制。

本项目并非以消除所有飓风为目标，但只要每年能拦截 2~3 个最具破坏性的飓风，支持该项目的政府或保险公司即可实现 300∶1 的投资回报率。

概念的验证

以往的热带气旋改造理论因难以在实验室模拟热带气旋，且多数理论与数学模拟缺乏充分观测或事实支撑，故难以验证。本气旋控制项目提案在五个关键方面与之形成显著差异：

i. 其理论基础是气象学家公认但尚未充分应用的物理学基本原理——所有能量均源于极点对立机制，具体而言，热带气旋的能量本质上是海洋热量与对流层顶冷量之间温差的函数。

ii. 其核心依据是已被观测与测量证实的热带气旋关键事实：风暴下方海水温度不得低于 27℃，且与之相连的上方对流层顶温度不得高于−50℃。

iii. 其有效性得到充分证据支持：当上述任一条件被打破时，热带气旋会减弱或消亡。

iv. 其方案设计还基于近百年失败尝试证实的结论：试图冷却活跃飓风下方的海水是不可行的。

v. 其技术路径依托于气溶胶的特性：通过吸收或散射太阳辐射模拟热穹作用，从而加热热带气旋上方的大气。

热带气旋控制项目属于局部操作，不会对地球气候、降雨量或飓风路径产生影响。其唯一作用机制为：当热带气旋上方有限区域的冷空气被加热后，气旋能量会逐渐流失直至消亡。

借助上述识别并攻击热带气旋"阿喀琉斯之踵"的原理，人类首次获得了控制飓风和台风的可行方法。本文强调使用沙子，是因其符合化学特性要求、成本低廉且易获取；但任何能利用太阳辐射在热带气旋上方对流层上部产生热量的方法或材料，均可缓解全球热带气旋问题。热带气旋是可被控制的，本文即提供了一种具体方案。

观测证据优于假设模型的验证

尽管已有上述论证，但仍可能存在观点认为需通过数值模拟"验证"这一概念。对此，笔者在此以敬意回应：在科学领域，尤其是大气动力学研究中——观测结果是验证或否定模型输出的核心依据——现实世界的实证才是黄金标准。

除本章已列举的案例外，多项具体且可观测的证据表明，热带气旋眼壁上方区域的加热与气旋减弱存在强相关性。这些证据包括撒哈拉空气层（SAL）入侵、火山气溶胶层，以及导致高层大气异常升温的人工干预尝试。观测野外试验及 AIRS、CALIPSO、GOES 等卫星数据已证实，飓风眼壁上方的升温与后续风暴减弱存在明确关联。

当直接观测案例已多次印证预期结果时，无需依赖模型"测试"新假设——此类操作本质上仅是重复验证已知事实。在科学研究中，模型的核心价值在于帮助理解观测现象的成因或发生条件，而非用于复现已充分记录的现象。就本案而言，目标不应是证明加热热带气旋上方大气可减弱风暴（这一结论已得到证实），而应是基于该认知采取行动，"驯服"部分热带气旋实现，以拯救生命并减少经济损失。

伦理道德考量

无论是否令人信服，美国政府目前在其官方网站上宣扬的一种观点是："即便具备驯服飓风的能力，这么做也并不可取"。这种论调类似于"倘若大自然有意让人类飞翔，便会赋予我们翅膀"（想必不必要将此观点告知波音公司或全球任何一家国家航空公司）。

从孔子、汉谟拉比、摩西到托马斯？杰斐逊，历代传承的伟大伦理或道德准则均将"不可杀人"列为核心戒律。若有人掌握能够驯服热带气旋这类具有毁灭性与致命性的"巨兽"的方法，却拒不运用，无疑等同于犯下谋杀之过。

附录3　数学后记：能源奇迹密钥的证明[218]

　　既然似乎没有人大声反对量子力学宣称真实的东西是假想的，而假想的东西是真实的，我将把这种创造性运用到我自己身上，并声明这一部分不是本书的一部分（图158）。（它不可能是书的一部分，因为它包含数学公式，我已经保证在书中不包含数学。）

图158　由2021年国际节能与效率会议（ICECE）颁发的证书，以表彰本节所含材料的原创性和重要性

　　以下是能源和电学史上一些最重要、最有价值的数学——能源领域的重大突破都建立在这些数学的基础上，它们证明了第6章中列出的能源奇迹之钥的正确性。

---

　　[218]　本节中的大部分数据都收录在一篇题为"寻找能源奇迹"的同行评审文章中，该文章在2021年3月由IEEE主办的国际节能与效率会议上发表。

关键 1 的证明：能量由空间中假设的粒子组成

能量由粒子在空间中的运动构成。力和能量公式的相似性证明了这一点。任何近距离经历过雷击的人都能证明它所包含的巨大力量。

（1）牛顿第二定律证实了这一点

这个公式来源于牛顿的研究，通常被表示为：

$$F = ma$$

F 是力（单位是牛顿），m 是质量（单位是千克），a 是加速度。如果没有质量（即 $m = 0$），就不会有力。

（2）莱布尼茨动能公式

莱布尼茨动能（E_k）公式也表达了这一概念：

$$E_k = \frac{1}{2}mv^2$$

如果没有粒子，或者这些粒子没有质量，那么 $m = 0$，就没有能量。

换句话说，能量必须由粒子组成，而这些粒子必须有质量。

关键 2 的证明：能量需要一个二分法

（1）麦克斯韦的方程式

所有的能量生产都来自二分法。麦克斯韦方程式对电和磁都证明了这一点。

他的第一个方程（高斯定律）可以写成：

$$\nabla \cdot E = \frac{\rho}{\varepsilon_0}$$

∇ 为散度；E 是电场；$\frac{\rho}{\varepsilon_0}$ 是电荷密度。

电场的正极（源）和负极（源）是电场的基底。没有正负，$\nabla = 0$，没有电荷。

同样，他的第二个方程：

$$\nabla \cdot B = 0$$

高斯磁学定律（B 是磁场）表明，如果没有正极和负极，那么 $\nabla = 0$。这证明任何磁单极都不能产生能量。需要正负两极。

（2）法拉弟定律

这是电磁学的基本定律之一，并解释了发电机工作的原因。它告诉你电场的变化会引起磁场的变化（反之亦然）。

$$\nabla x E = -\frac{\partial B}{\partial T}$$

其中 ∇ 是散度，E 是电场，$-\dfrac{\partial B}{\partial T}$ 是磁通量密度的变化量。电场的正负电荷产生电场 E，它需要正负电荷。如果缺少任何一个，则没有电场，因此磁通量也没有变化。

关键 3 的证明：能源生产需要一个基底

库仑定律

在任何发电机或发电装置中，必须建立一个基底以保持二分法的两极/端子分开。这在电池中很容易看到，电池的基极将正负极分开，但它也适用于任何你想要鼓励或创造粒子（能量）运动的系统或设备，并被库仑定律证明：

$$F_e = \frac{k q_1 q_2}{r^2}$$

其中 F_e 是电磁力，kq_1q_2 是电荷，r 是两个带电物体之间的距离。

为了产生电能，至少两个物体之间必须保持距离。如果 r 等于零（就像一个物体与它自身之间的距离为零的情况一样），就不会产生能量。

关键 4 的证明：能量需要一种媒介来传播

欧姆定律

$$U = IR \quad \text{或} \quad R = \frac{U}{I}$$

其中 U 是电压（两个物体之间的电位差），I 是电流，R 是电阻（电流在介质中移动的相对容易或困难程度）。R 总是一个实际介质的函数。例如，1 米长的实心铜管的电阻比同样尺寸的橡胶管的电阻要低（橡胶的电阻比铜大数十万倍，可以测量）。欧姆定律适用于除 $R = 0$ 以外的所有情况。如果电阻为零，两个物体之间就没有电位差，因此就没有电流。

换句话说，在没有介质的地方，不可能有能势或能流。

数学后记结束。

结　语

宇宙中还有比空间、能量和时间的力学更多的东西吗？

你觉得呢？当然有。看到一些量子力学家因为害怕这是真的而瘫痪，有些让人忍俊不禁。但这些"更多的东西"已经被很多人证明了很多次。这种情况要么发生在你身上，要么你肯定认识一个人：他一直在想一个很久没见的人，结果那个人突然打电话给他，或者给他发了一条信息。从路口一边转头看另一边，甚至开车经过，把你的注意力放在路上行人身上，对方也有可能望向你。许多人立即意识到死亡或亲朋好友遇到危险，即使它发生在千里之外。

有机制，也有生命。我们所说的力学是指本书所涵盖的主题：能量、物质、运动、空间和时间。对任何力学方案来说，最重要的是空间。接下来是凝固或浓缩的能量，我们称之为物质。最后，在任何机制中，总是存在的是粒子在空间中位置的相对变化，即时间。力学的元素都是定量的，也就是说有多少距离，多少质量，或者多少小时。机制既不创造也不破坏。整个物理学都是以质量守恒为基础的。把桌子扔进火里，看着它烧成灰烬。它去哪儿了？不远。如果你把燃烧产生的所有气体、能量和灰烬收集起来，你就会得到原来桌子的所有部分。它们只是移动了一下，改变了形状。

但生命并非如此。我们有生命。生命有品质，有创造能力。生命的能力是通过它对空间、能量和时间机制的处理来证明的。生命可以思考，有自己的观点，并为未来做决定。生命有自我意识。空间、能量、时间、形式都是生命的副产品，都受生命的监视和控制。生命是一个完全不同的主题，在物理学领域之外，它在这本书中没有涉及。

在这本书中，我们一直在研究机械定律，而不是生命定律。生活的规律可能不同，但不能取消牛顿定律。它们不会改变任何东西。了解它们可以让生活更有趣，更有意义。有没有真正的活过？遇见过鬼怪吗？也许只有那些"亲身"接触过的人才会为此类事件担保。但不管真实与否，它们都不会改变科学定律，所以你不必为此担惊受怕[219]。

气候终曲：是否为时已晚？

在写本书时，我去了美国最繁忙的购物中心最大的书店，想去气候变化专区看看。但并没有这样的区域。这虽然令人失望，但也在意料之中。当然，现在还不算太晚。如果那些关心和想要改变世界的人开始寻找正确的方向，由人类创造的资源还是可以拯救世界的。

能源奇迹的发现和由此产生的化石燃料的淘汰将产生奇迹般的变化。地球变暖和海平面上升将会减少，现有的空气和水资源将得到净化。人类将第一次在力所能及的范围内，在任何地方都能获得充足的清洁能源、水和食物。

可能还有另一个不那么明显，但同样重要的结果。至少 5000 年来，人类从来没有像"种群"一样团结起来，将世界、人类和环境从这种普遍严重的威胁中拯救出来。

一个军事单位原本只是一群互不信任的人，为了生存而去战斗。但在现代军事化管理的作用下，一个团队的成员可以相互依赖，相互信任。这就是一个伟大的军事单位所需要的。

在这个时候，世界各国人民和国家为了共同的事业走到一起，将对地球有益。其成果将远远超出 2050 年预计的目标和一些能源奇迹的发现，但对能源奇迹的成功探索可能是推动这一进程的催化剂。

我从未见过大自然母亲，但如果我见到了，我会告诉她：

"母亲大人，不管您把多少风暴潮扔到我们的大陆上，融化多少冰川，或者让多高的海水淹没我们的岛屿和沿海城市，无论您的政治立场是什么，或者您是否只是在展示一种被误导的女权主义，全球变暖是否完全由您造成，还是我们自己无意中加速了地球走向灾难，这都无关紧要。我们不会坐视人类灭亡。如果我们能利用原子把人送上月球，把飞船送到火星和土星，我们当然能保住自身在地球上的滩头阵地。"

---

[219] 参见 Axiom 1，L. Ron Hubbard，《高级程序与公理》。

图书在版编目（CIP）数据

能源奇迹：阻止全球变暖的替代计划 ／（美）葛豪

龙著；秦海岩译. -- 长沙 ：湖南科学技术出版社，

2025. 10. -- ISBN 978-7-5710-3430-6

Ⅰ．F416.2

中国国家版本馆 CIP 数据核字第 2025XL9265 号

Energy Miracles The Global Warming Backup Plan / by H.B. Glushakow / **ISBN: 978-981-4968-18-8**Copyright © 2022 by Jenny Stanford Publishing Pte. Ltd. Authorized translation from English language edition published by CRC Press, part of Taylor & Francis Group LLC; All rights reserved; 本书原版由 Taylor & Francis 出版集团旗下，CRC 出版公司出版，并经其授权翻译出版. 版权所有，侵权必究..

Hunan Science and Technology Press is authorized to publish and distribute exclusively the **Chinese (Simplified Characters)** language edition. This edition is authorized for sale throughout **Mainland of China**. No part of the publication may be reproduced or distributed by any means, or stored in a database or retrieval system, without the prior written permission of the publisher. 本书中文简体翻译版授权由湖南科学技术出版社独家出版并限在中国大陆地区销售. 未经出版者书面许可，不得以任何方式复制或发行本书的任何部分.

Copies of this book sold without a Taylor & Francis sticker on the cover are unauthorized and illegal. 本书封面贴有 Taylor & Francis 公司防伪标签，无标签者不得销售.

著作权合同登记号：18－2025－181

版权所有，侵权必究

NENGYUAN QIJI ZUZHI QUANQIU BIANNUAN DE TIDAI JIHUA

能源奇迹：阻止全球变暖的替代计划

著　　者：[美]葛豪龙
译　　者：秦海岩
出 版 人：潘晓山
责任编辑：王　斌
出版发行：湖南科学技术出版社
社　　址：长沙市芙蓉中路 416 号泊富商业广场
网　　址：http://www.hnstp.com
湖南科学技术出版社天猫旗舰店网址：
　　　　　http://hnkjcbs.tmall.com
印　　刷：湖南省众鑫印务有限公司
　　　　　（印装质量问题请直接与本厂联系）
厂　　址：湖南省长沙市长沙县㮾梨街道梨江大道 20 号
邮　　编：410100
版　　次：2025 年 10 月第 1 版
印　　次：2025 年 10 月第 1 次印刷
开　　本：710 mm×1000 mm　1/16
印　　张：16.5
字　　数：296 千字
书　　号：ISBN 978-7-5710-3430-6
定　　价：98.00 元

（版权所有　·　翻印必究）